사마천의 『사기^{史記}』가
알려주는

어떻게
살 것인가

중국 역사를 대표하는 『사기史記』에서 인간됨의 뜻과 리더십,
경영과 미래를 대비하는 지혜를 배운다

사마천의 『사기^{史記}』가 알려주는

구성희 지음

어떻게 살 것인가

한국학술정보

1장

인간관계의 기반

2장

난세에 자신을 지키는 지혜

『사기史記』는 B.C. 97년경에 사마천司馬遷에 의해 완성된 중국 최초의 통사通史이다. 황제黃帝로부터 한무제漢武帝에 이르는 약 3천 년의 역사를 기록하고 있다. 사마천은 『사기』에서 진보적인 사상을 표현하고 있으며, 사마천의 『사기』에 이르러 비로소 중국에 비교적 완벽한 역사책이 나타나기 시작했다고 할 수 있다.

대학 3학년 수업시간에 『사기』를 처음 강독하면서, 이후 『사기』뿐만 아니라 중국고대사를 평생 연구하기로 결정했다. 『사기』의 저자 사마천이 살았던 한대漢代에 상당한 매력을 느꼈고, 당시 시대가 얼마나 발전했기에 『사기』와 같은 위대한 책이 저술되었을까 궁금했다. 중국에서 한대는 바로 제국의 체제와 법제 등 모든 면에서 기반이 만들어진 시대라고 해도 과언이 아니다. 그래서 사마천이 『사기』와 같은 위대한 책을 저술할 수 있었다.

이 책은 중국 역사에서 가장 훌륭한 역사책으로 인정받는 『사기』에 대해 소개하고자 한다. 『사기』는 2000여 년 전의 역사책이나 우리가 인생의 지혜를 배울 수 있는 매우 감동적이고 진취적인 내용을 담고 있다.

중국사와 중국고대사 그리고 중국학 강의를 하면서 『사기』는 반드시 소개하는 대표적인 서적이며, 특히 『사기』에 소개된 수많은 인물들과 영웅들의 이야기는 오늘날 우리가 참고할 만한 교훈적인 내용들이 매우 많다. 사기에 소개된 역사를 움직인 인물들이나 치열하게 살았던 그들의 감동적인 내용은 우리의 인생과 우리 사회를 이해하는 데에도 많은 도움이 된다.

지금까지 『사기』 관련 책들은 많이 출판됐다. 그러나 이 책은 복잡한 현실세계에 "우리가 어떻게 살아가야 하는지"에 대한 절박함에 대답할 수 있는 통쾌한 책이 되고자 한다. "내가 누구이고, 무엇을 원하며, 어떻게 살고 싶은가"에 대해 집중적으로 『사기』를 통해 해답을 찾을 것이다.

사기는 인간학의 고전이며 보물창고이다. "사기史記"가 말하는 "영화처럼 흥미진진한 영웅들의 인생의 지혜와 성공학"을 재미있게 또는 진지하게 소개하고자 한다.

인문학을 경시하고 역사 또한 경시하는 요즘 10대나 20대 젊은이들의 인성 문제가 많이 대두되고 있다. 이러한 세태일수록 『사기』의 수많은 영웅들의 이야기와 인생의 지혜는 젊은이들뿐만 아니라 기성세대에게도 필독서가 될 수 있다고 생각한다. 요즘 사드 이후 한국인들이 중국을 싫어한다고 하지만, 『사기』를 좋아하는 독자들은 여전히 매우 많다. 그만큼 『사기』는 우리에게 매우 큰 감동을 주는 책이기 때문이다.

이 책은 총 10장으로 사마천이 『사기』에서 알려주는 '인간됨의 뜻'과 '어떻게 살 것인가', '리더십', '경영', 그리고 '미래'에 대해 소개하고자 한다. 독자들이 이 책을 통해 앞으로 '어떻게 살아야 하는가'와 '사람됨의 뜻' 그리고 사회생활에서의 '리더십과 경영태도' 등의 해답을 얻고, 미래를 설계하는 데 많은 도움이 되었으면 한다.

2024년 1월 19일
저자 구성희

사람들이 『사기』에
열광하는 이유

『사기』는 중국의 고대 역사서이다. 그러나 단순한 역사서가 아니라 문학, 철학, 의학, 음악에 이르기까지 당시 인간 사회의 여러 모습을 대상으로 써진 기록이다. 인물의 이야기이면서 인물 위주의 평전이 아니라 역사와 문학과 철학이 어우러진 역사책이다. 그렇다면 사람들은 왜 『사기』를 열광하며 읽는지에 대해서도 설명이 필요하다.

첫째는 "읽는 재미를 들 수 있다." '읽는 재미'는 독서의 필수 기본욕구이다. 재미없는 책을 읽기란 쉽지가 않다. 그런 점에서 『사기』는 분명히 독자들에게 읽는 재미를 부여하고 있다. 중국 고대의 역사 속에 숨겨진 인물들의 삶의 모습을 꺼내 보는 일이 여간 흥미롭지 않을 수 없다. 특히 『열전』 편에서는 다양한 인물들의 삶과 조명이 독자들을 사로잡고 있어 책을 잡으면 쉽게 놓지 못한다.

둘째는 "삶의 교훈이다." 흔히 역사를 거울에 비유하기도 한다. 역사는 오늘의 우리 삶을 비추는 거울이라는 말일 것이다. 『사기』 속에는 수많은 인물들이 등장했다가 사라진다. 그들의 일생은 대부분 영욕이 교차하는 삶이었으며, 성공과 좌절의 다양한 삶을 살아갔다. 그들의 삶의 모습과 이를 바라본 사마천의 글 속에서 이 시대를 살아갈 삶의 방향과 깨달음을 얻을 수가 있다.

셋째는 "탁월한 식견이다." 『사기』를 읽다 보면 그 방대한 자료와 사마천의 해박한 지식에 놀라지 않을 수 없다. 역사가의 집에서 태어나 이미 그 자질을 갖추었다 할지라도, 어떻게 그 까마득한 옛날의 자료들을 준비하고 해석하고 기록하였을까 하는 생각에 이르면 고개가 절로 숙여진다. 당대에서 2000년 전의 일들까지 말이다.

넷째는 "문학적 정서라 할 수 있다." 앞에서 말한 바와 같이 『사기』는 역사서이면서 문학적 성격을 많이 내포하고 있다. 단순한 역사적 사실의 기록뿐 아니라 인간 삶의 탐구와 해석이 같이 어우러져 있다. 때로는 아주 짤막한 이야기 속에 문학적 향기를 풍기는 이야기들이 많이 들어 있어, 읽는 사람으로 하여금 때때로 역사적 사실을 읽고 있는 것인지 문학 작품을 읽고 있는 것인지 착각하게 만든다.

사마천은 『사기』를 완성하기 위해 실제로 중국의 각 지역을 답사하면서 자료 등을 수집하고 탐구했다. 이러한 정서와 식견들이 『사기』 속에 그대로 반영되어 있다.

사마천은 『사기』를 집필할 때 많은 고민을 했던 것으로 보인다. 서술 방식은 어떻게 할 것이며, 인물의 배치는 어떻게 할 것인가, 그리고 무엇을 이야기해야 할 것인가 등을 수없이 연구했던 것 같다. 그중에서도 갈등을 통한 대립적 구조 배열을 많이 선택한 것으로 보인다. 인간 사회의 우정과 배반, 이익과 손해, 정신과 물질, 지혜와 우둔함, 탐욕과 베풂 속에서 갈등하는 인간의 모습을 생생히 담고 있다. 그런 점에서 독자들이 읽는 재미에 더욱 빠져들게 된다. 이뿐만 아니라 사마천은 등장인물의 삶과 그 방식에 대해 도덕적 평가까지 내리고 있다.

사마천의 『사기』와
중국역사학의 발전

한무제는 문제와 경제가 쌓아 놓은 탄탄한 국력을 기반으로 태평성세를 구가했으며, 학술·문화 방면에서도 눈부신 발전을 이루었다. 또 정치·군사·경제의 발전 역시 심대해 이후 중국을 이끌어 가는 토대가 되었다.

이 시대에 우리의 이목을 집중시키는 인물이 있다. 가장 치욕적인 궁형宮刑(궁형은 사형에 버금가는 최고의 형벌이다. 남자는 거세하여 자손의 생산을 불가능하게 하는 형벌이다)을 당하고도 자살하지 않고 오히려 발분하여 세기의 명작인 『사기史記』를 완성한 중국 고대의 위대한 역사가 사마천司馬遷(B.C.145?~B.C.86?)이다. 『사기』는 통사通史(전 시대, 전 지역에 걸쳐 기술한 종합적인 역사) 형식의 역사서다. 『사기』는 상고시대의 황제黃帝부터 한무제 시대까지 3000여 년간의 역사를 기전체紀傳體(인물 중심으로 서술하는 전통적 역사 서술법)로 정리한 것이다.

중국 역사상 사마천은 걸출한 역사가인 동시에 문학가로 추앙받고 있다. 그의 저서 『사기』가 역사와 문학적 가치를 동시에 지닌 작품이기 때문이다. 사마천이 어떻게 이처럼 우수한 역사·문학작품을 저술할 수 있었을까 하는 점을 이해하기 위해서는 그가 생존했던 시대와 그의 출신과 이력 등에 대한 이해가 선행되어야 할 것이다.

사마천이 살았던 시대는 사회 경제적으로 안정되고 동시에 문화와 학술 또한 매우 활발한 발전을 보였던 한漢의 전성기, 즉 무제의 통치 시기였다. 그러나 당시의 사회는 시간의 경과와 더불어 상대적 번영기를 지나 표면적으로는 여전히 '전성기'의 모습을 보이면서도 내부의 모순이 돌출되기 시작한 시대이기도 하였다. 이러한 시대적 상황은 사마천의 저술에 상당한 영향을 끼쳤다.

또한 사마천이 한나라 무제에 의해 궁형宮刑, 즉 성기를 절단하는 형벌을 받은 이유는 흉노 정벌을 나섰다가 포로가 된 장수 이릉李陵을 변호했기 때문이다.

북방의 유목민인 흉노는 오래전부터 중국의 중원 지방을 괴롭혀 왔다. 진나라의 시황제가 만리장성을 쌓은 것도 흉노의 침입을 막기 위한 것이었다. 한고조 유방은 흉노와 조약을 맺어 평화로운 관계를 유지했다. 하지만 무제에 이르러 그 조약이 깨어지면서 흉노의 침입이 다시 시작되었다.

이릉은 한나라의 명장으로 유명한 이광李廣의 손자로, 용맹한 사람이었다. 이릉은 B.C. 99년 가을 병사 5천 명을 거느리고 흉노의 대군과 싸웠으나, 중과부적으로 흉노에게 붙잡혀 포로 신세가 되고 말았다.

이릉의 패전과 항복 소식이 전해지자 격노한 무제는 신하들을 모아 놓고 이릉을 어떻게 처벌할지 논의하도록 해, 이릉과 가족, 친족에 대한 처벌이 결정되었다. 이때 사마천의 의견은 다른 이들과 전혀 달랐다.

"폐하, 이릉은 평소 부모에게는 효를 다했고, 사람을 사귀는 데는 신의가 있으며, 늘 자신을 돌보기보다는 나라를 위해 충성을 다했으니, 국사國士의 자질을 갖춘 사람이라 할 수 있습니다. 불행히도 이번 싸움에 져서 포로의 몸이 되었습니다. 그런데 자신의 가족만 생각하는 불충한 신하들이 이를 고의로 왜곡해 폐하의 영명한 판단력을 흐리게 하는 것은 참으로 유감입니다. 이릉은 5천 명에도 못 미치는 소규모 군대를 이끌고 적진 깊숙이 들어가 수만

명 규모의 흉노군과 맞서 싸웠습니다. 오랑캐는 활을 당길 줄 아는 자는 모두 동원해 소수의 이릉 군대를 에워싸고 공격했습니다. 이릉의 군대는 천 리를 움직이며 싸우다가 화살도 떨어지고 양식도 바닥났으나, 그의 호령이 떨어지면 병사들은 붉은 피를 닦아내고 눈물을 삼키면서 화살도 없는 시위를 당기고 몸으로 적과 부딪치며 싸웠다고 합니다. 지난날 그 어떤 명장도 이만큼 할 수 없었을 것입니다. 비록 이릉 장군이 패했다고는 하지만, 그 선전을 널리 천하에 알리고 상을 내려야 할 것입니다. 또한 그가 죽지 않고 포로가된 것은 그 땅에서 나라의 은혜에 보답하기 위해 은밀히 뭔가 일을 꾸미려는 것입니다."

사마천은 이릉과 그리 친밀한 사이가 아니었다. 같이 술 한잔 나눠 마신 적도 없었다. 그런데 무제의 분노를 두 눈으로 지켜보면서 그를 변호하는 것은 스스로 섶을 지고 불 속으로 뛰어드는 것이나 다름없는 행위였다. 자신의 몸을 지킬 생각이었다면 당연히 침묵해야 했다. 무제의 눈치를 살피던 많은 신하들은 이릉을 비판했고, 몇몇 사람들은 침묵했다. 사마천은 어째서 그런 위험을 감수하며 이릉을 변호했던 것일까.

그는 역사가의 눈을 가진 사람이었다. 그에게는 기나긴 역사의 흐름에서 현실을 파악하는 눈이 있었다. 표면에 떠오른 사실만이 역사는 아니다. 그 이면에 흐르는 뜻을 살펴보는 눈이 없으면 역사가라 할 수 없다. 그런 눈을 지닌 사마천은 시대의 흐름에 편승해 무사안일하게 살아갈 수 없었다. 또한 이릉에 대한 변호는 역사의 현장에 대한 증언이기도 했다. 증언하는 사마천 자신을 포함한 역사의 현장을 그는 현기증이 날 정도로 정확히 관찰하고 그 의미를 자각하고 있었다. 그런데 그런 역사적인 자리에서 정직하게 말하지 않는다면 자신이 기록한 역사를 스스로 배신하는 것과 다름없었다. 이 사건은 사마천이 권력이나 권위에서 독립되어 자기만의 관점을 지닌 역사가임을 증명해 주었다.

그러나 그 대가는 너무도 컸다. 투옥된 사마천에게 사형이 내려졌다. 당시에는 사형을 궁형으로 대체할 수도 있었는데, 사마천은 궁형을 받음으로써 겨우 목숨을 건졌다.

이 사건은 사마천 인생에 큰 전환점이 되었다. 사마천에게 이와 같은 시련이 없었더라면 우리가 알고 있는 사마천도, 『사기史記』도 없었을 것이다. 그렇다고 해서 그가 『사기』를 쓴 것이 궁형을 당했기 때문만은 아니었다.

사마천이 『사기』를 쓰게 된 것은 아버지의 유언 때문이다. 사마천의 아버지 사마담司馬談은 태사령太史令이라는 관직에 있었다. 태사령은 천문을 관측하고, 달력을 만들며, 세상에서 일어난 일을 기록하는 관리다. 사마천은 아버지가 죽은 뒤 그 태사령 직을 이어받았다.

사마담은 공자가 편집했다는 춘추시대 노나라의 연대기 『춘추春秋』 이후의 역사를 기록하고자 했다. 춘추시대부터 약 350년이 흘렀으므로 그 사이의 역사를 쓰는 것이 사마담의 꿈이었다.

사마천(B.C.145?~B.C.86?)

전한시대의 역사가이며 『사기史記』의 저자이다. 무제의 태사령이 되어 사기를 집필하였고 B.C. 97년 『사기史記』를 완성하였다. 중국 최고의 역사가로 칭송된다.

그러나 사마담은 자기 대에는 도저히 완성할 수 없다는 것을 알고 아들 사마천에게 그 일을 맡기려고 했다. 이를 위해 어린 아들에게 고전문헌을 읽혔으며, 아들이 스무 살이 되자 중국 전역을 여행하게 했다. 자신의 눈으로 역사의 현장을 바라보는 것이 필요하다고 생각했기 때문이다. 사마천은 2년여에 걸쳐 현재의 하남성·산동성·강소성·안휘성·절강성·호남성 등을 둘러보았다. 역사의 현장을 직접 답사함으로써 『사기』의 현장감을 살려내려는 생각이었다.

사마담은 B.C. 110년에 화병으로 세상을 떠났다. 그는 무제가 태산泰山에서 처음으로 봉선封禪의 예를 올릴 때 기록을 담당하는 책임자로서 당연히 황제를 수행하리라 생각했다. 봉선은 천지의 신에게 제사를 올리는 의식으로, 진시황 이래 한나라의 황제는 한 명도 그 의식을 치르지 않았다. 그런데 그런 중요한 의식에 참가하지 못한 것이다. 사마담은 분한 마음에 화병이 나 세상을 떠났다.

사마담은 죽어가면서 『춘추』 이후의 역사를 기록하려던 자신의 꿈을 사마천에게 넘겨주었다. 사마천은 아버지가 세상을 떠난 2년 뒤 태사령이 되어 『사기』를 쓰는 데 전념할 수 있었다. 그런데 이릉의 일로 궁형을 받아 태사령 자리에서 쫓겨났다. 아마 사마천은 세상을 등지고 싶은 심정이었을 것이다. 그러나 그는 죽지 않았다. 아니 죽을 수가 없었다.

사마천이 죽음의 유혹을 떨치고 궁형을 기꺼이 받아들인 것은 오로지 『사기』를 완성시키려는 일념 때문이었다. 그것은 태사령이라는 직책을 유지하느냐 못 하느냐 와는 전혀 관계가 없었다.

사마천은 자신의 삶을 서술한 『사기』 마지막 권 「태사공자서太史公自序」에 다음과 같은 심경을 밝혔다.

옛날부터 부귀하게 살았지만 그 이름이 흔적조차 없어진 사람은 무수히 많
습니다. 오직 어디에도 얽매이지 않는 탁월한 인물만이 후세에 명성을 드날
리는 것입니다. 주나라 문왕은 갇힌 몸이 되어 『주역周易』을 발전시켰고, 공
자는 어려운 처지에 있을 때 『춘추春秋』를 지었습니다. 그리고 굴원屈原은 추
방된 후에 『이소離騷』를 지었습니다.

좌구명左丘明은 장님이 된 뒤 『국어國語』를 저술했고, 손빈은 다리를 잘린
뒤 병법을 편찬했으며, 여불위는 촉나라에 유배된 뒤 『여씨춘추呂氏春秋』를
세상에 남겼습니다. 또한 한비자는 진나라에 억류되어 있을 때 「세난說難」과
「고분孤憤」이라는 글을 썼습니다. 인간이란 가슴에 맺힌 한을 토로할 수 없
는 경우에 옛날 일을 엮고, 미래에 희망을 갖기 위해 명저名著를 남기게 되는
것 아닌가 합니다. 예를 들어 좌구명이나 손빈은 시력을 잃거나 다리가 잘려
이미 세상에서 쓸모없는 사람처럼 되었지만, 붓에 모든 힘을 기울여 자신들
의 맺힌 한을 문장으로 남겼다고 할 수 있습니다.

| 좌구명 | 『국어』 | 『여씨춘추』 |

　이와 같이 사마천은 역사건 철학이건 문학이건, 뛰어난 저술은 좌절을 경험한 사람의 발분發憤으로 태어난다고 주장했다.

　2년여 동안 옥고를 치르고 다시 세상에 나온 그에게 무제는 측근으로 봉직하라는 명을 내렸다. 이윽고 사마천은 중서령中書令이라는 높은 벼슬에 올랐다. 중서령은 황제의 곁에서 조칙詔勅이나 상소문 등 문서를 다루는 자리였다.

　사마천이 중서령이 된 배경에는 이릉에 대한 무제의 평가가 달라졌기 때문이다. 이릉에게 원군이 없었음을 헤아린 무제는 이릉 일족에게 엄한 벌을 내린 것을 후회했다.

　사마천은 중서령 직무를 수행하면서 『사기』 집필에 힘을 쏟았다. 그렇다면 사마천은 무제를 어떤 눈으로 바라보았을까? 사마천은 한무제의 뜻에 영합하려고 노력하지 않았을 뿐만 아니라 도리어 그 시대의 정치와 경제적 제반 시책들을 신랄하게 비판하고 있기도 하다. 그는 한무제가 공을 세우는 것을 좋아하여 무모한 전쟁으로 군대를 욕보이고 사회적 위기 상황을 조성하였을 뿐만 아니라 자신의 욕구를 충족시키기 위하여 재화를 끌어모았던 사실들을 들춰내는 한편 당시의 관리들은 근신하였지만 중앙의 대신들은 아첨을 일삼았고 혹리酷吏들은 잔혹하였으며 궁정 생활은 삐

걱거렸던 사실들을 지적하였다. 그 결과 농민들은 힘들여 농사를 지었지만 배불리 먹지 못하였고, 여자들은 베를 짰지만 입을 옷이 없었던 사실 등 위기 상황이 도처에 잠복하여 사회가 상당히 불안한 형세로 진나라가 망하던 바로 직전의 상황과 비슷하다고 평가했다.

사마천이 궁형을 당하지 않았더라면 아마도 우리는 『사기』라는 역사적 명작을 접하지 못했을지도 모른다. 이릉 사건을 거쳤기에 사마천의 시선은 현상의 좀 더 깊은 곳으로 내려가, 패자와 불우한 자, 좌절한 자들을 따스하게 바라볼 수 있었던 것이다. 『사기』「열전列傳」에 자객이나 협객이 등장하는 것도 이릉 사건과 무관하지 않을 것이다.

사마천은 뼈아픈 경험을 통해 인간의 운명에 깊은 의문을 품었으며, 이는 역사에 대한 깊은 성찰로 이어졌다. 그는 온 힘을 다해 역사 서술에 진력했고, B.C. 97년 무려 16년 동안의 산고 끝에 『사기』를 완성했다.

『사기』는 통사 형식의 역사서로 모두 130편으로 구성되어 있다. 「본기本紀」에서는 제왕帝王의 언행이나 정치 행위를 연대순으로 기술하고 있으며, 「세가世家」에서는 제후국의 흥망성쇠를 기록했고, 「열전列傳」에서는 주로 각 영역을 대표하는 인물들의 활동에 관해 기록하였으며, 「표表」에서는 연대순으로 각 시기의 중요 사건을 정리했고, 「서書」에서는 정치나 경제 · 문화 · 제도에 관해 서술하였다. 그렇지만 「본기」와 「열전」이 『사기』의 중심이 된다. 이러한 방법으로 역사를 서술했던 것은 사마천이 처음이었다. 그에 따라 『사기』는 중국 기전체 역사서의 선례가 되었으며, 황제黃帝부터 한 왕조의 건국에 이르기까지 상세히 기록하고 있다. 『사기』는 오늘날까지 '불멸의 대역사서'로 칭송받고 있다.

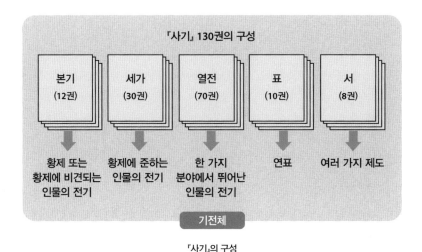

『사기』의 구성

사마천은 『사기』에서 진보적인 사상을 표현하고 있다. 사마천은 역사상의 명군明君·현신賢臣, 농민봉기의 영수인 진승과 오광 등에 대해 높이 평가했고, 수탈당하는 하층민들에 대해서는 깊이 동정했다. 그러나 폭군과 혹리酷吏에게는 가혹한 비판을 가했다.

사마천의 『사기』가 나오면서 중국의 사서史書가 비교적 완벽한 틀을 갖추게 됐다고 해도 과언이 아니다. 『사기』의 인물전은 사실을 충실히 적는다는 전제하에서 역사와 문학을 교묘히 융합해 선명한 성격의 인물들을 생동감 있게 형상화했다. 더욱이 그는 인물들의 개성이나 특색을 묘사하면서 뛰어난 어휘력으로 인물의 특징을 충분히 부각시켰으며, 이를 통해 기록에 생기를 불어넣고 진실성을 강화했다. 그래서 『사기』에 실린 역사 인물들의 일생은 언제나 감동을 불러일으킨다.

또한 사기는 인간학의 보고寶庫로 알려져 있다. 이는 그만큼 사기가 인간들의 목숨을 건, 그리고 모든 지혜를 동원한 행적을 예리하게 묘사해

넘으로써 "인간이란 도대체 무엇인가?", "도대체 어떻게 살아야 하는가?" 를 집요하게 추적했음을 입증해 주고 있기 때문이다. 그리고 이는 사기의 저자인 사마천이 궁형이라는 죽음보다도 견디기 어려운 치욕을 겪으면서 끝내 살아남아 후세에 남기고자 한 강렬한 메시지인 셈이다.

이와 같이 『사기』에서 시작된 전기문학은 중국 문학사상 중요한 위치를 차지한다. 이에 더하여 사마천의 『사기』에 이르러 비로소 중국에 완벽한 사서史書가 나타나기 시작했다고 말해도 과언은 아닐 것이다.

오늘의 관점에서 보는
『사기』의 의미

지금 『사기史記』를 읽어도 우리에게 감동과 흥분을 일으키는 사마천의 사상은 대략 다섯 가지로 요약할 수 있다.

첫째, 진보적인 민족관념이다. 사마천은 중국 및 주변 민족의 원류에 관해 전국시대 이후 제기된 여러 주장을 수집하고 정리했다. 사마천의 이런 기록은 향후 2천여 년 동안 중국이 다민족 국가로 대가족을 이루어 공생하는 데 크게 공헌했다.

둘째, 진보적인 경제사상이다. 사마천은 생활을 개선하거나 부자가 되고 싶어 하는 것은 인간의 본성이라고 공개적으로 선언했다. 또한 경제는 국력의 기초라고 생각했다. 제나라가 패권을 차지한 것도 경제력 때문이고 진나라가 천하를 통일한 것도 경제가 밑거름이 되었기 때문이라고 분석했다. 또한 공업, 농업, 상업, 임업이 모두 중요하다고 믿어 공상업을 억제하고 농업을 장려하는 정책에 반대했다. 사마천은 한나라 왕조가 개인 공상업을 억압했던 경제 정책을 비판했으며, 일관성 없는 화폐 개혁 등의 정책으로 인해 대다수의 공상업자가 파산한 것을 비판적으로 기록했다. 사마천은 뛰어난 공상업자를 위한 열전을 마련했다. 특히 공자의 제자로서 사업에 대성한 자공子貢을 대서특필한 것은 주목할 만하다.

셋째, 강렬한 민주주의적 성격과 비판적인 정신이다. 『사기』는 그 이전의 문화를 집대성한 책으로, 사마천은 이전 지식인들의 탁월한 사상과 고매한 인격을 계승하고 발전시켰다. 그러므로 『사기』에는 사마천이 추구했던 이상적인 정치와 이상적인 사회에 대한 무한한 열망이 담겨 있으며, 동시에 그 당시 정치 및 사회 현상에 대한 준엄한 비판이 스며 있다. 비록 세월은 흘러 상황이 변했지만 사마천이 비판했던 정치 및 사회적 부조리는 매우 깊고 정확해 지금 적용해도 틀리지 않는다. 사마천은 권력자에게 아부하지 않았다. 한나라 황제에 대해 어떤 신비감도 갖지 않았다. 특히 한 경제와 한 무제를 대담하게 비판한 점이 놀랍다. 사마천은 민주주의적 군주와 관리를 칭송함과 동시에 독재자의 폭행을 비판했다. 사마천은 하찮은 인물이나 인생에 대해서도 최대한 의미를 발굴하여 찬미했다.

넷째, 『사기』 전체를 관통하는 호탕한 인생관, 생사관, 가치관이다. 사마천이 『사기』에서 찬송한 인물은 거의 대부분 진취적인 기상으로 업적을 이룬 영웅호걸이다. 그들은 한결같이 이상과 포부를 가지고 목표를 향해 매진했고, 신념이나 원칙을 위해 목숨도 초개와 같이 버렸다. 그들은 갖은 고난을 무릅쓰고 목표를 이룰 때까지 끈질기게 노력했다. 사마천 또한 궁형을 당해 고통을 이기지 못할 때도 『사기』를 완성하고 완강히 버텼다. 이와 같이 사마천 개인의 분발과 분투 그리고 『사기』가 찬미했던 의지의 인물은 우리에게 고귀한 귀감이 되며, 영원히 우리를 격려하고 일깨워 준다. 또한 우리가 의기소침할 때 절망에 빠져 고통스러울 때 무한한 힘과 용기와 자신감을 안겨 준다.

다섯째, 『사기』에 기록된 인물과 사건은 매우 풍부한 철학적 의미를 담고 있다. 그러므로 우리가 『사기』를 읽으면 한신韓信의 용병술이나 유방劉邦의 용인술처럼 삶의 지혜가 생긴다. 노중련魯仲連의 정의감이나 인상여藺相如의 고매함을 접하면 그처럼 되고 싶은 마음이 용솟음친다. 또한 여후呂后나 조고趙高 등과 같은 음험하고 잔인한 인물을 접하면 그러한 음모나 술수를 경계하게 된다. 물론 이사李斯처럼 개인적인 이익만을 고려해 원칙을 저버린 인물을 접하면 그런 행동이 결국 본인뿐 아니라 집안 전체까지 몰락시키는 것을 보면서 득실에 연연해 원칙을 저버려서는 안 된다는 사실을 절감하게 된다. 『사기』는 우리 생활의 거울이다. 우리 자신을 비추어 삶의 방향과 태도를 수시로 점검할 수 있는 좋은 교재이다.

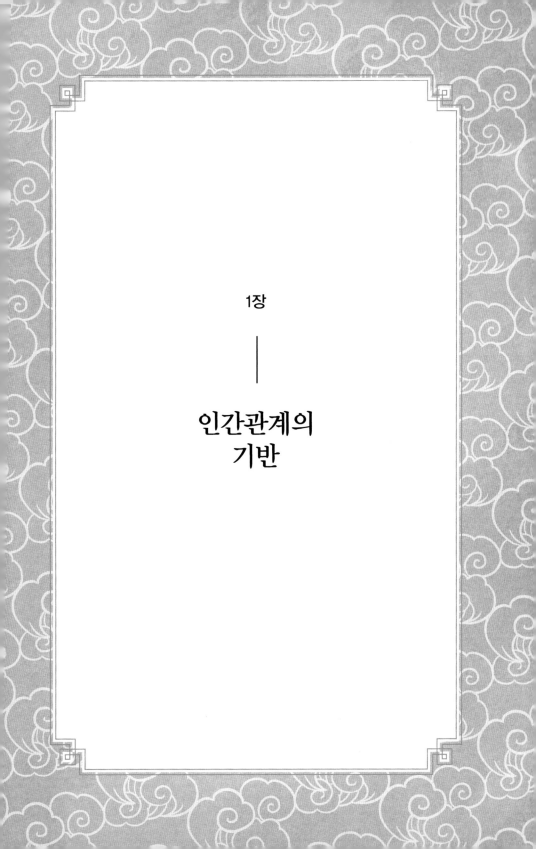

1장

―

인간관계의
기반

1. 나를 알아주는 사람에게는 뜻을 편다

안자(晏子, ?~B.C.500)는 춘추시대春秋時代 제나라의 명재상이다. 그는 정직하고 부지런한 사람이었다. 식사는 반찬 한 가지에 국 한 그릇이 전부였고, 아내에게는 비단옷을 입지 못하게 했다. 이처럼 청렴결백하고 소박했던 인물이었기에 세 왕을 잇달아 섬기며 재상의 대임을 훌륭하게 수행해 냈고, 더 나아가 그 이름을 만천하에 드날릴 수 있었다.

인간관계와 관련하여 안자가 어떤 인물이었는지 『사기』에서도 소개되었다. 어느 날, 안자는 길을 가다가 온몸이 오랏줄로 묶인 채 감옥으로 끌려가는 죄수를 만나게 된다. 안자가 자세히 보니 죄수는 다름 아닌 이름난 현자 월석보越石父였다. 안자는 즉시 관아에 요청하여 월석보를 석방시킨 다음, 그를 수레에 태워 자신의 집으로 모셔왔다.

그러나 이런저런 바쁜 일 때문에 월석보에게 신경을 쓰지 못했다. 얼마 뒤 푸대접을 참다못한 월석보는 안자에게 두 사람의 우의를 끊겠다고 선언했다.

이에 깜짝 놀란 안자는 자세를 바로잡고 월석보에게 이렇게 물었다.

"이 안영이 비록 어질지는 못하나 당신을 위급한 상황에서 구해 주었거늘 어찌 이렇게 성급하게 절교를 선언하시오?"

월석보는 다음과 같이 대답했다.

"그게 그렇지 않습니다. 듣자 하니 군자는 자기를 알지 못하는 자에게는 굽히지만, 자기를 알아주는 사람에게는 뜻을 편다고 합니다. 내가 묶여 있을 당시의 포졸들은 나를 모르는 사람이었습니다. 그러나 당신은 내 죄를 씻어 주었으니, 이는 나를 안다는 뜻일 것입니다. 나를 알면서 무례하게 대한다면 이는 묶여 있을 때보다 더 못한 거 아닐는지요?"

이 말에 안자는 두말 않고 큰손님에 대한 예절로 월석보를 대우했다고 한다. 인간관계란 알고 알아주는 것으로만 끝나서는 안 된다. 알고 알아주었으면 그 사람을 우대하고 필요한 곳에 쓸 줄 알아야 하는 것이다. '선비는 자기를 알아주는 사람을 위해 목숨을 바친다'는 말도 그를 알아 적재적소에 기용했을 때 설득력을 가지는 말일 것이다. 하지만 그 사람을 안다는 것이 어디 쉬운 일인가?

그래서 혜안慧眼이 필요하다. 그리고 그런 혜안은 흔히 '세勢'라고 하는 흐름에 대한 끊임없는 '관찰觀察'과 자신에 대한 '성찰省察'에서 나온다. 이는 바로 앞을 내다보는 전망과 뒤를 돌아볼 줄 아는 자기반성이 요구되는 것이다. 이러한 사람이 인재를 제대로 고를 수 있다.

2. 권력과 인간관계의 실상

식객(食客, 문객 또는 빈객이라고도 불렀는데 주로 전국시대라는 급격한 정치·사회적 변동기에 자리를 얻지 못하고 각국의 명망가 밑에서 신세를 지면서 언젠가 발탁될 기회를 기다리던 인재집단을 가리키는 말) 3천 명으로 제후들 사이에서 명성이 자자했던 맹상군孟嘗君(?~B.C.278)은 B.C. 3세기 전국시대에 태어난 제나라 왕족의 후예로 재상을 역임했다.

그는 인재를 적재적소에 쓰고 현자를 우대하기로 이름이 높았다. 식객을 우대하기 위해 맹상군은 재산을 아끼지 않았으며, 이로써 그의 명성은 천하에 퍼졌다. 그 이름을 듣고 몰려드는 식객이 평소에도 1천여 명이 넘었고, 심지어는 망명객까지 그의 울타리 밑으로 찾아들었다.

식객들이 맹상군의 문을 두드릴 때마다 맹상군은 몸소 그들을 맞이하여 이런저런 이야기를 나누었는데, 병풍 뒤에서 비서가 그 대화 내용을 일일이 기록했다고 한다. 특히 식객의 가족 상황은 빼놓지 않고 기록해 두었다가, 식객이 작별인사를 고하기 전에 일찌감치 사람을 가족들에게 보내 선물을 전달했다고 한다.

식객들은 이처럼 주도면밀한 맹상군에게 반하지 않을 수 없었다. 그래서 맹상군을 위해서라면 불길 속이라도 뛰어들 정도였다. 식객이 3천 명이나 되었지만 맹상군은 결코 차별하지 않았고 똑같이 대우했다. 맹상군은 이렇게 식객을 대우하면 반드시 자기와 같은 식으로 보답할 것이라 철석같이 믿었다.

그런데 이렇게 잘나가던 맹상군이 제나라 왕의 의심을 사는 바람에 자리에서 쫓겨나 집으로 되돌아오게 되었다. 정쟁에서 밀려난 것이다.

사태가 심상치 않게 돌아가자 식객들은 하나둘 슬그머니 맹상군 곁을 떠나갔다. 식객들의 마음을 확실하게 사로잡고 있다고 굳게 믿고 있던 맹상군으로서는 여간 충격이 아닐 수 없었다. 다행히 풍환馮驩이란 자만 떠나지 않고 남아서 맹상군에게 제나라 왕의 의심을 풀 수 있는 방법을 가르쳐 주었다.

그런데 풍환은 누구인가? 수천 명에 이르는 식객 중에서도 맹상군의 눈에는 전혀 들지 않았던 인물이 아니던가? 자신을 몰라 준다며 긴 칼을 붙들고 투정 섞인 노래를 불렀던 풍환, 그런 풍환이 못마땅했지만 마지못해 좋은 밥과 수레를 내주었던 맹상군.

그런데 지금 이 비참한 상황에서 오로지 풍환만이 남아서 맹상군 곁을 지켜주고 있으니, 이런 것이 진정 인간관계의 실상인가? 아니면 인간관계의 신비로움인가?

아무튼 맹상군은 풍환의 기지로 복직할 수 있었다. 그러자 맹상군을 떠났던 식객들이 다시 돌아오고 싶다며 그에게 은근히 추파를 던졌다. 맹상군은 탄식이 절로 나왔다. 인간의 마음이란 게 정말 이런 것이란 말인가? 맹상군은 풍환을 붙들고 하소연했다. 『사기』에서는 다음과 같이 기록하고 있다.

"이 몸이 늘 빈객을 좋아하여 손님을 대우하는 일에 실수가 없었으며, 때문에 식객이 3천여 명에 이르렀던 것은 선생도 잘 아시는 바요. 그런데 내가 한번 파면되자 빈객들은 나를 저버리고 모두 떠나버리고 돌보는 자 하나 없었습니다. 이제 선생의 힘을 빌려 지위를 회복했는데, 빈객들이 무슨 면목으로 나를 다시 보려 한단 말이오? 만약 나를 다시 보려는 자가 있다면 나는 그자의 얼굴에 침을 뱉어 욕보이고 말겠소이다."

이에 풍환은 쓸쓸한 미소를 지으며, 다음과 같이 대답했다.

"대체로 세상의 일과 사물에는 반드시 그렇게 되는 것과 본래부터 그런 것이 있다는 것을 아십니까? 살아 있는 것이 언젠가는 죽는다는 것은 사물의 필연적인 이치입니다. 부귀할 때는 선비가 많이 모여들고, 가난하고 천하면 벗이 떠나는 것은 본래부터 일이 그러하기 때문입니다. 군께서는 아침에 저자로 몰려드는 사람들을 보지 못하셨습니까? 이른 아침에는 서로 어깨를 부벼 가며 서로 저 먼저 가려고 다투어 문 안으로 들어갑니다. 그런데 해가 저문 뒤에는 팔을 휘휘 저으며 누구 하나 저자는 돌아보지 않고 그냥 지나갑니다. 이는 아침에는 좋았는데 저녁에는 싫어서가 아닙니다. 기대하는 물건이 거기에 없기 때문입니다. 얼마 전 군께서 벼슬을 잃었기 때문에 빈객들이 다 떠난 것입니다. 이를 원망하여 돌아오려는 빈객을 막는 것은 아니 될 일입니다. 군께서 전처럼 그들을 대우하기를 바랄 뿐입니다."

이에 맹상군은 풍환을 향해 정중하게 인사를 올리며 "삼가 가르침에 따르겠습니다"라고 말했다.

남이 더 이상 나를 믿지 않을 때 남이나 현실을 탓하지 말고 먼저 풍환이 남긴 위의 명언 "세상일과 사물에는 반드시 그렇게 되는 것과 본래부터 그런 것이 있다"는 말을 되새겨 보라. "본래부터 그런 것"이란 과연 무엇을 가리키는가? 인간의 본성인가, 아니면 '천명' 같은 것인가? 하지만 다시 한번 더 새겨 보면 사람의 힘으로 바꿀 수 있는 것과 바꿀 수 없는 것이 분명히 있다는 것을 의미한다고 본다.

3. 솔직함은 불신을 이기는 지름길

조나라 왕실의 측근 가운데 환관의 우두머리인 무현繆賢이란 자가 잘못을 저질러 놓고 이웃 연나라로 망명을 하고자 했다.

무현의 집에 식객으로 기거하고 있던 인상여藺相如가 이 사실을 알고 그와 이야기를 나누고자 했다. 이 대화는 「염파·인상여열전」에 보이는데, 무현이 인상여를 조왕에게 추천하면서 털어놓은 말 가운데 일부이다.

> "군께서는 어떻게 연왕을 알게 되었습니까?"
> "내가 일찍이 대왕을 수행하여 국경에서 연왕을 만난 적이 있소. 그런데 그때 연왕은 가만히 내 손을 잡으며 친구가 되길 원한다고 속삭였소. 그래서 그를 알게 되었고, 그래서 그리로 갈까 하오만."
> "지금 보면 대체로 조나라가 강하고 연나라가 약한 편입니다. 그리고 군은 조왕에게 총애를 받고 있습니다. 연왕이 군과 친구가 되고 싶다고 한 것은 바로 이 때문입니다. 그런데 지금 군께서 조나라를 버리고 연나라로 도망간다 해도, 연나라는 조나라가 두려워 군을 연나라에 머물게 하지 못할 것입니다. 모르긴 해도 군을 잡아 조나라로 되돌려 보낼 것입니다. 군께서는 웃옷을 벗고 살을 드러낸 다음 스스로 죄를 인정하시는 쪽이 나을 것입니다. 그렇게 하면 용서를 받을 수 있지 않을는지요."

이후 인상여의 말에 따른 무현은 용서를 받았다.

신뢰와 불신 사이에서 어찌할 바를 모르고 갈등하고 있을 때는 먼저 자기와 상대방의 입장을 냉정하게 떼어 놓고 생각해 보아야 한다. 위 이야기에서 보다시피 관직사회의 인간관계는 이따금 치명적인 타격이 될 수도 있고, 결정적으로 전화위복의 계기로 작용할 수도 있다. 그럴 때는 무엇보다도 솔직담백함이 중요하다. 인간관계에서 솔직함보다 더 중요한 요소는 없을 것이다.

4. 생사를 같이하는 벗

'문경지교刎頸之交'는 아주 가깝고 좋은 친구 사이를 가리키는 성어로, 어려움을 함께 나누는 것은 물론 심지어는 목숨까지도 걸 수 있는 친구 사이를 일컬을 때 흔히 쓴다. '문경刎頸'이 곧 '목을 내놓는다'는 뜻을 지닌 단어인 것이다. 이 성어 역시 『사기』에서 나왔다.

강대국 진이 조나라에 진나라의 15개 성과 조나라 왕이 은밀히 숨겨 놓은 벽옥璧玉을 교환하자고 제안했다. 진나라의 속셈은 불을 보듯 뻔했다. '교환'이라는 말은 벽옥을 빼앗기 위한 허울 좋은 구실에 지나지 않았다. 진이 정말로 15개의 성을 조나라에 떼어줄 리 만무했기 때문이다.

조왕도 진의 이와 같은 속셈을 모르는 바 아니었다. 하지만 이 제안을 거절했다간 진의 공격을 피하기 어려운 상황이었다. '진퇴양난'이란 이런 경우를 두고 하는 말이리라.

어쨌거나 누군가를 진으로 보내야 할 판이었다. 누구를 보내 이 난제를 풀게 한단 말인가? 이때 무현이 자신의 식객으로 있던 인상여藺相如를 조왕에게 추천했다.

이렇게 해서 전격적으로 발탁된 인상여는 지체 없이 진나라의 수도로 떠났다. 인상여는 진왕을 만나 벽옥을 바쳤다. 벽옥을 받아 든 진왕은 벽옥을 이리저리 어루만지며 어쩔 줄 몰라 했다. 그러나 교환조건으로 내건

성에 대해서는 한마디도 꺼내지 않았다. 진왕의 속셈을 새삼 확인한 인상여는 '벽옥에 하자瑕疵'가 있는 것 같다며 벽옥을 되돌려 받았다.

그러고는 기둥에 몸을 기댄 채 신의 없는 진왕을 엄하게 나무라며, 조건을 지키지 않으면 벽옥을 기둥에 내던져 박살을 내겠다고 위협했다. 느닷없는 인상여의 돌발행동에 진왕은 깜짝 놀라며, 즉시 성을 내주겠노라 약속했다.

기둥에 몸을 기댄 채 신의 없는 진왕을 엄하게 나무라며, 조건을 지키지 않으면 벽옥을 기둥에 내던져 박살을 내겠다고 진왕을 위협하는 인상여

그러나 인상여는 더 이상 속임수에 넘어갈 수 없다며, 진왕에게 닷새 동안 목욕재계한 다음 이 성스럽고 순결한 벽옥을 받으라고 요구했다. 그러고는 몰래 사람을 시켜 벽옥을 조나라로 되돌려 보냈다.

울며 겨자 먹기로 닷새 동안 목욕재계를 끝낸 진왕이 날이 새기 무섭게 인상여를 불러 벽옥을 요구했다. 그런데 이게 웬일인가? 인상여는 당당하게 벽옥은 이미 조나라로 돌아갔으니 마음대로 하라고 큰소리를 치는 것이 아닌가?

진왕은 화가 머리끝까지 솟구쳤지만 인상여의 용기에 감탄하지 않을 수 없었다. 결국 진왕은 인상여를 어쩌지 못하고 돌려보냈다. 인상여는 모든 사람의 기대를 저버리지 않고 어려운 사명을 완수해 냈다.

이상이 저 유명한 '벽옥을 완전하게 조나라로 다시 가지고 왔다'는 '완벽귀조完璧歸趙'의 스토리이며, '완벽'이라는 단어의 출처이기도 하다.

이 공로로 인상여는 대부에 임명되었고, 얼마 뒤 진과 교섭을 벌일 때에도 또다시 공을 세워 상경으로 승진했다. 이른바 초고속 승진이었다.

당시 상경으로 있던 염파廉頗는 인상여의 초고속 승진을 못마땅하게 여겼다. 숱한 난관을 헤쳐 가며 공을 세워 비로소 지금 이 자리에 오른 자신에 비해 인상여는 너무도 쉽게 상경 자리에 올랐다고 생각했기 때문이다. 염파는 자신이 몹시 부끄러웠고, 이 치욕을 도저히 견딜 수 없었다.

> "나는 조나라의 장수가 되어서 적의 성을 공격하고 들판에서 싸우며 큰 공을 세웠다. 그런데 인상여는 그저 입과 혀만 놀렸을 뿐인데 지위가 나와 같게 되었다. 또한 상여는 본래 천한 신분이다. 내가 그자 밑에 있는 것이 부끄러워 참을 수가 없다."

이렇게 선언한 다음 염파는 "내, 상여를 만나면 기필코 욕을 보이리라!"며 안팎으로 떠들며 다녔다.

이 이야기를 전해 들은 인상여는 염파와 부딪치지 않으려고 무던 애를 썼다. 조회에서조차 그와 같은 자리에 앉지 않음으로써 충돌을 피해 갔다. 문을 나설 때도 염파가 앞에 갈 것 같으면 길을 바꾸어 인적이 드문 골목길로 다녔다.

무엇이 두려운지 계속 염파를 피하기만 하는 주인의 이런 모습에 가신들은 실망하지 않을 수 없었다. 그래서 모두 인상여 곁을 떠나려고 했다. 이를 눈치챈 인상여는 가신들을 모아 놓고 이렇게 말했다.

> "그대들이 생각하기에 염 장군과 진나라 왕을 비교하면 어떠한가?"
> "그야 진나라 왕만 못하지요."
> "그렇게 위엄 있는 진나라 왕을 이 인상여가 조정에서 꾸짖어서 그 신하들을 부끄럽게 만들었다. 그런데 내가 비록 아둔하기는 하나 어찌 염 장군을

두려워하겠는가? 내가 가만히 생각해 보니, 진나라가 감히 조나라에 싸움을 걸어오지 못하는 것은 오직 우리 두 사람이 있기 때문이다. 그런데 지금 이 두 호랑이가 서로 싸우면 둘 다 살아남기 힘든 형국 아닌가? 내가 이렇게 염 장군을 피해 다니는 것은 나라의 급한 일이 먼저고 사사로운 원한은 그다음 이기 때문이다."

이 말을 전해 들은 염파는 부끄러움에 어찌할 바를 몰라 하다가 웃옷을 벗어 어깨를 드러내고 가시 회초리를 짊어진 채 죄인임을 자처하며 인상여를 찾아와 사죄했다.

인상여의 진심을 알고 사죄하는 염파 장군

"비천한 이 몸이 장군의 너그러움이 이렇게 큰 줄 미처 몰랐습니다그려!"

이렇게 해서 두 사람은 마침내 기꺼이 생사를 같이하는 '문경의 벗'이 되었다. 묵었던 오해가 풀리면 인간관계는 극적으로 바뀐다. 이 또한 인간 관계만이 가져다줄 수 있는 묘미다.

인상여(B.C.315?~B.C.247?)

조나라의 명신이자 책략가. 진나라와의 외교에서 비상한 수완과 능 력을 발휘하여 진나라로 하여금 조나라를 무시하지 못하게 만들고 국익을 지켰다. 그 공로로 재상 지위에 올랐으며, 조나라를 진의 위 협으로부터 굳건히 지켰다.

5. 제3자의 눈

인간관계는 갑甲과 을乙의 문제일 뿐만 아니라 때로는 병丙이나 정丁과
도 관계된다. 따라서 우리가 그저 특정한 인간관계에만 집착하다 보면 제
3자에게 상처를 줄 수도 있다. 인간관계를 고려할 때는 관련 인물 전체를
고려해야 할 것이다.

한나라 문제(재위 B.C.179~B.C.157) 때 상대부를 지낸 등통鄧通은 본래 황
제의 배를 운전하던 선부船夫의 신분으로 황제의 신임을 얻어 조정의 신
하로 출세한 인물이었다. 문제에 대한 등통의 충성심은 대단해서 문제의
악성 종양을 직접 입으로 빨아 피고름을 빼낼 정도였다.

그런데 태자가 문제에게 문안을 드리러 왔을 때 문제가 태자에게 종양
을 입으로 빨라고 명령했다. 태자는 아버지의 명령을 거부하지는 못했지
만, 여간 불쾌해하지 않았다. 그 뒤 태자는 이 일이 등통에서 비롯되었다
는 사실을 알고는 등통에게 원한을 품게 되었다.

얼마 뒤 문제가 세상을 떠나고, 태자가 천자 자리에 오르니 바로 경제
(재위 B.C.156~B.C.141)였다. 등통은 상황이 여의치 않음을 직감하고 사직
서를 제출하고는 고향으로 내려갔다. 그러나 경제는 그 정도로 만족할 수
없었다. 그는 구실을 달아 등통의 재산을 몰수해 버렸다. 때문에 등통은
말년을 빈곤하게 지내다 쓸쓸하게 죽고 말았다.

무제(재위 B.C.140~B.C.87) 때도 비슷한 이야기가 전해 온다. 무제에게는
언이라는 소꿉친구가 있었는데, 무제와 함께 잠을 잘 정도로 가까웠다. 무
제가 즉위하자 언은 무제가 총애하는 신하가 되었다.

어느 날 무제의 동생 강도왕江都王이 궁에 들어와 황제와 함께 사냥을

가기로 약속했다. 무제는 사냥에 나서기 전에 언에게 사냥터를 살피게 했다. 언은 기병 수십을 거느리고 사냥터로 달려가서 사냥감을 살폈다. 멀리서 이런 모습을 지켜보던 무제와 강도왕은 도로 한쪽으로 비켜서서 언을 기다렸다. 그런데 언은 황제와 그 동생 곁을 지나가면서도 인사조차 건네지 않고 그저 힐끗 쳐다볼 뿐이었다.

강도왕은 안하무인인 언의 행위에 화가 났다. 그래서 황태후에게 언의 무례함을 일러바쳤다. 이로부터 황태후는 언에 대해 좋지 않은 감정을 갖게 되었고, 때마침 누군가가 언을 중상모략하자 황태후는 지체 없이 언에게 죽음을 내렸다. 무제가 간곡하게 살려 달라고 부탁했으나, 한번 돌아서 버린 태후의 마음을 되돌릴 수는 없었다(「영행열전」).

제3자의 눈이 객관적일 수 있다지만, 속사정을 모를 때 그 눈은 잔인한 눈으로 바뀐다. 인간관계는 이해관계이기도 하다. 이해관계와 무관한 제3자는 철저하게 자기 위주로 판단하고 행동한다. 그것이 때로 치명적일 수도 있으므로 인간관계에서 제3자의 눈에 주의를 기울일 필요가 있다.

6. 선비는 자기를 알아주는 이를 위해 죽는다

인간 행동의 동기가 되는 욕구는 무수히 있다. 그중에서도 의외로 큰 힘을 가지고 있는 것이 '남으로부터 인정받고 싶은 욕구'다. 인간은 사회적 동물이다. 남으로부터 높은 평가를 받고, 이해받는 경우에는 놀랄 만큼 적극성을 발휘한다. 반대로 낮게 평가받거나 무시당하면 '하고자 하는 의욕'을 완전히 상실하고 만다.

사람을 진심으로 움직이도록 하려면 상대방을 이해하고 인정해 주어야 한다. 예를 들어 어린이를 대하는 경우에도 "넌 안 돼. 틀렸어"라고 하기보다는 "넌 할 수 있어"라고 하는 편이 자신감을 심어 줄 수 있다. "이렇게 하면 안 된다. 저렇게 해서는 안 된다"라고 하기보다는 "그렇게 해 보자"라고 하는 편이 훨씬 상대방에게 활력을 준다.

"선비는 자기를 알아주는 이를 위해 죽는다."

이 명구는 위에서 말한 것을 단적으로 나타내고 있다. 출처가 된 고사의 주인공은 B.C. 5세기 사람인 예양豫讓이다. 그는 진晉나라가 분열될 때 죽임을 당한 옛 주인 지백智伯의 원수 조양자趙襄子를 죽이고자 했다.

진나라는 황하 유역에서 아득한 옛날부터 번영했던 나라인데 B.C. 5세기 유력한 씨족들이 분열하여 패권을 다투었다. 그중에서 제일 유력했던 지백은 조양자를 공격했다가 오히려 조양자에게 죽임을 당했으며 지백의 영토는 분할되고 말았다. 그러나 이 도전은 원래 지백이 일으켰던 것이니 남을 원망할 일이 못 되는 것이었다. 그리고 지백은 평소에도 행실이 나빠 술에 취하면 남에게 술을 뒤집어씌우거나 다른 씨족의 토지를 강제로 빼앗았다.

이런 군주였으니 그가 죽은 다음 일족이 뿔뿔이 흩어진 것도 당연한 귀결이다. 그런데 그중에서 부하였던 예양만이 홀로 지백의 원수를 갚겠다고 결의한다. 그것은 왜일까? 이유는 지백이 예양을 인정해 주었기 때문이다. 예양은 처음에 범씨를 섬겼고, 이어서 중행씨를 섬겼는데 한 번도 그들로부터 인정받은 적이 없었다. 그러다가 지백을 섬겼는데, "지백은 심히 그를 존경했다"고 한다. 즉, 지백은 예양을 매우 아꼈던 것이다.

지백이 살해당한 다음 예양은 산속으로 도망쳤다.

> "아아, 선비는 자신을 인정해 주는 이를 위해 죽고 여인은 자신을 사랑해 주
> 는 이를 위해 모양을 낸다고 했던가. 지백은 진실로 나를 알아주었지. 나는
> 무슨 일이 있더라도 지백을 위해 원수를 갚고, 죽어서 이를 지백에게 알려주
> 어야 해. 그러면 내 혼백도 부끄러울 것이 없으리라."

이렇게 해서 원수인 조양자의 목숨을 노리지만, 예양은 복수에 실패하
여 붙잡히고 만다. 조양자의 측근은 그를 죽이려고 했지만 조양자는 "의
인이로다"라며 석방해 주었다. 이쯤 했으면 의리는 지킨 셈인데, 예양은
『사기』에 특기될 만큼 결코 물러설 줄 모르는 사람이었다. 그는 온몸에 옷
을 칠하여 피부를 헐게 한 다음 성대를 망가뜨려 반벙어리가 되었다. 모
습을 완전히 바꾸어 계속 조양자를 노리는 것이었다. 그러나 두 번째 습
격도 실패하여 또 붙잡히고 말았다. 그때의 문답을 『사기』는 다음과 같이
기록하고 있다.

조양자는 예양을 꾸짖었다.

> "너는 지난날 범씨范氏와 중행씨中行氏를 섬겼던 일이 있지 아니하냐. 그 범
> 씨와 중행씨도 모두 지백으로 인하여 죽었다. 너는 그때 원수를 갚기는커녕
> 원수인 지백의 부하가 되고 말았지. 그런데 이번에는 목숨을 걸고 원수를 갚
> 으려 하고 있어! 그 이유가 뭐냐?"
>
> "맞소이다. 나는 분명 범씨와 중행씨를 섬겼지만 그 두 사람은 나를 범인으
> 로밖에 취급해 주지 않았소. 그래서 나도 그들에게 범인으로서 보답했을 뿐
> 이오. 그러나 이번에는 다르오. 지백 나리께서는 나를 국사로 예우해 주었

소. 그랬기에 나도 국사로서 보답하려는 것이오."

조양자는 눈물을 흘리며 탄식했다.

"알겠다. 이제 네 명분은 충분히 섰어. 나도 이 이상 너를 봐줄 수는 없구나. 각오는 되어 있겠지?"

병사들이 예양을 둘러쌌다. 예양은 말했다.

"당신은 나를 한 번 용서해 주었소. 그러니 이번에는 구차하게 목숨을 구걸하지 않으리다. 단, 한 가지 부탁할 일이 있소. 당신의 옷을 이 칼로 찌르게 해 주시오. 그러면 죽어도 한이 없겠소이다."

조양자는 감탄하며 겉옷을 벗어서 예양에게 주었다. 예양은 칼을 뽑아 들고 공중을 날며 조양자의 옷을 세 번 찔렀다. 그리고 "이제야 먼저 가신 지백 나리께 보답했도다" 하고 외치더니 자기 목을 찌르고 자살했다.

그가 죽던 날 "조나라의 뜻있는 선비들이 이 소식을 전해 듣고 모두 그를 위해 눈물을 흘렸다"라고 사마천은 기록하고 있다. "선비는 자기를 알아주는 이를 위해 죽는다"라고 했던 그의 말은 2500년이 지난 지금까지도 긴 여운으로 남아 있다.

예양을 단순한 자객으로 각인시키는 것은 어불성설이다. 냉철하게 그의 삶을 성찰해 본다면, 그는 의인의 자격을 갖추고 있다. 그러나 더 중요한 것은 그의 가치를 평가한 지백이란 주군이 있었기에 그가 그토록 목숨을 걸고 원수를 갚기 위해 나선 것이 아닌가? 적어도 어떤 조직이든 이런 충신 한두 명씩은 길러야만 한다. 그 시발점은 바로 존재 가치를 먼저 인정해 주는 것이다.

7. 진정한 유협의 길이란

곽해(郭解, B.C.2세기 말~B.C.1세기 초)는 한나라 때의 유협遊俠으로 이름을
날린 인물이다. '유협'에 대해서는 사마천이 『사기』에서 열전을 남김으로
써 알려진 존재이다. 유협에 대해 사마천은 "유협은 그 행하는 바가 정의
에 어긋난다 하더라도, 그 말이 믿음직하고 행동은 과감하다. 약속한 일은
반드시 지키며, 자신의 몸을 아끼지 않고 사정이 딱한 사람을 도우며, 생
사존망의 어려움을 겪었음에도 능력을 뽐내지 않으며, 그 덕을 자랑하는
것을 부끄럽게 여긴다. 유협은 이런 점들에서 높이 평가될 수 있다"라고
정의를 내렸다.

곽해는 젊었을 때는 살인과 절도 등 나쁜 짓을 서슴없이 저질렀지만,
나이가 들면서 인생관이 바뀌어 후배들을 극진히 보살피는 등 호걸 중의
호걸이 되었다.

곽해는 사마천과 같은 시대 사람이었다. 두 사람이 만난 적이 있는지
그렇지 않은지는 자세하지 않지만 사마천은 그를 잘 알았던 모양이다. 그
래서 그의 행적을 「유협열전遊俠列傳」에 넣어 기록으로 남겼다. 사마천의
기록에 따르면, 곽해의 일거수일투족 모두가 당시 정치가, 학자, 서민들
에게 관심의 대상이 되었던 모양이다. 그러니 그와 관련된 인간관계는 또
얼마나 흥미진진했겠는가?

당시 곽해의 조카가 삼촌의 위세를 믿고 사람들을 속이는 등 말썽을 부
렸다고 한다. 한번은 술에 취한 채 다른 사람과 싸움을 벌이다 뜻하지 않
게 그 사람에게 맞아 죽고 말았다. 범인은 줄행랑쳤고, 범인의 행방은 오
리무중이었다.

소식을 들은 곽해는 부하들을 시켜 범인을 찾아내게 했다. 조여드는 포위망에 범인은 더 이상 숨지 못하고 곽해를 찾아와 자초지종을 털어놓았다. 이야기를 다 들은 곽해는 끄덕이더니 "당신이 그놈을 죽인 것은 당연했군. 내 조카 놈이 잘못했군!" 하고는 살인범을 놓아 주었다.

이 이야기가 전해지자 당시 사람들은 모두가 곽해가 큰 뜻을 가진 의협이라며 칭찬을 아끼지 않았으며 그의 명성은 더 멀리 퍼져 나갔다.

곽해가 길을 지나가면 너나없이 길을 양보했다. 그러던 어느 날 한 남자가 일부러 발을 뻗쳐 곽해가 지나가는 길을 가로막고 나섰다. 그러자 곽해는 좌우에게 이 사내의 이름이 무엇이냐고 물었다. 모두 곽해가 단단히 화가 나서 그자를 죽이려나 보다며 겁을 먹었다. 그러나 곽해는 오히려 이웃에 살면서도 인사 한번 제대로 못 했으니 모두 자신의 수양 부족이라며, 그 사람에게 무슨 죄가 있겠냐고 말했다.

그 후로 곽해는 현의 관리에게 은밀히 그 사람은 자신이 소중하게 생각하는 사람이니 돌아오는 병역을 면제해 달라고 부탁했다. 얼마 뒤 자신이 자꾸 병역에서 빠지는 것을 이상스럽게 생각한 그 사람은 관리에게 이유를 물었고, 마침내 내막을 알게 되었다. 사내는 부끄러움에 어쩔 줄 몰라하며 스스로 한쪽 어깨를 드러낸 채 곽해를 찾아와 죄인을 자처하며 용서를 빌었다.

이 일로 곽해의 명성은 더욱 높아졌고 또 더욱 멀리 퍼져 나갔다. 명성을 흠모해 그를 찾아오는 사람도 갈수록 늘었다. 곽해는 자신이 할 수 있는 일이라면 최선을 다해 남을 도왔고, 할 수 없는 일이라면 완곡한 말로 상대를 포기시켰다.

낙양의 한 남자가 무슨 일로 어떤 사람에게 죄를 지었는데, 그 일로 상대가 원한을 품고는 도무지 화해하려 하지 않는 바람에 여러 사람을 세워 중재하려 했지만 뜻을 이루지 못하고 끝내는 곽해를 찾아와 도움을 요청했다. 곽해는 밤을 틈타 그 남자의 원수를 찾아가 찾아온 이유를 점잖게 설명했다. 그런 다음 그 집을 떠나면서 곽해는 그 사람에게 이렇게 당부했다.

> "내 들으니 낙양의 여러분들이 중재에 나섰어도 신통치 않았다는데, 이제 다행스럽게도 당신이 나의 말을 받아 주셨소. 하지만 다른 고장 사람인 이 곽해가 어찌 남의 고을 어진 대부들의 권위를 빼앗을 수 있겠소? 그러니 잠시 동안 나와의 이야기는 없었던 것으로 해 주시오. 내가 떠난 다음 낙양 호걸들로 하여금 중재에 나서게 해서 그들의 말을 듣는 것처럼 해 주시오."

그러나 이후 곽해는 결국 집권자의 미움을 사서 일족이 모두 사형당하는 비운을 맞이했다. 이에 사마천은 곽해 이후 진정한 유협이 출현하지 못하고 있음을 아쉬워하며 그에 관한 열전을 남겼다.

곽해는 젊은 날 자신이 저질렀던 잘못을 반성한 이후로는 늘 상대를 생각하고 상대의 입장을 고려한 다음 행동으로 옮기는 성숙한 인간관계를 보여 주었다. 상대를 생각하고 상대의 입장을 고려한다는 것은 결국 상대의 체면을 세워 주는 것과 같다. 우리는 곽해에게서 상대방의 체면을 어떻게 세워 주며, 그것이 인간관계에서 어떤 고리로 작용하는지를 배우게 된다. 남의 체면을 돌본다는 것은 2천여 년이 지난 오늘날에도 좋은 인간관계를 세우는 데 반드시 필요한 유용한 고리라 할 수 있겠다.

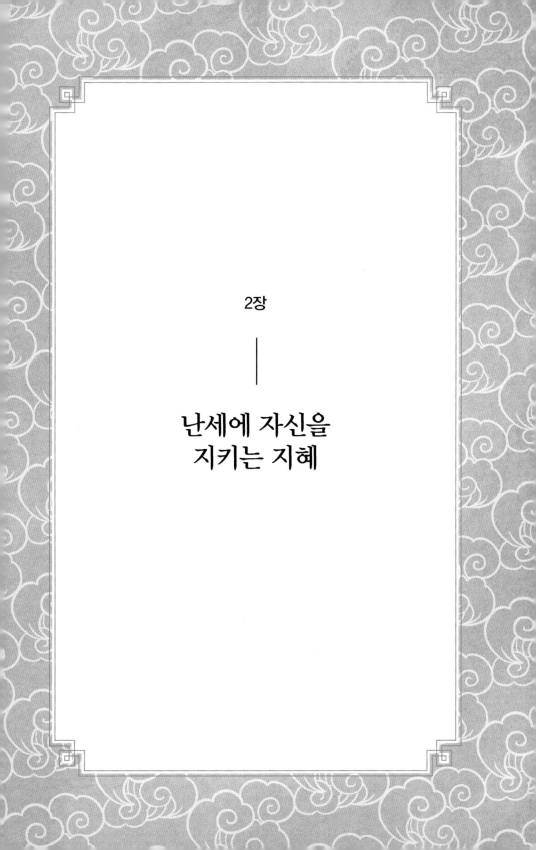

2장

난세에 자신을
지키는 지혜

1. 소나무의 푸르름은 겨울이 되어야 안다

난세를 살면서 작은 재치와 총명함으로 큰 명리를 얻은 사람들이 많다. 그러나 사람으로서 세상을 살면서 명리만을 위해 바쁘게 뛰어다녀서는, 더군다나 비굴하게 권세 앞에 무릎을 꿇어서는 안 될 말이다. 이를 실천으로 옮기기란 결코 쉽지 않지만 말이다.

『사기』에는 의로운 기상으로 더러운 물에 한데 섞이지 않고, 자신의 원칙과 인생철학을 끝까지 관철한 지사志士가 적지 않게 등장한다. 『사기』가 인생철학의 지침서로 값어치를 갖는 것도 이런 인물들의 삶이 생동감 넘치게 묘사되어 있기 때문이다.

그들 모두가 성공한 사람들은 아니었지만, 사마천은 그 특유의 필치로 그들과의 만남을 가슴 설레게 만든다. 때로는 격정적으로, 때로는 슬프게, 때로는 숙연하게, 마치 자신의 속마음을 내뱉듯, 그 기세가 확고부동하여 독자들의 아낌없는 공감을 불러일으킨다.

뜻을 제대로 펴보지 못한 인물들을 통해 자신을 투영하고 있는 사마천의 글과 인물들의 행적에서 우리는 시대상과 더불어 사마천 자신의 감수성을 읽을 수 있다. 이 또한 『사기』의 매력이다.

상나라 말기 고죽국(孤竹國, 지금의 하북성 노룡현)의 군주에게 백이伯夷와 숙제叔齊라는 두 아들이 있었다. 아버지는 작은아들 숙제에게 왕위를 물려주고 싶었다. 그러나 아버지가 세상을 떠나자 숙제는 형 백이에게 왕위를 양보했다. 아버지의 뜻을 저버리고 싶지 않은 백이도 동생 숙제의 양보를 완강하게 거절했다. 그리고는 동생을 난처하게 만들지 않으려고 몰래 나라를 떠났다. 이 사실을 알게 된 숙제도 형의 뒤를 쫓아 떠나 버렸다. 나라 사람들은 하는 수 없이 다른 인물을 군주로 세웠다. 형제가 모두 왕 자리를 마다하고 나라를 떠나 버렸으니, 한편으로는 무책임하다는 비판을 면키 어려울 것 같고, 또 한편으로는 그 대범함과 욕심 없는 마음에 놀라지 않을 수 없다.

세월이 흘렀다. 형제는 주나라로 갔다. 주나라 서백(西伯, 주 문왕)이 늙은이와 현자를 몹시 존중한다는 소문을 듣고 몸을 맡길 생각이었다. 그런데 뜻밖에도 서백은 이미 세상을 떠나고 없고, 자리를 이어받은 무왕이 상나라 주 임금을 정벌하려고 적극적으로 준비하고 있었다. 이에 형제는 상나라를 치러 가는 무왕의 전차를 붙들고 간곡하게 말렸다.

> "아버지가 돌아가시고 장례도 치르지 않았는데 전쟁을 일으키는 것을 효도라 할 수 있겠는가? 또 신하인 제후가 임금인 천자를 죽이려 하니 어진 일이라 할 수 있겠는가?"

여기서 이들 형제의 도덕관이 옳은가 아닌가를 따질 필요는 없다. 다만 당시 상나라는 이미 최후를 향하여 가쁜 숨을 몰아쉬고 있는 빈사상태였고, 천하의 대세는 이미 주나라로 기울어져 있었던 것은 사실이다. 이런 상황에서 무왕을 붙들고 꼬장꼬장하게 충고를 던졌으니 그 용기는 참으로 가상타 할 것이다.

어쨌거나 난데없이 나타난 두 형제가 장차 천자가 될 무왕의 수레를 가로막고 나섰으니 시위 군사들이 가만있을 리 만무했다. 칼을 뽑아 들고 형제를 찌르려 했다. 이때 태공망太公望이 나서 "이분들은 의로운 사람이다!"라며 말렸다.

과연 태공이었다. 한눈에 인물을 알아보았으니. 태공망은 형제들을 부축하여 일으켜 세운 뒤 안전하게 그 자리를 떠나도록 하였다.

무왕이 상나라를 멸망시키자, 천하는 주나라를 주인으로 섬기게 되었다. 이 소식을 들은 형제는 주를 섬기는 것은 수치스러운 일이며, 주나라 땅에서 나는 곡식으로 밥을 지어 먹는 것도 인의에 어긋난다면서 수양산首陽山에 숨어 고사리로 연명하다 세상을 떠났다.

형제는 굶어 죽기에 앞서 다음과 같은 시를 남겼다.

저 산에 올라가 고사리를 캔다네.
무왕은 포악한 방법으로 주왕의 포악함을 대신하였건만
그 잘못을 알지 못한다네
신농, 우순, 하우의 도가 홀연히 사라졌으니
내 어디로 가서 몸을 맡기나?
아아! 죽어야겠구나.
명이 다하였으니!

백이와 숙제 형제의 행동을 두고는 역대로 논란이 많았다. 그들의 죽음이 과연 가치 있는 것이며 그들의 행동이 의로운 것이라 할 수 있는가? 조선시대 사육신의 한 사람인 성삼문은 백이와 숙제가 캐 먹었던 그 고사리는 누구 땅에서 난 것이냐며 신랄하게 두 사람을 비판한 적이 있다. 옳지 않다고 생각하는 바를 끝까지 지키고 타협하지 않는 정신은 높이 평가되어야 하지만, 시대의 흐름을 읽을 줄 모르는 극단적 보수주의는 아무래도 위험하다는 생각을 해 본다.

이들 형제의 죽음과 관련하여 사마천은 어떤 평을 내렸을까? 그는 「백이열전」에서 다음과 같은 장문의 논평을 덧붙이고 있다.

누구는 '하늘의 도는 우리와 가까워 소원함이 없다. 항상 착한 사람의 편에 있다'고 말한다. 그럼 백이와 숙제도 착한 사람이라 말할 수 있을까? 아닌가? 그토록 어질게 살았고 깨끗하게 행동했건만 그들은 굶어 죽었다.

또 공자는 70명에 이르는 제자들 중에서도 오직 '안연顏淵이 학문을 좋아한다'며 칭찬을 아끼지 않았다. 그러나 안연은 끼니를 자주 걸렀고, 술지게미나 겨로 지은 밥같이 먹기조차 힘든 음식도 제대로 먹지 못할 정도였다. 게다가 일찍 죽었다.

하늘이 착한 사람에게 보답을 베풀어 준다는 것이 어찌 이 모양인가? 도척盜跖은 죄 없는 사람을 죽이고 사람의 생간을 회로 먹었다. 포악하고 잔인하며 오만방자하여 수천 명의 무리를 모아 천하를 휘저으며 돌아다녔으나 오래도록 잘 살다가 죽었다. 이자는 무슨 덕을 추구했길래 그럴 수 있었나?

이는 그런 사례들 중에서도 가장 크게 드러나고 명백한 것을 들었을 뿐이다. 최근의 사례를 살펴보더라도, 행동을 절제할 줄 모르고 오로지 남이 싫어하는 나쁜 짓만 골라서 하는데도 평생을 편하고 즐겁게 지내며 여러 대를 부귀영화를 누리고 산 자가 있었다.

반면에 땅을 가려서 디디고 적당한 때를 기다려 말을 하며, 큰길이 아니면 다니지 않고 공정한 일이 아니면 나서지 않았는데도 환란과 재앙을 만난 사람이 헤아릴 수 없이 많다.

나는 이런 사실에 당혹해하고 있다. 이른바 '하늘의 도'라는 것이 정말로 이런 것인지 어쩐지!

사마천의 논평 중 마지막 대목 "나는 이런 사실에 당혹해하고 있다. 이른바 '하늘의 도'라는 것이 정말로 이런 것인지 어쩐지!"는 사실 사마천 자신의 솔직한 심정일 것이다. 그 자신이 바로 억울하게 피해를 당한 당사자였으니. 그는 '백이와 숙제의 고사'를 빌려 자기 심경의 일단을 드러내려 했을 뿐이다.

백이와 숙제(伯夷叔齊)

2. 기인들의 사는 법

백이와 숙제가 난세를 피해 산속에 숨어 살았다고 하지만, 태평성세였던 한나라 무제 때에도 숨어 살았던 인물이 있었다. 그것도 산속이 아닌

시끌벅적한 도시 한가운데에서.

> 세속에 젖어
> 세상을 금마문(金馬門, 관청의 문) 안에서 피한다네.
> 궁전 안에서도 세상을 피해 몸을 온전히 숨길 수 있거늘
> 하필 깊은 산속 풀잎으로 엮은 집 속이랴!

B.C. 2세기에서 B.C. 1세기에 걸쳐 살았던 한무제 때의 대신 동방삭(東方朔, B.C.154~B.C.93)이란 인물이 지은 노래다. 동방삭은 뛰어난 지식인으로 일찍이 죽간 3천 편에 글을 써서 무제에게 올렸던 적도 있다. 전하는 이야기에 따르면 무제는 두 달 동안 그 죽간을 다 읽고서는 감동하여 그를 발탁했다고 한다.

동방삭이 살았던 시절은 천하가 번듯하게 질서가 잡힌 태평시대로 정치도 제 궤도에 올라 궁중은 출세 지상주의자로 넘쳐흐르고 있었다. 이런 정치판 속에서 동방삭은 '기인奇人'으로 명성이 자자했다.

무제는 동방삭의 이런 점 때문인지는 몰라도 늘 그를 불러 한담을 나누고, 이야기가 끝나면 상당한 양의 비단을 상으로 내리곤 했다. 그러면 동방삭은 비단을 어깨에 대충 둘러메고 조정을 물러 나왔다. 무제와 함께 식사를 할라치면 먹다가 남은 고기를 품속에 잔뜩 쑤셔 넣어 가지고 나왔다. 옷이 기름으로 뒤범벅이 되어도 아랑곳하지 않았다.

동방삭의 이런 해괴한 행동을 어떻게 설명할 수 있을까? 시대에 대한 항변은 아닐까? 그는 비록 궁중에 몸담고 있지만 시류를 따라 무작정 흘러가길 원하지 않았던 모양이다. 그러다 보니 그의 행동과 말은 궁중에 숨어 사는 것과 다를 바 없었다.

황제에게 받은 재물이 어느 정도 쌓이면 동방삭은 미녀들에게 아낌없이 써 버렸다. 그래서인지 벼슬살이 내내 그는 가난하게 살았다. 이런 기행을 두고 동료들은 비난을 퍼부었다. 물론 질시와 부러운 감정이 착잡하게 어우러진 비난이었다.

이런 동료들의 충고와 비난에 대해 동방삭은 이렇게 대답했다고 한다.

> "나 같은 사람은 이른바 조정 한가운데에 숨어 세상을 피하는 자지, 옛사람은 깊은 산속에 숨어 세상을 피했지만 말이야."

『사기』「골계열전」은 이런 기인들의 일화로 가득 차 있다. '골계滑稽'는 '풍자, 유머, 조롱'의 뜻을 포함하고 있는 단어인데, 사마천은 이 열전을 통해 세상과 인간 그리고 인심의 천박함을 신랄하게 풍자하고 있다. 이 열전에 등장하는 기인들은 한결같이 기이한 언행을 보여 준다. 사마천은 「골계열전」을 통해 오늘날 풍자문학의 한 요소인 '골계미滑稽美'라는 용어를 탄생케 했다.

동방삭은 술에 취하면 그 자리에 큰대자로 뻗어서는 늘 앞에 소개한 노래를 불렀다. 하루는 함께 자리한 많은 학자들이 동방삭의 그런 행태를 못마땅하게 여기며 야유를 퍼부었다.

> "소진과 장의는 큰 나라의 임금을 만나면 재상의 자리를 얻어 그 은택이 후대까지 미쳤다고 합니다. 지금 선생은 선왕의 도를 닦고 성인의 의리를 흠모하여 그들의 글과 시 그리고 백가의 논리를 수도 없이 외곤 합니다. 그리고 문장에도 뛰어납니다. 스스로 세상에 둘도 없는 사람으로 자부하고 계십니다. 견문이 넓고 사물을 잘 판단하시며 지혜가 뛰어나다고 할 것입니다. 그

런데 충성을 다하여 성군을 섬기면서도 헛되이 나날을 보내고 수십 년이 지났는데도 벼슬은 시랑에 지나지 않고 지위는 보잘것없습니다. 무엇이 잘못되어 이런 지경입니까? 그 까닭을 알고 싶습니다."

이런 비아냥에 동방삭은 "그건 당신들이 잘 모르고 하는 소리다. 그때는 그때고 지금은 지금인데 어찌 같을 수 있나?"라고 일축한 다음 이렇게 응수했다.

"자, 생각해 봅시다. 장의나 소진이 살았던 시대는 주나라 왕실이 무너질 대로 무너져서 제후들이 조회조차 하지 않았다. 정치는 힘에서 나왔고 병력으로 권세를 다투어 서로를 침략하여 열두 나라로 갈라지고도 자웅이 결정되지 못했다. 인재를 얻은 자는 강해지고 인재를 잃은 자는 망했다. 그랬기 때문에 말과 행동이 용납되고 통하여 몸은 높은 지위에 오르고 은택이 후세까지 미쳐 자손이 길이 번영을 누렸다.
그러나 지금은 얘기가 다르다. 현명하신 성군이 위에 계셔서 덕이 천하에 흐르고 제후가 복종하고 위엄이 사방 오랑캐 나라까지 미치고 있다. 사해는 그릇을 엎어 놓은 것보다 더 편하며, 천하가 평화스럽게 한집같이 되었다. 계획을 세우고 일을 행하는 것이 손바닥 안에서 움직이는 것 같으니, 현명하고 불초한 것을 무엇을 가지고 구별하겠는가?"

여러 선생들은 아무 말 못 하고 입을 다물고 말았다. 동방삭의 응수는 어쩌면 사마천이 하고 싶었던 말인지도 모른다. 어쨌거나 동방삭이라는 기인의 입을 빌려 풍자적으로 풀어낸 태사공의 마음 씀씀이가 여간 아니다. 사마천과 동방삭은 무제 시대에 함께 벼슬살이를 했다. 그가 동방삭과 교류했건 안 했건 간에 동방삭의 생활방식에 사마천이 공감한 것만은 틀림없는 것 같다.

　동방삭의 기행은 난세가 아닌 태평성세이기에 가능했던 기행은 아닐까? 어쨌거나 이런 인물을 수용할 수 있는 시대의 분위기가 중요하며, 그것은 또 그 나라의 문화 수준을 반영한다. 천재와 기인은 서로 넘나들지 않는가? 천재와 기인을 아낄 줄 아는 세상이야말로 여유 있고 윤택한 세상이니까.

동박삭(B.C.154~B.C.93)

평원군平原郡 사람으로 본래의 성은 장張이고 자는 만천曼倩이다. 서한 시기의 저명한 문학가로 한무제가 즉위한 직후에 사방의 인재를 구했는데, 동방삭은 스스로 자기를 추천하는 상소를 올려서 발탁되어 낭郞이 되었다. 뒤에 상시랑, 태중대부 등을 지냈다. 성격이 해학을 즐기면서 언사가 민첩하고 유모와 지혜가 많았다. 한무제 앞에서 담소를 나누고 즐겼다. 정치 방면에선 두각을 나타내지 못했고, 단지 황제는 그를 배우처럼 대우했다.

　뜻을 얻지 못하고 의지를 펼치지 못한 인물들의 상황도 곳곳에 보인다. 사마계주司馬季主는 그런 인물들 중에서도 두드러진 기인이었다.

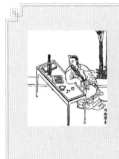

사마계주(?~?)

전한시대 사람으로 한나라의 도읍 장안長安 동시東市에서 공부했는데, 『역易』에 통달하고 황로지술黃老之術에 뛰어났다. 점을 치면서 생계를 꾸렸다. 당시 중대부 송충宋忠과 박사博士 가의賈誼가 복의卜醫하던 사람 가운데 성인聖人을 찾으려고 장안 거리를 다니다가 그를 만났다. 천지의 끝과 처음, 일월성신의 운행규칙, 인의仁義에 대한 설명 등 수천 마디를 하면서도 조금도 이치에서 어긋난 내용이 없었다. 이에 두 사람이 가르침을 청했다.

사마계주는 한나라 초기에 장안성에서 이름난 '상명선생相命先生', 즉 운명 감정가 또는 점쟁이였다. 사실 '상명선생'은 뭐 그럴듯한 인물은 결코 아니었다. 그럼에도 불구하고 사마천은 그의 이야기를 상당히 길게 소개하고 있는데, 이런 점이 바로 『사기』의 큰 특색이기도 하다.

어느 날 중대부 송충朱忠과 박사 가의(賈誼, B.C.200~B.C.168)가 함께 놀러 나갔다. 길거리를 지나는데 갑자기 비가 내리는 바람에 남의 집 처마 밑에서 비를 피하게 되었다. 그런데 그곳에서는 상명선생이 서너 명의 제자와 더불어 천문·지리·음양·길흉의 이치에 대해 토론을 벌이고 있었다. 두 사람은 상명선생이 풍기는 멋이 일반 속인과 다름을 금방 알아챌 수 있었다. 그래서 그에게 다가가 말을 걸기에 이르렀다.

> "우리가 선생을 보면서 말씀을 잘 들었습니다. 보잘것없는 우리가 가만히 세상을 살펴보니 아직까지 선생 같은 인물을 보지 못했습니다. 그런데 어이하여 이렇게 누추한 데 살면서 천하게 행동하시는 것입니까?"

그러자 사마계주는 배꼽을 잡고 죽는다는 듯이 깔깔대며 웃었다.

> "대부들을 보니 도덕과 경술을 갖춘 자들 같소이다만, 어찌하여 그 말이 이토록 비루하고 교양이 없소이까? 대체 지금 그대들이 어질다고 하는 것이 어떤 것이며, 높다는 것은 누구를 말함이오? 대체 무엇을 가지고 장자長者를 비천하다고 하는 게요?"

이에 두 사람이 영문을 모르겠다는 표정으로 이렇게 대답했다.

"높은 벼슬과 많은 녹봉을 세상은 높게 생각하고 어진 인물이 여기에 처합니다. 한데 선생이 처한 바가 그 땅이 아니니 낮다고 하는 것입니다. 말에 믿음이 없고 행동이 실천으로 드러나지 않으며, 취하는 것이 이치에 맞지 않으므로 천하다고 하는 것입니다. 무릇 점치는 일은 세속에서 천히 여깁니다."

상명선생 사마계주는 이내 정색을 하더니 거침없이 열변을 토했다.

"어진 자의 행동은 올바른 도로 바른말을 하고, 세 번 간언하여 듣지 않으면 물러서는 것이오. 사람을 칭찬할 때는 보답을 바라지 않고, 사람을 미워할 때는 원망을 신경 쓰지 않으며, 나라를 편케 하고 민중을 이롭게 하는 것을 책임으로 여기오.

따라서 그 자리가 아니면 벼슬에 나아가지 않으며, 공이 없으면 녹봉을 받지 않소이다. 바르지 않은 남을 보면 귀하더라도 공경하지 않으며, 오점이 보이면 높아도 몸을 낮추지 않소. 얻어도 기뻐하지 않고 떠나도 원망하지 않고, 죄가 없으면 몸이 결박당해도 부끄럽게 여기지 않는 법이오.

지금 공들이 말하는 현자란 부끄럽게 여겨야 할 것들이오. 몸을 낮추어 앞으로 나아가고 아첨의 말을 일삼으며, 서로서로 권세와 이익으로 끌어 주지. 당파를 만들어 옳은 것을 배척해 높은 명예를 추구하고, 나라의 녹봉을 받으면서도 사리사욕을 채우고, 국법을 어기고 농민을 착취하지. 벼슬로 위세를 부리고, 법으로 무기를 삼으며, 이익을 추구하기 위해 횡포와 패역무도한 짓을 멋대로 저지르지. 비유하자면 시퍼런 날을 세운 칼로 사람을 위협하는 것이나 다름없다고 할 수 있소. (중략)

능력이 있는데도 하지 않으면 불충이요, 능력이 없으면서 벼슬자리에 몸을 담고 위에서 내리는 녹봉을 탐내고 어진 이를 방해한다면 이는 벼슬을 훔치는 것이오. 당파가 있는 자가 등용되고 재물이 많은 자가 대접받는 것은 거짓이오.

공들만 올빼미(소인)가 봉황(현자)과 함께 나는 것을 보지 못했다는 것이오? 난초 등 향기로운 풀이 황야에 버려지고, 쑥 같은 잡초만 숲을 이루고 있소이다. 군자들을 내쳐 사람들 앞에 나타나지 못하게 하는 존재들이 바로 공들 같은 사람이라오.

지나간 일을 서술할 뿐 창작하지 않는 것이 군자의 의리라오. 지금 점쟁이는 하늘과 땅, 그리고 사시를 본뜨고, 인의에 따르고, 산가지를 나누어 괘를 정하고, 점판을 돌리며 산가지를 바로잡고 난 다음에라야 천지의 이해와 일의 성패를 말하오.

그 옛날 선왕들이 나라를 정할 때에도 반드시 해와 달을 먼저 점친 다음에라야 정사를 맡았고, 날짜를 바르게 한 다음에라야 잠자리에 들었으며, 아들을 낳으면 반드시 길흉을 점친 다음에 길렀소이다. (중략) 이렇게 볼 때 점이 무슨 이치에 어긋나는 일이라도 된단 말이오?

그리고 점은 자리를 깨끗하게 한 다음 베풀어지며, 점쟁이는 옷매무새를 단정하게 한 다음에 일에 대해 입을 여는데, 이것이 바로 예의라는 것이오. 그렇게 해서 나온 말은 귀신들도 존중하고, 충신도 이로써 임금을 섬기며, 효자도 이로써 어버이를 섬기며, 어버이도 이로써 자식을 기르니, 이것이 다름 아닌 덕이라는 것이오.

덕이 있는 수십 전이나 수백 전은 병든 자를 낫게 하고, 죽게 된 자를 살려내기도 하며, 재앙을 없애기도 하며, 일을 이루게도 하는 법이오. 또 자식을 장가들이고, 며느리를 맞이하여 풍요로운 삶을 이루기도 하오. 그러니 이런 덕의 값어치가 어찌 수백 전에 머무를까? (중략)

군자는 비천하고 은밀한 곳에서 여러 사람을 피하고, 스스로 몸을 숨겨 같은 부류의 사람을 피한다오. 은은한 속에서 덕을 나타내어 많은 재앙을 제거하여 천성을 드러내고, 임금을 돕고 인민을 교화하니 그 공과 이익이 많지만 높은 명예를 구하지 않는 법이라오. 공들처럼 허겁지겁 세속에 부화뇌동하는 자들이 어찌 장자의 도리를 알겠소이까?"

사흘 뒤 궁전 문밖에서 다시 만난 가의와 송충은 서로를 돌아보며 스스로 탄식했다.

도가 높을수록 몸은 더욱 편해지고, 권세는 높을수록 위태롭구나, 빛나는 권세를 좇다 보면 몸을 망치는 것은 시간문제다. 대저 점쟁이는 점을 잘 치지 못해도 복채를 빼앗기는 일은 없으나, 임금을 위해 일을 잘못하면 몸 둘 곳이 없어지지 않는가? 이 차이는 머리에 쓰는 관과 발에 신는 신발의 거리만큼이나 멀다.

이것이 바로 노자가 말한 "이름을 붙일 수 없는 무명無名의 상태에서 만물이 비롯된다"는 것이구나. "천지는 넓고 만물은 가지각색이지만, 편안하기도 하고 위태롭기도 하여 처할 바를 알지 못하는구나. 나와 그대가 어찌 그 점쟁이의 처세를 따를 수 있겠는가? 그는 갈수록 더욱 몸이 편해질 테니……."

뜻을 이루고 벼슬을 얻고 명예를 누리지는 못했으나 그 삶이 편안하다면, 그 어찌 현자의 삶이라 하지 않겠는가? 현자의 삶은 겉으로는 초라해 보이고 아무것도 아닌 것 같아도 인간 세상을 풍요롭게 만드는 소금과 같다. 부와 명예에 목을 매는 우리 눈으로는 그 진면목을 제대로 볼 수 없을 뿐이다. 그러니 이런 기인들이 뜻을 얻지 못하고 의지를 펼치지 못한 것이 결코 아니다. 보상도 바라지 않고 드러나기도 원치 않았던 기인들의 삶은 찌들 대로 찌든 우리 영혼을 어루만지는 약손과 같다. 그들은 우리를 향해 "너희 자신의 삶을 되돌아보고 지혜롭게 살라"고 낮은 목소리로 속삭인다.

3. 나 혼자 깨어 있다

시대와 환경이 어떻든 간에 뜻을 펴지 못한 채 억울하게 생을 마감한 인물은 언제나 있게 마련이었다. 그들의 문제는 재능이 아니라, 권모술수를 부릴 줄 모르고 현실과 타협할 줄 모른다는 것이었다. 그러나 그들은 산속에 숨어 지내는 것도 원치 않았다. 그래서 비극이 시작된다.

가슴속에 응어리진 억울함이 가득 차 있으나, 그것을 어떻게 발산하고 어떤 쪽으로 이끌어야 할지 모를 때, 그때가 바로 비극이 싹트는 때다.

전국시대 말기의 시인, 굴원屈原(B.C.343~B.C.278)이 바로 그 비극의 주인공이었다.

굴원은 초나라의 대신으로 회왕(懷王, B.C.328~B.C.299) 시대에 좌도左徒 벼슬에 있었다. 좌도란 초나라 특유의 관직인데, 참모장 겸 행정부 수장 정도에 해당한다.

초나라는 장강長江 중·하류를 근거지로 하는 전국칠웅戰國七雄 중에서도 가장 남쪽에 치우쳐 있으면서 가장 큰 판도를 가진 나라였다. 그러나 B.C. 3세기 말이 되면서 국력이 점차 기울어 늘 서북방의 강대국 진秦나라의 압박을 받는 신세가 되고 말았다.

소진蘇秦의 합종책合從策으로 6국이 동맹을 맺어 강국 진에 대항함으로써 일시적 평안을 유지할 수 있었지만, 장의張儀의 연횡책(連衡策, 전국시대, 진나라를 중심으로 동서의 여섯 나라를 연합하려 한 장의의 정책)이 먹혀들면서 동맹은 깨지고, 진의 매수 전략으로 내부에서 '친진파(派)'까지 생겨나면서 초나라는 진퇴양난의 곤경에 빠지게 되었다. 진은 위협과 회유 양면책으로 초나라에 진의 신하가 될 것을 요구하고 나섰다. 이런 위기 상황에서 굴원은 진이 언젠가는 초나라를 정복할 것이라는 경고를 끊임없이 제기했다.

굴원은 풍부한 교양과 고상한 인격을 바탕으로 회왕의 신임을 얻어 대신으로 발탁되었다. 그러나 조정 대신들은 시종 강직하기만 한 굴원을 존경하면서도 멀리하는 태도를 취했고, 특히 상대부 근상靳尙은 굴원이 정치 무대에서 영원히 사라지기를 간절히 바라고 있었다.

그러던 중 근상이 굴원이 초안한 법안을 자기 것인 양 속여 공을 세우려다 굴원에 들켜 망신을 당하는 사건이 있었다. 이 일로 근상은 굴원에게 더욱 원한을 품게 되고, 급기야 회왕에게 굴원이 왕의 뜻을 무시한다고 모함하기에 이르렀다. 그 후로 회왕은 더 이상 굴원을 신임하지 않고 점점 멀리했다. 귀가 얇고 무능했던 회왕인지라 근상의 중상모략에 금세 넘어가고 말았던 것이다.

얼마 뒤 회왕은 진나라에 억류되었다가 끝내는 진나라에서 죽고 만다. 뒤를 이은 양왕襄王은 회왕보다 질이 훨씬 떨어지는 어리석기 짝이 없는 군주였다. 양왕은 친진파의 모함만 믿고 굴원을 추방해 버린다.

이때는 이미 조정이 썩을 대로 썩어 정의로운 인물은 눈을 씻고 찾아도 찾을 수 없는 상태였다.

추방당한 굴원은 길을 가던 도중에 강변에서 한 어부를 만나 대화를 나누었는데, 그 내용이 「굴원 · 가생열전」에 남아 있다.

강가를 홀로 쓸쓸하게 걷고 있는 초췌한 모습의 굴원을 본 어부가 의아하다는 듯 이렇게 묻는다.

"아니, 당신은 삼려대부三閭大夫가 아니시오? 한데 어찌하여 여기까지 오셨소?"

"세상은 온통 흐린데 나만 홀로 맑고, 모두가 취했는데 나만 깨어 있어서, 이렇게 쫓겨난 것이라오."

"대저 성인은 어떤 대상이나 사물에 얽매이지 않고 세상과 더불어 밀고 밀리는 것이오. 온 세상이 혼탁하다면서 어째서 그 흐름을 따라 그 물결을 바꾸지 않고, 모든 사람이 다 취했다면서 어째서 술지게미를 먹고 그 모주를 마시지 않는 것이오? 대체 무슨 까닭으로 아름다운 옥과 같은 재능을 가지고도 내쫓기는 신세가 되었단 말입니까?"

"듣자 하니 머리를 새롭게 감은 사람은 갓에 앉은 먼지를 털어내며, 새로 몸을 씻은 사람은 옷에 묻은 티끌을 떨어 버린다 했소. 깨끗한 모습을 가진 사람이 때 끼고 더러워진 것을 어떻게 견딜 수 있단 말이오? 차라리 장강에 몸을 던져 물고기의 배 속에서 장례를 지낼지언정 어찌 희고 깨끗한 몸으로 세상의 먼지를 뒤집어쓴단 말이오?"

말을 마친 굴원은 돌을 끌어안고 멱라수로 뛰어들어 스스로 목숨을 끊었다. 굴원이 이렇게 세상을 떠나 버렸지만, 그가 품었던 뜻과 기상은 만세에 전해져 사람들의 존경을 받고 있다. 이 위대한 애국시인을 기리기 위해 사람들은 음력 5월 5일, 그러니까 굴원이 멱라수에 몸을 던진 바로 그날에 곡식의 씨앗을 강물에 던지며 굴원을 기린다. 이것이 '단오端午'의 유래이다.

굴원이 죽고 100여 년 뒤인 한나라 초기에 가의賈誼는 매우 유능한 인물이었으나 젊은 나이에 귀양을 가다가 장사長沙 상수湘水를 건너면서 굴원을 떠올리며 자신의 짧은 운명을 예감했다고 한다.

굴원과 가의는 뛰어난 재능에도 불구하고 뜻을 얻지 못하고 불우한 일생을 마쳤다. 사람들은 그들의 처신 방법에 의문을 제기한다. 옳은 지적이기는 하다. 하지만 이런 굽히지 않는 의지를 가진 선비들로 해서 인류 역사는 힘을 얻는다. 다만 감성적인 면에서 그들을 동정하고 그들의 처지가 안타까울 뿐이다.

사마천도 이 두 사람의 불우한 생을 무척이나 안타까워했다. 차마 견디기 어려운 치욕을 딛고 일어선 사마천으로서는 이들의 처지가 안타까울 수밖에 없었을 것이다. 더욱이 굴원과 가의가 큰 뜻과 남다른 재능을 지닌 인재들이었기에 사마천의 안타까움은 매우 크고 전적으로 공감하지 않을 수 없다.

굴원(B.C.343~B.C.278)

전국시대 초나라의 정치가이자 비극시인. 학식이 뛰어나 초나라 회왕의 좌도左徒(좌상)의 중책을 맡아, 내정·외교에서 활약하기도 했다. 혼란했던 전국시대 말엽에 정치적으로 불우했던 자신의 신세를 주옥같은 언어로 표현하였으며, 그의 독창적이고 개성적인 시들은 초기 중국 시단에 많은 영향을 주었다. 굴원의 작품들은 고대 중국의 명시선집인 『초사楚辭』에 실려 있다.

가의(B.C.200~B.C.168)

전한 문제 때의 문인 겸 학자. 시문에 뛰어나고 제자백가에 정통하여 문제의 총애를 받아 약관으로 최연소 박사가 되었다. 진나라 때부터 내려온 율령·관제·예악 등의 제도를 개정하고 전한의 관제를 정비하기 위한 많은 의견을 상주했다. 그러나 주발 등 당시 고관들의 시기로 장사왕의 태부로 좌천되었다. 4년 뒤 복귀하여 문제의 막내아들 양왕의 태부가 되었으나 왕이 낙마하여 급서하자 이를 애도한 나머지 1년 후 33세로 죽었다. 저서에 『신서新書』 10권이 있으며, 진나라의 멸망 원인을 연구한 「과진론過秦論」은 널리 알려져 있다.

4. 자객들의 목숨을 건 굳건한 신의

춘추전국시대를 통해 이름난 자객이 다섯 명 출현했다.

B.C. 7세기에 제나라 환공 앞에서 단검을 휘둘러 강제로 빼앗긴 땅을 돌려받은 노나라 조말曹沫.

B.C. 6세기에 왕위 싸움의 소용돌이 속에서 오왕을 찔러 죽인 전제專諸.

B.C. 5세기에 옛 주인의 복수를 한 예양豫讓.

B.C. 4세기에 한나라의 재상을 찔러 죽인 섭정攝政.

B.C. 3세기에 진시황秦始皇을 암살하려다 뜻을 이루지 못한 형가荊軻.

우연인지는 몰라도 이들은 100년에 한 사람씩 등장하고 있다. 사마천은 『사기』에 특별히 「자객열전」을 마련하여 그들의 행적을 칭찬했는데, 모르긴 해도 이들의 행적을 통해 춘추전국시대의 세태를 반영하려는 의도를 담고 있는 것 같다. 그러면서 마지막 대목에서는 다음과 같은 평론을 덧붙였다.

> "조말부터 형가까지 다섯 사람은 의협심을 이루기도 했고 그렇지 못하기도 했다. 그러나 그들은 뜻을 분명히 세웠고 그 뜻을 속이지 않았다. 그러니 그들의 이름을 후세에 전하는 일은 결코 망령된 것이 아니다!"

특히 섭정과 형가는 고용주와 아무런 관계가 없는데도 '자기를 알아주는 사람을 위해 몸과 마음을 바친다'는 명분으로 뜨거운 피를 뿌렸다. 이것은 결코 '이利'와 '명名'의 결합이 아니다. 그것은 우리를 놀라게 하고 감동시키는 '의협'의 정신이었다. 이 정신을 끝까지 지킨 결과, 그들은 몸과 마음에 상처를 입은 것은 물론 심한 경우 목숨까지 희생해야 했다. 의협은 해야 할 것과 하지 말아야 할 것을 구차하게 따지지 않고 대가도 바라지 않았다. 그들은 끓는 물속이라도 타오르는 불길 속이라도 머뭇거리지 않고 뛰어든다.

섭정과 형가의 이야기를 소개하면 다음과 같다.

섭정은 한韓나라 사람이었다. 한때의 실수로 사람을 죽이는 바람에 어머니, 누나와 함께 제나라로 도망을 와 이름을 숨긴 채 도살업으로 생계를 꾸려가고 있었다.

가까이 지내는 사람이라면 동병상련이랄까, 지난날 한나라의 대신을 지내다가 지금은 국외로 망명생활을 하고 있는 엄중자嚴仲子가 가끔 찾아오는 정도였다. 그러던 어느 날, 엄중자가 평소와 다르게 좋은 음식을 장만해서 섭정을 찾아왔다. 그뿐만 아니라 황금 100일鎰(약 2천4백량)을 내놓으며 노모의 장수를 축원하는 것이 아닌가?

섭정은 깜짝 놀라며 완곡하게 사양했다.

> "신에게는 참으로 다행스럽게도 늙은 어머님이 계십니다. 집이 가난하고 객지를 떠돌고는 있습니다만, 개나 돼지를 잡는 일로도 아침저녁으로 맛있고 부드러운 음식을 얻어서 어머니를 봉행할 정도는 됩니다. 그러니 주시는 것을 받을 수 없습니다."

섭정의 완곡한 사양에 엄중자도 하는 수 없이 주위 사람들을 물리친 다음, 섭정을 찾아온 진짜 동기를 은근히 털어놓았다.

> "신에게는 원수가 있사온데, 그자 때문에 여러 제후국을 떠돌아다녔습니다.

그런데 이곳 제나라에 와서 가만히 들으니 당신의 의협심이 매우 높다고 하더군요. 지금 이 몸이 황금 100일을 올리는 까닭은 보잘것없지만 그것으로 노모를 위해 쌀값에 쓰셨으면 하는 것입니다. 그로써 당신과 친해질 수 있으면 그만입니다. 달리 바라는 것이 무엇이 있겠습니까?"

섭정은 엄중자의 속뜻을 알아챘다. 그러나 그에게는 늙은 어머님이 계셨다.

"신이 뜻을 굽히고 몸을 욕되게 하면서까지 시정에서 도살업을 하고 있는 까닭은 늙은 어머니를 봉양하고 싶어서입니다. 늙은 어머니가 계시기 때문에 이 섭정은 아직 몸을 남에게 허락할 수 없습니다."

엄중자가 아무리 간청해도 섭정은 끝내 황금을 받지 않았다.

얼마 후 섭정의 어머니가 세상을 떠났다. 어머니의 장례를 완전히 끝낸 섭정은 비천한 자신을 찾아 극진히 대접하며 원수를 갚아 달라던 엄중자를 생각했다. 섭정은 엄중자를 찾아갔다.

"그 당시 중자께 승낙하지 않았던 까닭은 어머님이 계셨기 때문입니다. 이제 어머니께서 천수를 누리시다가 세상을 떠나셨습니다. 중자께서 갚고자 하는 원수는 누구입니까? 그 일을 맡겨 주십시오."

섭정의 마음을 확인한 중자는 감격하여 사건의 경위를 남김없이 일러주었다. 엄중자의 원수는 한나라의 재상 협루俠累였다. 정치를 잘못한다고 엄중자를 박해하는 바람에 엄중자는 결국 한나라를 떠나 망명생활을 하게 되었고, 이로써 두 사람은 원수지간이 되었던 것이다.

섭정은 혼자서 한나라의 수도로 숨어 들어가 궁정에서 일을 보고 있던 협루를 찔러 죽인 다음, "자신의 낯가죽을 벗기고 눈알을 도려내고 배를 갈라 내장을 끄집어내고는 마침내 죽었다." 유일한 혈육인 누나를 이 일에 끌어들일 수 없었기 때문이다.

한나라에서는 섭정의 신분을 밝히기 위해 그의 시신을 저잣거리에 공개하고, 신분을 알리는 자에게는 상을 준다는 현상까지 걸었다. 그러나 아무런 단서도 얻지 못했다.

이 소식은 제나라까지 퍼졌다. 섭정의 누이는 이 이야기를 들은 즉시 신분을 알 수 없는 그 살인자가 자신의 동생임을 직감했다.

"그 시체는 내 동생일 것이다. 아아!"

그녀는 단숨에 한나라로 달려가 저잣거리에 내버려진 시신을 살폈다. 아니나 다를까? 자신의 예감대로 동생 섭정의 시신이었다. 그녀는 시신을 끌어안고 대성통곡했다.

"이 사람은 심정리深井里에 살았던 섭정이라는 사람이오."

이 말에 주위에 있던 사람들은 모두 놀라며 이렇게 물었다.

"이자는 우리 정승을 죽였기 때문에 왕께서 1천금을 현상으로 내걸고 그 신분을 알고자 했소. 부인은 그 일을 모르시오? 어째서 감히 이자를 안다고 하시오?"

"들었지요. 지난날 동생이 부끄러움을 무릅쓰고 저잣거리의 상인들 사이에 자신을 내맡겼던 것은, 늙은 어머니께서 다행히 건강하셨고 이 몸이 아직 시집을 못 가고 있었기 때문이었습니다. 그런데 그 뒤로 어머니께서 세상을 떠나시고 저도 출가하였습니다. 엄중자가 가만히 살펴보고는 동생을 구차하고 욕된 곳에서 끌어올려 친분을 맺었으며 후한 은혜를 베풀어 주었습니다. 그러니 어찌합니까? 의로운 선비는 자기를 알아주는 사람을 위하여 죽는다고 했습니다. 이 몸이 아직 살아 있으니 이 일에 연루되지 않도록 하려는 것입니다. 이 몸이 어찌 죽는 것이 두려워 동생의 이름을 더럽힐 수 있으리오?"

저잣거리에 모여든 한나라 사람들은 크게 놀라지 않을 수 없었다. 그리고 섭정의 누이는 큰 소리로 "하늘이시여!"를 세 번 외친 다음, 몹시 애통해하다가 섭정의 곁에서 죽었다.

당시 사람들치고 이 이야기에 감동하지 않는 사람이 없었다. 이에 대해 사마천은 다음과 같이 평했다.

섭정이 만약 누이가 참고 따르기만 하는 성격이 아니라는 것을 알았다면, 또 시체를 저잣거리에 드러내어 그 일이 천 리 길을 넘어 전해져 남매가 나란히 한나라 저자에서 사형당할 수도 있다는 사실을 알았더라면, 그렇게 감히 중자에게 자신을 허락하지는 못했을 것이다. 엄중자 역시 사람을 잘 보고 선비의 마음을 잘 잡았다고 할 것이다.

상식은 인간과 인간을 이어주는 가장 짧은 거리이기는 하지만, 그것이 갖는 한계도 뚜렷한 편이다. 『사기』에 등장하는 인물들은 대부분 우리의 상식을 넘어선 곳에 있다. 그것이 우리를 당혹스럽게 하는 것도 사실이다. 하지만 바로 그 점이 우리를 감동하게 만들고 눈시울을 뜨겁게 한다. 사실 상식은 감동의 차원은 아니다. 감동은 그 차원을 넘어선 곳에 있고, 『사기』는 그 감동의 차원에 있다. 지금 우리로서는 섭정과 그 누이의 행동을 도저히 이해할 수 없을 것이다. 그럼에도 이들이 우리를 감동시키는 까닭은 무엇인가? 그것이 곧 『사기』의 힘이다. 우리가 갖지 못한 그 무엇을 갖고 있기 때문에, 그 힘은 한결 크게 다가온다.

또 하나의 감동적인 드라마는 섭정으로부터 220년 뒤에 나타난 형가荊軻가 연출했다. 진이 천하를 통일하기 전에 진시황을 암살하려 했던 형가도 연나라 태자 단丹이 '두 번 절하고 무릎을 꿇고 기어 와서 눈물을 흘리는' 극진한 행동에 감격하여, 진시황 암살이라는 엄청난 일을 승낙했다.

우여곡절 끝에 형가는 연나라 수도 계(薊, 오늘날의 북경)를 떠나 진나라 수도 함양(오늘날의 섬서성 서안시 북쪽)으로 떠나게 되었다. 지금의 북경 서남쪽 1백 킬로미터 지점의 역수易水에 이르러 태자 일행과 이별한 뒤 형가는 억누를 길 없는 착잡한 심정을 담아 이렇게 노래했다.

바람 소리 쓸쓸하고 역수는 차구나!
대장부 한번 가면 다시 오지 못하리!

형가를 보내러 나온 모든 사람들이 눈시울을 적셨다. 역사상 이처럼 감동적이면서도 안타까운 이별 장면도 드물 것이다. 형가의 간결하고 함축적인 시는 돌아올 수 없는 길을 떠나는 장부의 심정을 너무도 극적으로 표현하고 있다. 이를 두고 '비장悲壯의 미美'라고 하던가? 형가는 돌아올 수 없다는 사실을 잘 알면서도 왜 이 일을 자청했던가? 이 역시 상식으로는 이해할 수 없다.

형가는 진시황에게 죄를 짓고, 연나라에 망명해 있던 진나라 장군 번무기樊無期의 머리를 예물로 마련해서 진시황을 알현했다. 당시 번무기는 형가가 진시황을 암살할 거란 소식을 듣고 형가의 의로운 기상에 탄복해서 스스로 목을 바쳤다고 한다.

연나라의 지도를 진시황에게 올린 다음 틈을 엿보던 형가가 비수를 빼어 들고 진시황을 찔렀지만 안타깝게도 비수는 빗나가고, 형가는 처참하게 살해당하고 말았다. 이 당시의 상황을 『사기』는 다음과 같이 묘사하고 있다.

진왕이 지도를 거의 다 펼치려는 순간 비수가 눈에 들어왔다. 순간 형가가 왼손으로 진왕의 옷소매를 부여잡고 오른손으로 진왕을 찔렀으나 비수가 몸에 닿지 못했다. 진왕이 놀라 몸을 뒤로 빼고 일어서자 소매가 떨어져 나갔다. 칼을 빼려고 했으나 칼이 너무 길어 뺄 수가 없었다. 엉겁결에 칼집을 잡았으나 너무 급한 나머지 칼집도 빠지지 않았다. 형가가 진왕을 쫓으니 진왕은 기둥을 돌며 도망갔다. 신하들은 갑작스럽게 일어난 일에 어쩔 줄 몰라 했다. (중략)

사태가 급박해지자 신하들은 맨손으로 형가를 쳤다. 이때 시의侍醫 하무저라는 자가 가지고 있던 약상자를 형가에게 던졌다. 진왕은 여전히 기둥 사이를 돌면서 도망칠 뿐 당황해서 어찌할 바를 몰랐다. 이에 좌우 신하들이 "칼을 등 뒤로 돌리신 다음 뽑으십시오!"라고 고함을 질렀다.

진왕이 칼을 등 뒤로 돌려 뽑아서는 형가의 왼쪽 다리를 베었다. 형가가 쓰러졌다. 쓰러진 형가는 비수를 진왕에게 던졌으나 구리 기둥에 가서 맞았다. 진왕이 다시 형가를 베어서 여덟 군데에 상처를 입혔다. 일이 틀렸음을 안 형가는 기둥에 기대어 야릇한 미소를 흘리며 두 다리를 앞으로 내밀고 주저앉았다. 그사이 좌우에서 나서서 형가를 죽이고 말았다.

형가의 거사 소식이 세상에 알려지자 일찍이 도박을 제대로 못 한다고 형가를 비난했던 노구천魯句踐은 다음과 같이 탄식했다고 한다.

> "아아, 그에게 사람을 찔러 죽이는 검법을 가르쳐 주지 못한 것이 안타깝구나! 또 내가 사람을 잘못 본 것이 너무도 심했구나! 그때 내가 그를 꾸짖었으니 나를 사람으로 여기지 않았을 테지."

사마천은 특별히 다른 사람의 말을 인용하여 자신의 마음을 대신했는데, 형가에 대한 사마천의 관심이 어떠했는지 충분히 헤아릴 수 있을 것이다.

역수를 건너는 형가의 착잡한 심경을 한번 생각해 보았는가? 돌아올 수 없다는 것을 알면서도 그 길을 가는 형가, 그런 형가의 의지는 어디에서 무엇에서 비롯되었으며, 그렇게 하도록 만든 원동력이 무엇이며 어디에 있을까? 그가 목숨을 걸고 믿었던 것은 무엇이었을까?

5. 왕후장상의 씨가 따로 있나
– 신분을 뛰어넘은 영웅들

이는 제아무리 귀한 몸으로 태어났다 한들 다른 사람과 무슨 구분이 있느냐는 의미심장한 외침이며, 모두 인간이기는 마찬가지 아니냐는 야유이다.

듣는 이의 속을 후련하게 해 주는 이 말은 진나라 말기 가장 먼저 진나라의 폭정에 대항하는 의로운 깃발을 높이 치켜들었던 진승陳勝(?~B. C.208)의 입에서 서슴없이 터져 나온 2천여 년 전의 '신분해방 선언'이다. 이처럼 무인의 표현방식은 문인의 그것에 비해 한결 단도직입적이고 통쾌하다.

예로부터 백성들은 평등의식에 강력한 애착을 가지고 있었다. 겉으로는 통치자의 지시와 명령에 복종하지만 압력이 용인할 수 없는 범위를 벗어났다 싶으면 즉시 저항의 깃발을 치켜든다. 우리는 잘 알고 있다. 바로 이런 민중봉기야말로 철옹성 같던 왕조를 무너뜨리는 원동력이 된다는 사실을.

진승의 이 말은 진 왕조를 멸망으로 이끄는 도화선이 되었다. 진승은 원래 하남성 양성陽城 지방에서 전농佃農으로 일했다. 전농이란 자기 땅 없이 남에게 고용되어 농사짓는 신분으로 농민층에서도 비교적 낮은 편에 들었다. 진승은 일을 하다가 쉬는 시간이면 늘 논두렁에 앉아 골똘히 생각에 잠기곤 했다.

진승(?~B.C.208)

중국 최초의 농민 반란 지도자. 진나라의 제2대 황제인 이세황제 호해 때 오광과 함께 농민 반란을 주도했다. 진승은 진현陳縣을 함락한 후 봉기 1개월 만에 스스로 왕이 되어 '초나라를 넓힌다'라는 의미의 '장초국張楚國'을 세웠다.

그러다 언젠가는 느닷없이 동료들에게, "만약 우리가 부유하고 귀한 사람들이 되더라도 서로를 잊지 맙시다"라고 말했다. 동료들은 진승의 엉뚱한 말에 어이없다는 표정으로 "고용살이 머슴 주제에 무슨 부귀란 말이야?"라며 비웃었다. 그러자 진승은 한숨을 내쉬며 다음과 같은 명언을 남겼다.

"제비나 참새 따위가 기러기나 백조의 뜻을 어찌 알리오!"

진시황秦始皇이 갑자기 세상을 떠나고 작은아들 호해胡亥가 즉위하던 해인 B.C. 210년, 하남 지방 빈민들을 대거 징발해서 북방의 변경을 경비하는 일에 투입하라는 조서가 떨어졌다.

진시황제(B.C.259~B.C.210)

B.C. 221년에 중국을 통일하고 스스로 시황제始皇帝라 칭하였다. 중앙집권을 확립하고, 도량형·화폐의 통일, 만리장성萬里長城의 증축, 아방궁의 축조, 분서갱유 따위로 위세를 떨쳤다. 재위 기간은 B.C.247~B.C.210년이다.

징발된 숫자는 모두 9백 명이었고, 진승도 그중 한 사람으로 북방을 향해 떠날 수밖에 없었다. 일행이 대택향大澤鄕에 이르렀을 때 갑자기 폭우가 쏟아져 길이 잠기는 바람에 더 이상 갈 수가 없게 되었다. 상황으로 보아 기한 내에 목적지에 도착하기란 불가능했다. 당시 진나라 법에 따르면 정해진 기한 내에 목적지에 이르지 못하면 참수형을 당하게 되어 있었다. 진승은 친한 동료 오광吳廣과 은밀하게 상의했다.

"지금 도망쳐도 죽고 의거를 일으켜도 죽기는 마찬가지다. 어차피 죽을 바에는 나라를 위하여 죽는 것이 좋지 않겠는가?"

한고조 유방의 봉기도 노동력 징발 도중에 일어났는데, 이렇게 볼 때 당시 진나라의 징발이 대단히 가혹했으며 동시에 그 조직도 잘 갖추어졌음을 알 수 있다. 변경 수비, 장성 축조, 도로망 건설, 궁전 건립, 능묘 공사 등 크고 작은 국책사업들에 동원된 병사와 백성들은 수백만에 이르렀다.

아무튼 진승과 오광은 이렇게 의기투합했다.

어느 날, 징발을 책임진 관리 두 사람이 술에 취하자 오광은 일부러 그들 앞에서 들으라는 투로 계속하여 "도망치자!"는 소리를 반복했다. 관리들을 화나게 만들겠다는 속셈이었다. 과연 관리 두 사람은 가죽 채찍을 꺼내 들고 오광을 때리기 시작했다. 화가 머리끝까지 치민 관리 하나가 칼을 빼 들자 오광이 먼저 그 칼을 빼앗아 관리를 죽여 버렸다. 진승도 오광을 거들어 나머지 관리를 살해했다. 그런 다음 사람들을 모아 놓고 다음과 같이 한바탕 연설을 했다.

> "이제 우리는 비 때문에 모두 기한을 어길 수밖에 없게 되었다. 기한을 어기면 기다리는 것은 죽음뿐이다. 설사 죽지 않는다 해도 변경을 지키다 죽는 사람이 원래 열에 여섯 일곱이 넘는다. 대장부가 기껏해야 죽지 않는 정도에 만족할 수 있는가? 죽으려면 세상에 큰 명성을 남겨야 하는 것 아닌가? 왕이나 제후, 장수와 재상의 씨가 어디 따로 있어 하늘에서 타고나는 것이더란 말이냐?"

이렇게 해서 군대가 조직되었고, 농민군은 전광석화와도 같이 중원을 석권한 다음, 진秦나라 수도 함양咸陽으로 진격했다. 그러나 불행히도 마지막 관문에서 진나라 군대를 이기지 못하고 전멸당하고 말았다.

진승의 봉기는 실패로 돌아갔지만, 이에 자극을 받아 전국 각지에서 봉기군이 벌 떼처럼 일어났고, 마침내 거대한 제국 진나라를 쓰러뜨렸다.

지금부터 약 2천2백 년 전 한 농민의 입에서 터져 나온 '왕·제후·장군·재상의 씨가 따로 있더란 말인가?'라는 외침은 오늘날에도 여전히 공감할 수밖에 없는 안타까운 몸부림으로 다가온다. 세상은 공평해졌는지 모르겠지만, 또 체제와 법은 평등해졌는지 알 수 없지만, 인간은 예나 지금이나 물질적으로나 정신적으로 전혀 평등해지지 않았다. 그러니 그 인간의 손으로 만든 체제와 법, 그리고 세상이 공평하고 평등할 리 있겠는가? 인간의 평등은 법이나 제도가 보장해 줄 수 없다. 인간들의 자각自覺, 즉 정신개벽精神開闢이 온전한 평등으로 가는 큰길이다. 미래사회에서 평등의 문제는 어떤 문제보다도 더 심각하게 떠오를 것이다.

진승과 오광의 난

진시황의 지나친 권력 과시는 진의 몰락을 재촉했다. 여산릉, 병마용갱, 만리장성 건설 등에 엄청난 노역과 세금이 동원되었으며 백성들의 생활은 엉망이 되었다. 진시황이 죽은 후, 호해황제의 폭정이 더해지자 B.C. 209년 7월 진승과 오광이 진나라의 폭정에 항거하여 최초의 농민반란을 일으켰다. 결국 진승과 오광의 봉기는 실패했지만, 그로 인해 군웅할거의 시대가 시작되어 진나라 멸망의 계기를 제공했다는 데 의의가 있다.

6. 사람을 보는 눈이 있다고 자랑하지 마라

무능하다고 생각했던 사람이 크게 활약하는 경우는 많다. 조趙나라 재상 평원군平原君(?~B.C.251?)의 식객이었던 모수毛遂도 그런 사람 중 하나다.

조趙나라 도읍 한단이 진秦나라 대군의 공격을 받았다. 조나라는 초楚나라에 사신을 급파하여 구원을 청하기로 했다. 사신은 재상 평원군이었다. 교섭이 잘 이루어지면 좋지만 만약 초나라가 소극적으로 나온다면 힘으로 밀어붙여서라도 승낙을 받아내야 했다. 그래서 평원군은 수행원 20명을 자기 식객 중에서 선발하기로 했다. 그런데 19명은 정했으나 나머지 1명을 정하지 못했다. 그때 모수라는 사나이가 자천하고 나섰다. 이때 나눈 평원군과 모수의 '인재 문답'이 재미있다.

> "우리 집에 온 지 몇 해나 되었소?"
> "3년 되었습니다."
> "흐음, 실례되는 말이오만 나는 아직 귀공의 이름을 들어본 적이 없소이다. 유능한 인물이란 주머니 속에 넣은 송곳과 같은 것이어서 아무리 조용하게 있다 하더라도 그 끝이 삐져나오는 법이오. 그런데 귀공은 끝을 보인 적이 없소이다. 이만 물러가시오."
> "그게 아닙니다. 대감, 저는 오늘 저를 주머니 속에 넣어주십사는 부탁을 하고 있는 것입니다. 만약 제가 이전부터 대감의 주머니 속에 들어가 있었더라면 끝뿐 아니라 전체가 삐져나왔을 것입니다."

'낭중지추囊中之錐(주머니 속의 송곳이라는 뜻으로, 재능이 뛰어난 사람은 숨어 있어도 저절로 남의 눈에 띄게 됨을 이르는 말)'란 고사성어는 여기서 생겨난 것이다. 모수는 자기주장을 굽히지 않았고 평원군은 그를 수행원으로 받아들였다. 다른 19명은 모수를 경시했는데 초나라에 가는 도중 모수는 점차 두각을 나타냈다.

이윽고 초나라에 도착한 평원군은 초나라와 조나라가 동맹을 맺어야 한다며 초왕을 설득했지만 초왕은 응낙하지 않았다. 평원군이 초나라와 동맹을 협상하면서 이해관계를 논하는데, 해가 뜨면서부터 협상을 시작하였는데 해가 중천에 걸리도록 결정이 나지 않았다. 19명이 모수에게 올라가라고 말하자 모수는 장검을 비껴 들고 계단으로 뛰어 올라가 평원군에게 말했다. "동맹의 이해관계는 두 마디면 결정되는 건데 오늘 해가 뜰 때부터 협상을 시작해서 해가 중천에 걸리도록 결정이 안 나는 것은 왜입니까?" 초왕이 평원군에게 물었다. "이 사람은 무엇 하는 사람이오?" "저의 사인입니다." 초왕이 꾸짖었다. "어서 내려가지 못할까! 나는 너의 주인과 협상을 하고 있는 중이다. 지금 무엇을 하자는 것이냐!" 모수가 칼에 손을 대고 앞으로 나아가 말했다. "왕이 저를 꾸짖는 것은 초나라가 사람이 많기 때문입니다. 지금 열 발짝 안에서는 왕은 초나라의 많은 사람들을 의지할 수가 없을 뿐만 아니라 왕의 목숨은 나의 손에 달려 있습니다. 우리 주인이 앞에 있는데 왜 꾸짖는 겁니까. 동맹을 하는 것은 초나라를 위한 것이지 조나라를 위한 것이 아닙니다"라고 초왕에게 말했다. 이에 초왕은 모수의 말을 듣고, 사직을 받들어 동맹에 따르겠다고 약속을 했다. 모수는 개와 말의 피를 가져오게 하여 초왕, 평원군의 순서로 마시게 한 다음 자신도 피를 마시고, 왼손으로는 쟁반을 들고 오른손으로 19명을 불러 말했다. "그대들은 당하에서 피를 마시도록 하시오. 그대들은 한 일도 없이 다른 사람에 붙어서 일을 성사시켰을 뿐이니까요."

평원군은 모수 덕에 무사히 대임을 완수했다. 그리고『사기』에 의하면 "승불감복상사勝不敢復相士"라고 중얼거렸다고 한다. 앞으로 다시는 인물 감정을 하지 않겠다는 것이다.

"나는 지금까지 1천 명의 인물을 감정했으며 내 눈이 멀지 않았다고 은 근히 자랑했는데 그것이 얼마나 어리석은 것이었는지 깨닫게 되었다"라 는 것이 평원군의 독백이었다. 사람 보는 눈이 있다고 자랑하지 마라. 어 디에 '모수毛遂'가 있는지 모르는 일이 아닌가.

7. 자신의 존재가치를 높여라

보신은 군주의 비위나 맞추는 일이 아니다. 참된 의미의 '보신'이란 주 위에 자신의 존재를 확인시키며, 안심하고 내 몸을 그곳에 둘 수 있도록 만드는 일이다. 즉 상황 속에 자신의 기능을 확립하는 것이다. 필요한 인 간이란 인정을 받게 되면 자연히 그가 앉을 위치가 정해진다. 자리에 연 연하는 보신은 하下 중 하下다. 자기 능력을 주위의 필요성과 조화시키는 보신술이야말로 상책이 아닐까.

한漢나라 초기에 국가의 의례를 제정하고 유교에 바탕을 둔 질서를 만 들어낸 학자 숙손통叔孫通(?~B.C.194)은 그 전형적 인물로 꼽힌다. 그는 처 음에 박사로서 진秦나라 조정에 출사했는데 진나라가 멸망하고 고향 설 땅이 초楚나라 장군 항량項梁(?~B.C.208)에게 점령당하자 항량을 섬겼다. 그리고 항량이 전사하자 회왕을 섬기다가 마침내는 항우項羽(B.C.232~B. C.202)를 섬기게 된다. 이윽고 항우가 한漢 고조高祖 유방劉邦(B.C.256~B.

C.195)과 천하를 놓고 싸우게 되고 항우의 거성이었던 팽성이 한때 유방에게 점령당하자 숙손통은 유방에게로 옮겨 간다. 그 이후 한나라의 창업 때 의전장관이 되어 크게 활약한다.

진나라에서 한나라에 이르기까지의 소용돌이치는 과도기에서 살아남은 것만도 쉬운 일이 아닌데, 숙손통은 계속 '양지바른 장소'에 있었다. 그는 언제나 체제파였던 것이다. 그를 가리켜 오늘날의 시각으로 "절조가 없다"라는 한마디로 평할 수는 없다. 그는 진나라를 섬겼지만 진나라가 멸망할 때 순사할 의리는 없었다. 또 항우를 섬겼지만 항우와 생사를 같이할 이유는 없었다.

그는 유학자儒學者였다. 그의 학식을 필요로 하고, 그의 주장을 받아들이는 조직만 있으면 그는 자진하여 그곳으로 옮겨 갔다. 말하자면 그는 '기능적인 보신술'에 뛰어났던 것이다.

그가 처음으로 고조 유방에게 몸을 의지하러 갔을 때의 일이다. 유학을 신봉하는 숙손통은 당시의 습관으로 유자儒者의 복장을 하고 있었는데, 유방이 그런 복장을 싫어한다는 것을 알자마자 그 옷을 벗고 단의短衣로 갈아입었다. 단의는 유방의 출신지인 패현(초나라) 복장이었다. 유방은 크게 기뻐했고 그 이후 숙손통을 흡족히 여겼다.

이런 점이 기능을 중시하는 숙손통다운 보신술인 것이다. 복장 따위에 구애받을 필요는 없다. 새 주인을 그런 것 따위로 기쁘게 해 줄 수 있고, 자기 자신이 그 밑에서 안주할 수 있다면 단의를 입는 것쯤은 문제가 될 게 없지 않은가.

그 무렵 그는 1백여 명의 제자를 거느리고 있었다. 그러나 그 가운데에서는 단 한 사람도 유방에게 천거하지 않았고, 오히려 거리의 깡패 출신들을 차례로 추천했다. 제자들이 불평을 토로하자 숙손통은 이렇게 말했다.

> "지금 전하는 전쟁터에서 천하를 다투고 계시네. 이런 때는 자네들 같은 학자보다 완력이 있는 무리가 더 필요한 법이야. 내가 어찌 자네들을 잊겠는가? 당분간만 더 기다리게나."

"상대방이 필요로 하는 것을 제공한다"라는 보신의 기본 원칙에 따른 것이다.

그 후 한나라는 천하 통일을 이루었고 도읍의 정비가 시작되었다. 궁중도 지금까지처럼 상하 구별 없이 터놓고 지낼 수는 없었다. 이제는 천하의 조정이 되었으니 그에 어울리는 체제를 갖추고 질서를 유지해 나가야 했다.

숙손통은 고조에게 진언했다.

> "폐하, 파괴의 시기에는 학자란 큰 도움이 되지 않사옵니다. 하오나 건설의 시기가 되면 학자가 필요한 법이지요. 가능하시다면 노나라 학자들을 초청하시고, 신의 제자들과 함께 궁중 의례를 정비하도록 윤허해 주시옵소서."

자기 제자들뿐 아니라 과거 노나라 지역 학자들도 초청하게 해 달라는 점이 또한 그의 일류급 보신술이었다. 노나라는 공자 이후 유학이 성행했던 나라인데, 이 시대는 공자가 세상을 떠난 지 3백 년 가까이 되었지만 그래도 큰 영향력을 가지고 있었던 듯하다. 자기만이 독점하지 않고 그런 권위도 활용하는 편이 결국에는 자신의 보신이 된다.

처음부터 고조에게 이의가 있을 리 없었으므로 숙손통의 진언대로 일이 추진되었다. 그는 30명의 노나라 학자를 초청했고, 궁중의 학자와 자기 제자 1백여 명을 모아 의례의 실지 훈련을 했다. 중국의 고대 국가에 있어서는 현대인의 눈으로 본다면 상상도 할 수 없을 정도로 의례儀禮가 큰 의미를 가지고 있었다.

훈련이 끝나자 이번에는 그것을 신하들에게 가르쳤고 정월의 참례에서 이를 실천했다. 그때 고조가 만족의 뜻을 나타냈는데, 그것을 『사기』는 고조의 짧은 말로 다음과 같이 전하고 있다.

"짐은 오늘에서야 황제의 자리가 귀한 것임을 알았도다."

한나라에 있어 숙손통은 이제 없어서는 안 될 존재가 되었다. 그는 의전장관이 되었고 제자들은 모두 시종으로 등용되었다.

숙손통은 오로지 황제만을 기쁘게 해 준 것은 아니다. 한나라 9년, 그는 태자의 교육 담당관에 임명되었는데 그로부터 얼마 후 고조는 이 태자를 폐하고 측실인 척부인의 소생을 태자로 봉하려고 했다. 이때 숙손통은 목숨을 걸고 고조에게 번의할 것을 진언했고 끝내는 고조로부터 "좋소, 알겠소이다"라는 답변을 받아냈다. '예스맨'이 꼭 보신의 명인이라고는 할 수 없는 것이다.

격렬한 시대에는 단지 추종만으로는 보신을 할 수 없다. 상대방을 대신하여 문제를 해결해 줄 수 있을 정도의 지혜가 필요하다.

고조가 세상을 떠나고 숙손통이 교육한 태자가 등극한 후의 일이다. 새 황제인 혜제惠帝(B.C.210~B.C.188)는 어머니 여태후呂太后가 기거하는 궁전을 이따금 방문하는 일이 있었는데 그때마다 교통을 통제하여 백성들에게 불편을 주었다. 혜제는 2층에 회랑을 세워 그곳으로 왕래함으로써 백성들의 불편을 덜어 주겠노라고 공포했다. 그리고 공사가 시작되었을 때야 이 사실을 알게 된 숙손통은 깜짝 놀랐다.

한 달에 한 번씩 고조의 묘에 의관을 운반하는 길 위를 그 회랑이 지나가게 되니, 불경을 저지르는 결과가 되기 때문이다. 당시로서는 큰 변괴가 아닐 수 없었다. 그렇다고 해서 황제가 이미 명령한 공사를 중지시킬 수는 없는 일이었다.

난처해하는 혜제에게 숙손통은 "폐하, 일이 이렇게 된 이상 다른 곳에 고조묘高祖墓를 건설하심이 어떠실는지요?"라고 진언하여 이 일을 무사히 마무리 지었다.

실로 숙손통은 "당세當世의 요무要務를 알았다." 즉, 그 시대에 따라 무엇이 필요한지를 너무도 정확히 알고 있었던 것이다. "당세의 요무를 알다", 이것이야말로 '보신의 요체'라고 할 수 있을 것이다.

숙손통(?~B.C.194)

진나라 말, 서한 초의 학자이자 관리. 한대 예법을 바로 세운 학자다. 한왕이 중국 천하를 통일하자 진나라의 의법儀法을 폐지하고 간편한 규범으로 대체했는데, 군신 간의 예절이 바로 서지 않자 숙손통으로 하여금 고례古禮를 참조하여 한나라의 적합한 예절과 의례를 만들도록 하였다. 사마천은 "숙손통을 한나라의 유종儒宗으로 한유漢儒의 모범으로 존경받는 인물이 되었다"라고 평가했다.

3장

성공 전략

1. 주나라를 부강하게 만든 주 문왕과 강태공

주周나라 문왕文王(B.C.1152~B.C.1056)의 성은 희姬요 이름은 창昌이다. 역사 기록을 보면 은殷(은나라 또는 상商, B.C.1600~B.C.1046)나라 주왕紂王 때 서백西伯, 즉 서방 제후들 중 우두머리로 책봉되어 주 왕조 건설의 기초를 확립했다고 한다.

희창은 훗날 주나라 문왕에 추증된 인물로 주 왕조의 실질적인 초석을 놓았다. 잔혹한 통치를 자행하는 은나라 주왕을 치기 위해 백성뿐만 아니라 어질고 유능한 인재를 겸손한 예의로 대했다. 역사책에서는 그가 사람을 만나느라 밥 먹을 시간이 없을 정도로 바빴으며, 이로써 많은 인재들이 그에게 귀순했다고 평가하고 있다.

은나라가 멸망하고 주 왕조가 흥기하는 과정은 그야말로 치열한 전쟁이었다. 은나라는 각 지역에 기반을 둔 토족 제후들이 연합해 건립한 나라로 중앙정부와 제후, 제후와 제후가 항상 서로 견제했다. 그런 까닭에 만약 제후 중 하나가 은나라를 위협할 정도로 세력이 커졌다고 여겨지면,

이를 감지한 즉시 그 제후를 토벌했다.

　제후국 중 하나인 주나라는 관중 지방에 근거했으며, 농업이 주업인 나라였다. 변방의 주나라가 강성해질 무렵 불행하게도 은나라는 대내외적으로 매우 혹독한 통치를 하고 있었다. 분산된 국가 권력을 은나라로 집중시키려 했기 때문이었다. 은나라 주왕紂王은 제후들로 하여금 은나라에 거역하는 제후들을 정벌하게 했다.

　당연히 은나라 주왕의 입장에서는 막강한 세력을 형성하고 있는 서방변경의 주나라가 눈엣가시였고, 일전도 불사해야 할 적대 세력으로 인식하기 시작했다. 주나라 입장에서도 멸망당하느냐, 아니면 은나라를 멸망시키느냐 하는 갈림길에 놓여 있었다. 그러나 훗날 주 문왕이 되는 희창姬昌은 아직은 약세라고 판단해 물욕에 빠진 은나라의 일부 대신들을 미녀와 명마, 온갖 금은보화로 회유해 정벌을 간신히 늦추고 있었다. 이 과정에서 희창은 중앙정부의 감옥에 갇혀 심한 고초를 겪었다. 그는 이를 계기로 은나라 멸망을 목표로 세우고 사방에서 인재를 모아 부국강병에 힘썼다.

　주 문왕은 탁월한 정치적 재능과 위대한 공적으로 주나라 역사에서 특별하고 숭고한 지위를 차지하고 있으며, 후대인들에게 큰 존경을 받아 왔다. 그는 주나라가 은나라를 멸망시킬 수 있는 역량을 길렀을 뿐만 아니라 아들 무왕武王이 은나라의 마지막 군주 주왕紂王을 정벌할 수 있도록 만반의 준비를 다했다.

　국가의 중대사를 완수하려면 인재를 얻는 일이 최우선이다. 평소 어질고 유능한 인물을 공손히 대하라는 '예하현자禮下賢者(어진 이에게는 예로써 몸을 낮추다)'를 깊이 새기고 있던 주 문왕이었으므로 인재를 만나면 항상 지극한 예로 대해 은나라의 많은 인재들이 주왕의 가혹한 정치를 피해 주나라로 망명했다. 이렇게 되자 주 문왕 주변은 순식간에 인재들로 넘쳤고, 명성을 듣고 찾아오는 인재들이 갈수록 늘어나 이들과 함께 왕실의 기초를 굳건히 할 수 있었다.

싸움을 잘하는 것보다 사람을 쓸 줄 알고 인재를 적재적소에 활용할 줄 아는 지도자가 진짜 총명한 것이다. 사람을 쓸 줄 모르는 지도자는 보통 사람과 다를 바 없으며, 인재를 말살하는 지도자는 바보보다 못하다. 자아도취에 빠져 주위의 충고를 무시하다가 고립된 은나라 주왕이 그 전형적인 예다. 주왕처럼 자아도취와 자만에 빠진 지도자치고 멸망이라는 수순을 밟지 않은 지도자는 없었다. 오늘날 각 분야의 지도자들이 유념해야 할 대목이다.

또한 주 왕조 건국에 남다른 공을 세운 강태공姜太公은 중국 역사상 최초로 총사령관에 해당하는 관직에 오른 인물이다. 그는 군사 전략 이론의 창시자이자 걸출한 전략가였다.

강태공은 지모가 뛰어났을 뿐만 아니라 도술에도 정통해 주 문왕에게 갖가지 지략을 제공하는 동시에 기상과 농사의 작황 등 자연현상을 예측하기도 했다.

강태공은 정치 경험도 풍부했다. 사마천의 『사기』에 따르면 그는 박학다식해 한때 은나라의 마지막 임금인 주왕을 모시며 공을 쌓았으나, 왕이 도리에 어긋난 행동을 하자 곧바로 그를 떠났다. 이후 제후들을 찾아다니며 뜻을 펼치려 했으나 임자를 만나지 못해 서쪽 주나라에 이르러 몸을 맡기게 되었다고 한다. 강태공은 이러한 경험을 바탕으로 은·주 두 나라는 말할 것도 없고, 각 지역 제후국들의 정황을 잘 파악할 수 있었다.

주 문왕은 은나라의 멸망과 주나라의 흥기라는 두 가지 과업을 성취하기 위해서 많은 인재가 필요했다. 강태공 또한 자신의 정치적 포부를 실현하기 위해 유능한 군주를 찾고 있었다. 따라서 누가 먼저랄 것도 없이 동시에 서로를 선택한 것이다. 우연을 통한 역사의 필연성이 드러난 셈이다.

강태공은 주 왕조의 개국과 건국 사업에 남다른 공헌을 했다. 문왕과 무왕 두 왕이 집권하는 동안 강태공은 '사師'를 맡았는데, 이는 임금을 보필하는 중요한 자리였다. 정치적으로는 보(保, 태보)·재(宰, 태재)와 같이 조정의 백관과 사방의 제후를 통솔하고 국가의 중요한 정책 결정에 참여하는 후대의 재상과 같은 임무를 수행했다. 군사적으로는 국왕의 군대 통솔을 보좌해 군사 정책을 결정하고 전투가 벌어지면 지휘에 참여했는데, 후대의 군사軍師나 사령관에 해당한다. 그러므로 강태공은 문과 무를 총괄한 주 왕조 최고의 관료였던 셈이다.

강태공은 주 문왕과 그의 아들 희발을 보좌해 은나라를 무너뜨리고 주 왕조를 건국하는 과정에서 탁월한 정치적·군사적 능력을 발휘했다.

B.C. 1027년 무왕武王과 강태공은 군대를 이끌고 동쪽으로 진군해 은나라 주왕을 토벌할 것이라고 선포했다. 은나라 주왕이 숙부인 비간比干을 살해하고 또 다른 숙부인 기자를 감금하는 등 천륜을 저버렸으며, 백성에 대한 횡포가 극심하다는 이유를 내세웠다. 강태공은 빈 낚싯대로 원하는 고기를 잡았다. 그러나 강태공의 빈 낚싯대는 그냥 낚싯대가 아니라 한 시대를 낚는 세상에 둘도 없는 낚싯대였다. 한편 주 문왕은 현명한 인재를 알아보고 극진한 예우로 그를 등용해 주나라를 흥성興盛의 길로 이끌었다.

주 문왕(B.C.1152~B.C.1056)

서백이라고도 함. 유교와 역사가들이 칭송하는 성군 가운데 하나이다. 문왕은 중국 서부 국경에 위치한 주의 통치자였으며, 은나라를 위협하기 시작했다. B.C. 1144년에는 은나라의 마지막 왕인 주왕 紂王에게 포로로 잡혀 감옥에 갇혔다 풀려났다. 저서로 『주역周易』이 있다. 주 문왕은 주나라에 돌아와 그 시대의 잔인함과 타락상에 대해 비판하며 주나라 건국을 치밀하게 준비했다. B.C. 1046년 아들 주무왕周武王 희발姬發이 은나라를 멸망시켰다.

강태공(?~?)

본명은 여상呂尙이다. 은나라를 격파하고 제나라의 후로 봉해졌다. 태공망太公望이라는 명칭은 주나라 문왕이 위수渭水에서 낚시질을 하고 있던 여상을 만나 선군인 태공이 오랫동안 바라던 어진 인물이라고 여긴 데서 유래했다고 한다.

2. 먹던 음식을 내뱉고 인재를 맞이한 주공 단

주공周公의 성은 희姬요, 이름은 단旦이다. 주 무왕 희발姬發의 동생이며, 주 성왕成王 희송姬誦의 삼촌이다. 주공은 무왕을 도와 주 왕국을 건립하는 데 큰 공을 세운 개국공신이기도 하다. 주 무왕이 주 왕국을 건립한 지 3년 만에 세상을 떠나자, 그는 어린 조카 성왕을 도와 7년간 국정을 살폈다. 주공은 무경이 일으킨 반란과 자신의 섭정에 불만을 품은 '삼감'의 반발 등을 진압해 위기에 처한 주 왕조를 살리고 권력 기반을 다지는 데 절대적인 역할을 했다. 또 '주공의 예'라고 불리는 법과 제도를 실행했는데, 공자孔子는 이런 주공을 꿈에서조차 그리워할 정도로 칭송했다.

주공은 나라를 다스리는 데 인재가 얼마나 중요한지 누구보다 잘 알고 있었다. 그는 수많은 인재를 선발하고 임용했을 뿐만 아니라 성왕에게 용인用人의 중요성을 수시로 강조했다. 주공은 나이가 어린 성왕에게 상(은)나라의 탕왕이 하나라를 대체하고 무왕이 은나라를 멸망시킨 역사적 경험과 교훈을 늘 되풀이하면서, 용인 문제를 중시하라고 충고했다.

그는 유능한 인재를 찾아 존중할 것과 그들에게 충분한 권한을 주어 능력을 마음껏 발휘하게 해 나라를 잘 다스리도록 해야 한다고 가르쳤다. 인재에게 권한을 위임했으면 간섭은 말할 것 없고 한마디의 말도 아껴야 함을 일깨워 주었다. 이렇게 하여 인재가 처음부터 끝까지 자신의 능력을 일관성 있게 발휘하게 해야 한다는 것이었다. 주공은 어린 성왕을 사랑하고 기대하는 마음에서, 성왕이 어진 자와 어리석은 자를 구별해 소인배가 정치에 간여하는 것을 막아주길 바랐다. 주공은 성왕에게 '보기 드문 길사吉士를 재상으로 등용해 나라를 다스리게 할 것'을 권유했다.

주공이 말하는 '길사'란 '현재賢才'를 뜻하는데, 이런 인재들이야말로 나라를 부흥으로 이끌 수 있기 때문이다. 주공은 인재를 중시했을 뿐만 아니라 겸손한 자세와 극진한 예우로 그들을 존중했다.

주공은 이후 오늘날 산동성 지역의 노魯 땅에 책봉되어 노나라의 시조가 되었다. 그러나 나이 어린 성왕을 도와 나랏일을 보살피느라 노나라를 돌볼 겨를이 없던 그는 아들 백금伯禽을 보내 자신을 대신해 나라를 다스리게 했다. 주공은 노나라로 떠나는 백금에게 "예의와 겸손으로 어진 이를 대하고 인재를 중시하라"라고 말했다.

『사기』의 기록에 의하면 주공은 아들 백금을 가르치면서 이렇게 말했다고 한다. "나는 문왕의 아들이자 무왕의 동생이며 지금 왕인 성왕의 숙부다. 어느 모로 보나 나는 천하에 결코 천한 사람이 아니다. 그러나 나는 '일목삼착一沐三捉, 일반삼토一飯三吐'하면서까지 인재를 우대했다. 오로지 천하의 현자를 잃을까 봐 걱정되어서였다. 노나라로 가더라도 결코 사람들에게 교만하지 않도록 신중해야 할 것이다!"

주공이 말한 바와 같이 그는 주나라의 대권을 장악한 최고의 자리에 있던 인물이다. 그러나 그는 사람을 평등하게 대했고, 인재 문제에 늘 신중했다. 자신을 찾아온 사람들을 맞이하느라 "하루에 세 번씩이나 젖은 머리칼을 움켜쥔 채 뛰어나왔고, 한 끼 밥을 먹다가 세 번씩이나 먹던 것을 뱉어내고 달려 나왔다는 것이다." 그의 행동은 겸손한 자세로써 인재를 존중하는 모범으로 후세에 높은 평가를 받았다. 이 때문에 "주공이 먹던 것을 뱉어내자 천하의 마음이 그에게로 돌아갔다"라는 말까지 나오게 된 것이다.

이처럼 겸손한 자세로 인재를 대했음에도 주공은 늘 현명한 인재를 예의에 어긋나게 대하는 건 아닌지 걱정했다. 그래서 봉지로 떠나는 아들에게 노나라를 다스릴 때 우선해야 할 일로 이 점을 강조한 것이다. 이 말에는 권력이 있다는 이유로 유능한 인재를 함부로 대해서는 안 된다는 경고도 들어 있다. 주공이 아들에게 한 말에는 평생 인재를 중시하고 존중해 온 그의 인재관이 고스란히 녹아 있다.

주공은 하룻저녁에 70명이나 되는 사람을 면담했다는 전설 같은 이야기의 주인공이기도 하다. 사람을 만날 때는 주공처럼 짧은 시간에 많은 사람을 만나는 방법도 있고, 적은 수의 사람을 장시간 만나는 방법도 있다. 주공처럼 나라를 세운 지 얼마 되지 않은 상황이라면 되도록 많은 사람을 만나 하루라도 빨리 유능한 인재를 적재적소에 배치하는 것이 급선

무다. 이때 가장 필요한 것은 한눈에 인재를 알아보는 지도자의 안목이자 식견일 것이다. 이러한 안목과 식견은 자신의 경험을 충분히 살려 다양한 상황에 적용해 보려는 노력과 모든 방면의 인재를 포용할 줄 아는 넓은 아량을 통해 길러진다.

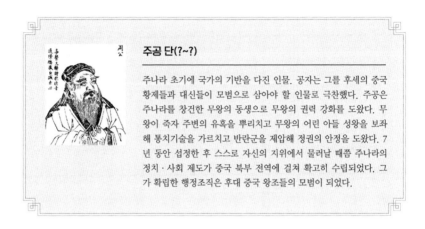

주공 단(?~?)

주나라 초기에 국가의 기반을 다진 인물. 공자는 그를 후세의 중국 황제들과 대신들이 모범으로 삼아야 할 인물로 극찬했다. 주공은 주나라를 창건한 무왕의 동생으로 무왕의 권력 강화를 도왔다. 무왕이 죽자 주변의 유혹을 뿌리치고 무왕의 어린 아들 성왕을 보좌해 통치기술을 가르치고 반란군을 제압해 정권의 안정을 도왔다. 7년 동안 섭정한 후 스스로 자신의 지위에서 물러날 때쯤 주나라의 정치·사회 제도가 중국 북부 전역에 걸쳐 확고히 수립되었다. 그가 확립한 행정조직은 후대 중국 왕조들의 모범이 되었다.

3. 최초의 패자가 된 제 환공

주 왕조는 국가의 기틀을 구축하기 위해 봉건제도封建制度를 실시했다. 이는 중앙에 왕실이 있고 그 일족의 자제를 각지의 제후諸侯로 봉해 왕실을 지키게 하는 제도로, 제후는 본디 동성同姓만이 아니라 혈연관계가 없는 이성異姓 제후도 있었다. 왕실은 이들과 혼인을 맺어 그들이 동성 의식을 지니도록 했다. 이러한 봉건제도는 내면적으로는 혈연적 유대에 의탁하면서도, 외면적으로는 조공朝貢을 통해 군신 관계를 철저히 확립한 정치 제도였다.

그러나 봉건제도는 치명적인 약점이 있었다. 초창기에는 단단한 결속을 이룰 수 있지만, 세월이 지나면 혈연의식이 희미해진다는 것이다. 이렇게 되자 혈연보다는 힘의 원리가 지배하기 시작했다. 실력 본위가 되면 힘이 강한 자가 승리하는 것은 당연하다. 강력한 제후가 천자를 능가하는 이른바 하극상 현상이 생겼다. 또한 제후 상호 간에 실력 다툼이 격화되면서 군웅할거群雄割據 시대가 시작된다. 바로 춘추전국시대春秋戰國時代다.

춘추시대(B.C.770~B.C.453)에 이르러 주 왕실이 더욱더 유명무실해지면서 제후국 간의 항쟁이 격화되었다. 그 결과 1,800개국에 달하던 제후국이 200여 국으로 줄어들었다. 힘 있는 제후국이 주위 제후국을 복속하는 일은 흔했다. 복속된 제후국은 절치부심하여 힘을 기른 뒤 지난날의 치욕을 앙갚음하려고 했다. 봉건제도의 중심축인 주 왕실은 어느 제후국이라도 마음만 먹으면 멸망시킬 수 있을 만큼 미약해져 있었다. 그렇지만 주 왕실에는 명분이 있었다. 왕실을 굳건히 하고 이민족의 침입을 막아야 한다는 '존왕양이尊王攘夷(왕실을 높이고 오랑캐를 물리침)'가 바로 그것이다. 주 왕실은 이를 내세워 힘의 균형을 유지했던 것이다.

각지의 유력 제후들은 서로 결속을 맺고, 표면적으로는 주 왕실을 보호한다는 명분을 내세우면서 주 왕실의 권위를 이용해 세력을 더욱 확대해 갔다. 주 왕실 또한 그들의 보호로 안위를 누리려 했다. 이리하여 왕실과 제후국 사이에는 동맹이 결성되었고, 이를 기념하기 위한 의식이 필요했는데 이를 '회맹會盟'이라 했다. 회맹을 주재하는 제후는 의례적으로 주 왕실이 지명했는데, '제후들의 우두머리'라는 뜻에서 '패자覇者'라고 했다.

춘추시대에 강대국으로 성장해 주도권을 겨루던 제후국의 왕으로 다섯 명을 들 수 있는데, 이들을 '춘추5패春秋五覇'라고 부른다. 중국 고대의 전적典籍을 보면 다섯 패자霸者(춘추전국시대 제후의 우두머리로 무력이나 권력을 이용하여 천하를 다스리는 사람)가 일치하지는 않지만, 대체로 제齊나라의 환공桓公, 진晉나라의 문공文公, 초楚나라의 장왕莊王, 오吳나라의 합려闔閭와 월越나라의 구천勾踐 등을 춘추5패로 본다. 이들 중 최초의 패자는 제齊나라 환공桓公이다. 제 환공은 뛰어난 인재활용술과 리더십으로 최초의 패자가 되었다.

제나라의 시조는 주나라 건국에 진력했던 태공망(太公望, 여상呂尚, 이하 강태공)으로 알려져 있다. 강태공은 주 문왕과 무왕을 섬기며 주 왕조 건국에 공헌했다. 강태공이 공을 세워 제후로 책봉된 나라가 바로 제나라로, 제 환공이 등장하기 400년 전쯤의 일이었다.

제나라는 산동반도가 대륙과 접하는 부분에 위치해 있어 당시에는 미개지에 지나지 않았다. 강태공은 산업을 일으켜 국력의 증대를 꾀하는 동시에, 주변에 이민족을 굴복시키고 국토를 확장해 대국으로서의 기초를 굳혔다.

이렇게 강태공에서 시작해 400년이 지나 등장한 인물이 제나라의 15대 군주 소백小白 환공이다. 즉위 후 정적이던 관중管仲을 재상으로 등용한 환공은 부국강병책富國强兵策(나라의 경제를 넉넉하게 하고 군대를 강하게 하는 방책)을 성공적으로 펼쳐 제나라를 최대 강국으로 만들었으며, 결국 춘추시대 최초의 패자가 되었다.

춘추시대를 다룬 전적에는 여러 패자와 권신들이 나라를 경영한 정치철학과 지혜가 담겨 있다. 거기에는 성공담과 실패담, 수많은 영웅호걸과 재사才士들의 이야기, 그리고 그들의 인간적 의리와 애환이 담겨 있다. 그중에 관중과 포숙아에 관한 이야기는 널리 알려져 있다. 그들은 제 환공을 있게 한 신하로 유명하다.

'관중과 포숙아鮑叔牙'의 이야기는 한 번쯤 들어봤을 것이다. 둘은 어려서부터 한마을에서 자랐을 뿐만 아니라 서로 마음이 통했다. 두 사람이 동업해 얻은 이익을 분배하는데, 항상 관중의 몫이 포숙아보다 많았다. 포숙아는 이를 개의치 않고 관중의 어려운 가정 형편을 염려했다. 젊은 시절 관중이 하는 일 없이 빈둥거릴 때 포숙아는 관중이 무능해서 그런 것이 아니라 아직 그를 알아주는 시대를 만나지 못했기 때문이라며 옹호했다.

한번은 관중이 전쟁에 나갔다가 싸우지도 않고 도망쳐 왔다. 사람들은 관중을 비난했으나 포숙아는 고향에 있는 노모 때문이라며 감싸주었다. 제나라에 정변이 일어났을 때 두 사람은 왕위 계승을 노리는 각기 다른 주군을 위해 봉사하고 있었다. 둘은 정적 관계가 된 셈이었다. 관중은 환공의 이복형으로, 제나라의 왕위를 잇기로 정해져 있던 공자 규糾의 사부로 있었다. 포숙아는 규의 지위를 호시탐탐 노리고 있던 이복동생 소백을 돕고 있었다.

관중은 소백의 암살을 도모하기 위해 숨어서 기다렸다. 마침 소백이 나타나자 관중은 활시위를 당겼고 화살은 소백의 복부에 명중했다. 관중은 소백이 쓰러지고 사람들이 몰려들자 일을 성취했다고 기뻐하며 줄행랑을 쳤다. 그러나 소백은 죽지 않았다. 화살은 복부에 차고 있던 허리띠 장식을 명중했던 것이다. 암살 음모를 미리 눈치챈 소백이 죽은 시늉을 하며 땅바닥에 쓰러져 있었던 것이다. 이후 왕위 다툼에서 규가 죽고 소백이 승리해 군주가 되었다. 이가 제 환공(재위 B.C.685~B.C.643)이다.

환공은 포숙아를 더없이 신뢰했다. 어느 날 재상이 될 만한 인물을 추천해 보라는 환공의 말에 포숙아는 두 번 생각할 것도 없이 관중을 추천했다. 관중이 재상에 이르면 자신의 지위가 낮아질 수밖에 없는데도 한 치의 망설임이 없었다. 친구 사이의 돈독한 우정을 말할 때 쓰는 '관포지교管鮑之交'는 여기서 비롯되었다.

훗날 관중이 "나를 낳아준 분은 부모였지만 나를 알아준 사람은 포숙아였다"라고 한 말을 통해서도 둘의 깊은 우정을 익히 알 수 있다.

관중을 추천한 포숙아는 관중의 지휘를 받으며 환공을 섬겼다. 사람들은 관중의 현명한 지혜보다 포숙아의 깊은 이해심을 더욱 높이 평가한다. 또한 원수였던 관중을 재상으로 맞아들인 '환공의 포용력' 역시 대단하다. '관중과 포숙아의 우정'과 '환공의 포용력'은 제나라의 흥성을 눈앞으로 이끌었다.

관중은 제 환공이 춘추5패春秋五覇의 첫 패자가 되는 데 큰 공을 세웠을 뿐만 아니라 각국의 경제와 문화 발전에 크게 기여했다. 심지어 공자도 "관중이 없었다면 우리는 아직도 산발을 하고 천 조각을 두른 채 야만적인 생활을 하고 있을 것이다"라며 그를 높이 평가했다.

땅에서는 수레나 말보다 못하고, 물에서는 배보다 못한 것이 사람이다. 그러나 사람은 수레와 말을 부리고, 배를 몰아 먼 곳에 도달할 수 있다. 이처럼 사람은 타인의 능력을 이용해 자신의 단점을 보완할 수 있다. 임금이 나라를 다스리고, 패자가 되어 천하를 호령하는 방법은 어쩌면 인재 등용만이 유일한 길일 것이다. 지혜와 덕을 겸비한 인재는 임금과 패자의 수레이며 말이 될 수 있다.

제환공(B.C.716~B.C.643)

이름은 소백小白이다. 춘추시대 제齊나라 15대 군주로 춘추오패 중한 사람이다. 재위 중에 관중을 재상으로 삼고 개혁을 추진했다. 군정軍政합일과 병민兵民합일 제도를 만들어서 강성해지기 시작했으며, 첫 번째 패주覇主가 되었다.

관중(?~B.C.645)

춘추시대 제나라의 재상. 제나라 환공을 춘추5패 최초의 패자로 만들었다. 죽마고우 포숙아와의 깊은 우정으로 '관포지교'라는 고사성어를 탄생시켰다. 정치, 경제, 의례 등 국정 운영 원칙과 사상, 천문, 지리, 경제, 농업 등의 지식을 담은 『관자管子』를 저술했다.

4. 대기만성의 입지적 인물 진 문공

맹자는 만약 하늘이 누군가에게 천하를 다스리는 대업을 맡기려 한다면 먼저 그의 정신과 육체가 고난을 겪게 해야 한다고 생각했다. 그래야만 자신의 지혜와 재능을 증진시킬 수 있다는 것이다. 이 말은 유가의 모범적인 교훈이 되었을 뿐만 아니라 사람들이 역경 속에도 스스로 격려하고 자기 발전을 늦추지 않게 하는 정신적 힘이 되었다. 역사적으로 보아도 목표를 성취한 사람들은 한결같이 혼란하고 힘겨운 시련을 경험했다.

춘추5패의 예를 들어보기로 하자. 최초의 패자인 제나라 환공은 수많은 실패를 겪고 나서야 관중의 충고에 따라 점차 패자의 길로 들어섰다.

진 문공晉文公 중이重耳는 맹자가 남긴 교훈을 생생히 전하는 전형적인 주석柱石이다. 그는 전적으로 경험을 바탕으로 군주에 올랐으며, 성숙한 정치가가 되었다. 춘추5패의 두 번째 주자인 문공은 칠전팔기의 대명사로 인간승리의 표본이다.

그는 진 헌공의 아들로, 국왕이 되기 전 화를 피하기 위해 적狄·위衛·제齊·조曹·초楚·진秦 등 여러 나라에서 19년간 망명생활을 했는데 그 과정에서 수많은 고초를 겪었다. 각국 군주들은 각자의 이해에 따라 그를 냉대하기도 했고 융숭히 대접하기도 했다.

혹독한 고난은 재산이라고 했던가? 유랑생활은 중이를 더욱 강하게 단련시켰고, 재능을 연마하게 하는 귀중한 시간이 되었다. 중이는 제위에 오르자 그동안 닦은 실력을 마음껏 발휘했다. 그 결과 진 문공은 제 환공에 이어 춘추시대 제2의 패주霸主가 되었다.

진 문공의 치세는 9년에 불과했다. 이는 망명 기간의 절반밖에 안 되는 세월이었다. 그렇지만 이 짧은 기간에 그는 국내 정치를 안정시켜 진晉나라를 패자의 자리에 앉혔다.

그렇다면 이를 가능케 한 조건은 무엇이었을까? 문공에게는 두 가지 이점이 있었다. 하나는 당시의 국제 정세였다. 일찍이 패자로서 천하를 호령하던 제나라 환공은 중이가 제나라에 머무르고 있을 때 세상을 떠났다. 그 뒤 내분에 휩싸인 제나라는 회맹會盟에 신경 쓸 겨를이 없었다.

뒤를 이어 패자가 되려 한 송宋나라의 양공 역시 문공이 진으로 귀국하기 한 해 전에 뜻을 이루지 못한 채 세상을 떠났다. 초楚나라와 진秦나라는 실력으로 따지자면 의당 패자가 될 만한 대국이었다. 그러나 만이蠻夷, 즉 오랑캐의 땅에 위치하기 때문에 중원中原의 맹주 자리에 앉을 여건이 되지 못했다. 이런 연유로 모든 사람이 초나라와 진秦나라는 패자가 될 수 없다고 여기고 있었다.

이에 비해 진 문공은 오랜 망명생활을 통해 국제적으로 이름이 알려진 데다가, 그에 대한 각국의 평판도 매우 호의적이었다. 지각 있는 사람들은 일찍부터 '머지않아 이 인물은 분명……'이라는 기대를 문공에게 걸었다. 이렇듯 국제 정세로 보면 문공은 패자가 될 조건을 모두 갖추고 있었다.

또 하나는 유능한 인재를 많이 거느리고 있었다는 점이다. 진 문공은 장자長者의 품격은 갖추고 있었지만, 수동적인 인물이어서 결단력이 부족했다. 특히 패자가 된 뒤 외교 전략을 결정하면서 망설이는 모습을 자주 보였는데, 그런 그의 모습은 우유부단해 보이기에 충분했다.

문공이 그러는 데에는 나름의 사정이 있었다. 그는 19년간 망명생활을 하면서 여러 나라의 은혜를 입었다. 따라서 그들과의 의리를 지켜야 했고, 그 결과 어느 한 나라를 두둔하면 다른 나라와의 의리를 저버리게 되는 경우가 종종 있어, 괴로운 선택을 강요당하는 일이 비일비재했다. 그렇지만 문공의 이런 입장을 어느 정도 이해한다손 치더라도 그의 지나친 우유부단함을 모두 설명할 수는 없다. 역시 타고난 성격이 크게 작용했던 것이다.

문공의 이런 단점을 보완해 준 인물이 조쇠 · 호언 · 위주 · 호사고 · 선진 등이다. 그들은 문공의 곁에서 결단을 내릴 수 있도록 도왔으며, 대외 전략 면에서도 문공이 판단을 그르치지 않도록 늘 함께했다. 문공은 이들을 곁에 둠으로써 약점을 드러내지 않고 마침내 패자의 자리에 오를 수 있었다.

어느 날 문공에게 중대한 결단을 강요하는 일이 벌어졌다. 즉위 2년 무렵 주 왕실은 연이은 재난에 시달리고 있었다. 적狄나라가 내습하자 정나라로 망명한 주 양왕이 문공에게 구원을 요청하는 사자를 보내온 것이다.

'존왕尊王'의 뜻을 밝히는 데는 다시없이 좋은 기회였다. 그러나 서쪽의 진秦나라 목공이 이미 친히 군대를 이끌고 주 양왕을 구출하러 떠났다는 소식을 들은 문공은 좀체 움직이지 않았다. 그때 조쇠가 문공의 결단을 촉구했다.

"패자가 되기 위해서는 우리 진晉나라의 힘으로 주 양왕을 주 왕실의 수도로 돌아가게 하여 존왕의 실력을 천하에 보여 주시지 않으면 안 됩니다. 더욱이 우리 진나라와 주나라는 동성同姓 사이인데, 여기서 망설이다가 선수를 빼앗기면 이는 천하를 호령할 좋은 기회를 놓치고 마는 것입니다. 지금이야말로 존왕의 실력을 보여 장래 패자가 되는 일에 대비할 때입니다!"

신중한 문공도 조쇠가 이렇게까지 말하자 더는 결정을 미룰 수가 없었다. 마침내 군대의 출동을 명해 적나라 군대를 쫓아버리고, 주 양왕을 주 왕실의 수도로 돌아가게 했다. 이 일로 문공의 위상은 한층 더 높아졌다. 이 또한 문공을 받들던 유능한 인재들의 공이 아닐 수 없다.

진 문공(B.C.673~B.C.628)

이름은 중이. 진 헌공의 아들로, 헌공이 어린 이복동생을 후계자로 바꾸는 바람에 국외로 도망가 19년을 보냈다. 나중에 진晉나라에 돌아와 즉위했다. 정치기강을 바로잡고 군대를 확충하며 통치에 전념해 국력을 증강시켰다. B.C. 632년 성복회전에서 초나라 군대에 크게 승리했다. 그해 겨울 천토에서 많은 제후들을 모아놓고 패주가 되었다.

5. 한번 날면 하늘에 이르는 초 장왕

중국사에서 권력과 이익을 놓고 벌어진 분쟁을 보면 대단히 복잡하게 얽혀 있지만, 반면에 한 가지 공통적인 이치가 있다. 성공을 위해서는 잠시의 굴욕을 참아야 하고, 실력을 쌓으며 적절한 기회를 찾아야 한다는 점이다. 이는 성공을 위해 반드시 필요한 소양이다.

자벌레가 몸을 구부리는 것은 다시 몸을 펴기 위해서이고, 곰과 뱀이 겨울잠을 자는 것은 다시 살아가기 위해서다.

지도자는 의식적으로 은인자중하는 단계를 거쳐야 한다. 이 단계를 통해 여러 가지 상황을 이해하고, 숨어 있는 위험을 제거하며, 미래에 대비해야 한다. 그러면 적은 노력으로 몇 배의 성과를 거둘 수 있다.

초楚나라는 중국 남쪽의 유구한 강대국으로, 일찍이 주나라 문왕文王과 무왕武王을 보좌한 적이 있는 제후국이다. 그렇지만 중원과 거리가 멀어서 교류가 활발하지 못했다. 자연히 초나라는 고유한 문화 습속을 그대로 유지하고 있었고, 그런 초나라를 두고 중원 사람들은 '만이蠻夷', 즉 '오랑캐의 나라'라고 비하하기도 했다.

춘추시대 초기 주 왕실의 세력이 약화되어 가고 있을 무렵, 초나라의 세력은 급속히 커지고 있었다. 초나라는 이러한 정세를 틈타 주변 소국을 멸망시켜 나갔다. 성왕成王에 이르러 북쪽으로의 확장 정책을 적극 시행했지만, 제 환공과 진 문공 등에게 저지당해 북진을 계속하기 어려운 형편이었다. 성왕의 뒤를 이어 왕위에 오른 이가 목왕穆王이다. 그는 13년간 제위에 있으면서 초나라 영토를 남쪽으로 더욱 확장시켰다.

목왕의 뒤를 이은 장왕莊王 여侶는 즉위 후 3년 동안 방종한 생활을 일삼았다. 그러던 중 성심을 다해 간언하는 신하들의 뜻을 받아들여 나락에 빠졌던 생활을 청산했다. 그는 유능한 인재를 중용하고, 무능한 이들을 쫓아냈다.

초나라 장왕은 은인자중하며 때를 기다려 끝내 패왕의 업적을 달성한 위인이다. 그가 자신의 명예를 더럽히면서까지 방종한 생활을 한 것은 세간의 눈을 피해 부족한 실력을 기르기 위함이었다. 그는 방종한 생활을 가장해 조정 대신들을 파악하고 정치적 경험을 쌓아 향후 패업을 달성할 토대를 다졌다.

장왕이 즉위하기 전 초나라는 오랫동안 내분이 지속되었다. 등극할 당시 나이가 어렸던 장왕은 여느 신임 군주들이 그랬던 것처럼 위세를 떨칠 수 없었다. 그래서 국정은 아랑곳 않고 밤낮으로 환락에만 빠져 살았다. 간혹 대신들이 궁에 들어와 국정을 보고하면 지루함을 못 참는 듯 알아서 처리하라며 쫓아 보냈다. 이에 많은 사람들이 충언을 올렸지만 장왕은 환락을 방해한다면서 매우 싫어했다. 장왕은 왕에 오른 뒤 3년 동안 단 한 가지 정책도 시행하지 않고, 오로지 밤낮으로 환락에 빠져 있었다. 그러고는 엄포를 놓았다.

"과인에게 간섭하는 자는 무조건 사형이다."

그런데도 목숨을 걸고 직언하는 신하가 있었으니, 그가 바로 대부 오거伍擧였다. 장왕이 오거에게 물었다.

"너는 술을 마시러 왔느냐, 음악을 들으러 왔느냐? 아니면 나한테 달리 할 말이 있느냐?"

오거는 대답했다.

"소신은 술과 음악을 위해서 온 것이 아닙니다. 단지 대왕께 수수께끼 하나
를 말씀드리러 왔을 뿐입니다."

장왕이 허락하니, 오거가 물었다.

"언덕 위에 큰 새가 있습니다. 3년 동안이나 날지도 않고 울지도 않습니다.
그 새가 어떤 새이겠습니까?"

장왕은 깊이 생각한 뒤 대답했다.

"그 새는 보통의 새가 아니다. 3년을 울지 않은 것은 장래의 포부를 결정하기
위함이요, 3년 동안 날지 않는 것은 날개를 키우기 위함이다. 그 새는 3년을
날지 않았어도 한번 날게 되면 단숨에 하늘 꼭대기로 솟구쳐 하늘을 뒤덮을
것이며, 3년을 울지 않았어도 한번 울기 시작하면 천하를 진동시킬 것이다."

오거는 장왕의 뜻을 알고 기뻐 물러났다.

그로부터 몇 개월이 지났건만 장왕의 생활은 변함이 없었다. 이번에는
대부 소종蘇從이 나섰다. 장왕은 그를 보더니 "과인에게 간섭하는 자는 모
두 사형이다. 그건 알고 있는가?"라고 경고했다. 소종은 "이 한 몸 죽어 대
왕의 현명하심이 되돌아올 수 있다면 그 이상 더 바랄 게 있겠습니까?"라
고 대답했다. 그러자 왕은 소종의 충성심에 감동해 자리에서 일어나더니

즉시 악대樂隊를 해산하고, 조정에 나가 집무를 보기 시작했다. 그는 그동안 법을 어기고 부정부패를 일삼으며 사리사욕만 채웠던 무리를 숙청하고, 청렴하게 양심껏 일해 온 사람들을 중용해 직무를 맡겼다. 그는 오거와 소종의 보좌를 받으며 국정을 처리해, 초나라의 정치는 투명해지고 국력은 나날이 강성해졌다.

사실 장왕은 본래부터 혼군은 아니었다. 장왕이 막 즉위했을 무렵 초나라의 실권은 대귀족인 약오씨若敖氏 일족의 수중에 있었다. 장왕이 술과 여자에 빠져 있었던 것은 적을 미혹시키는 동시에 대신들의 능력을 살피고 역량을 키우기 위함이었다. 3년이 지난 뒤 시기가 됐다고 판단한 장왕은 뜻을 펼쳐 초나라를 강성하게 만들었다.

이렇듯 장왕은 재능을 감추면서 역량을 키우는 책략을 쓴 것이다. 이 방법은 "한번 울기 시작하면[一鳴] 천하를 진동시키고, 한번 날면[一飛] 하늘 끝까지 솟구친다"라고 표현되는데, 시기가 도래했을 때 온 힘을 다해 출격하는 것이다. 장왕이 이 같은 방식으로 대권을 장악하고 인재를 중용하자 초나라는 자연히 강성해졌다. 또한 강성한 힘을 바탕으로 중원 진출을 적극 꾀한 결과, 중원 지역과 초나라 지역의 문화 교류가 더욱 활발히 진행되어 장강 유역의 발전은 가속화되었다.

초 장왕(?~B.C.591)

초나라의 22대 군주로 행정 구조 개편, 군사 제도 개혁 등 다방면으로 내정을 쇄신하고 부국강병을 달성했다. B.C. 605년에는 왕실의 최대 장애였던 약오씨若敖氏 세력을 꺾어 왕권을 대폭 강화했고, 이후 내정에 대한 근심 없이 거침없는 영토 확대를 이루면서 중원의 패권을 쟁취하여 초나라를 제, 진을 이은 세 번째 패권 국가로 부상시켰다.

6. 인재 확보를 우선시한 진 목공

관중이 죽고 얼마 안 가 환공마저 세상을 떠나자 제나라의 세력은 빠르게 쇠퇴했다. 강국의 이미지는 여전했지만 중원을 제패할 정도는 아니었다.

그 무렵 서쪽 변방에 자리한 진秦나라에 명군주가 등장하여 중원에 영향력을 끼치기 시작했다. 바로 진목공秦穆公(재위 B.C.659~B.C.621)이다. 진목공은 즉위하자 본격적인 동쪽으로의 진출이 시작되었다. 진나라는 오늘날 서안西安보다 더 서쪽에 있던 나라이다. 문명이 꽃핀 중원 제국 입장에서 보자면 변방에 자리한 이민족에 지나지 않았다. 그러나 목공이 군주 자리에 오르고부터는 세력이 나날이 강해져 서쪽 지방의 패자로 입지를 굳혀 갔다.

또한 목공은 패업을 이루려면 인재가 필요함을 깨달았다. 그래서 유능한 인재를 끌어모으는 데 심혈을 기울였고, 능력이 있다 싶으면 출신을 따지지 않았다. 그 결과 백리혜百里奚, 건숙蹇叔, 유여由余와 같은 타국 출신의 인재들을 기꺼이 맞아들여 진나라의 잠재력을 키웠다. 이러한 목공의 자세는 이후 진나라의 전통이 되어 전국 통일의 초석이 되었다.

그가 중용한 대신 가운데 백리해百里奚라는 자가 있는데, 백리해는 우虞나라 사람으로 일찍이 청장년 시기 고향을 떠나 제나라·송나라 등지에서 현명한 군주의 중용을 받기를 기다리고 있었다. 그러나 줄곧 좋은 기회를 만나지 못한 채 10여 년이란 세월이 흐르고 말았다. 그는 자신의 뜻을 이루지 못한 채 최후에는 구걸을 하며 하루하루를 버티는 신세가 되었다.

만년에 백리해는 우나라에 돌아가 대신이 되었다. B.C. 654년 진晉나라가 괵虢나라를 치기 위해 우나라를 통로로 빌려 달라고 요청했다. 당시 우나라 군주는 재물에 눈이 멀어 진나라의 요구에 동의하고 말았다. 그러나 탐욕스러운 진군은 괵나라를 멸망시키고 돌아오는 길에 아예 우나라마저 멸망시키고 말았다. 그 결과 백리해는 포로가 되었고 진헌공晉獻公의 딸이 진목공秦穆公에게 시집갈 때, 혼수용품들과 함께 노예로서 진나라에 보내지는 신세가 되었다. 하지만 백리해는 기회를 틈타 도주하여 초나라 완宛이라는 마을에 은신했으나 그곳에서 억류당하고 말았다.

한편 진秦나라 군주인 목공은 백리해가 상당한 재주가 있는 인재인 것을 알고는 더 많은 배상금을 내서라도 백리해를 불러오려 했다. 그러나 그리되면 오히려 완지방 사람들이 의심하지 않을까 두려웠다. 목공은 사자를 시켜 이렇게 말하도록 했다.

> "나의 하인 백리해가 당신들 땅에 억류되어 있다고 하는데, 다섯 마리의 검은 양가죽과 그를 바꿔 돌려보내 줄 것을 바라는 바이오."

그러자 완지방 사람들은 그 조건을 받아들이고 백리해를 돌려보내 주었다. 백리해가 진秦나라 궁궐에 도착했을 때, 진목공은 백리해가 백발 노인인 것을 발견하고 무척 실망했다. 그래서 진목공이 "올해 몇 살입니까?"라고 물으니 백리해가 "70밖에 안 됐습니다"라고 대답했다. 그러자 진목공이 "아깝게도 너무 늦었구려"라고 탄식을 하니 백리해는 "옛날에 강태공은 80세에 주 문왕周文王을 만나, 주 문왕을 도와 주 왕조를 건국시켰습니다. 강태공과 비교한다면 저는 10살이나 적습니다"라고 말했다. 진목공이 그의 말을 듣고는 맞는 말이라 생각하고는 허심탄회하게 백리해에게 나라를 다스리는 치국의 도리에 대해 가르침을 청했다. 그러자 백리해는 아주 유창한 언변으로 명쾌하게 진목공에게 대답해 주었다. 그렇게 진목공과 백리해는 서로가 너무 늦게 만난 것을 한탄하면서 이틀 동안이나 많은 이야기를 나누었다. 이야기를 통해 진목공은 백리해야말로 참으로 박학다식한 유능한 인재라 생각하고는 그에게 국가의 대사를 맡겨 관리하도록 했다. 당시 사람들은 백리해를 '오고대부五羖大夫'라 불렀는데, 그 뜻은 양피 5장으로 데려온 대부라는 뜻이다.

백리해는 진나라의 국가대사를 관리하기 시작하면서, 진목공에게 친한 친구 건숙蹇叔을 추천했다. 목공은 사람을 시켜 융숭한 예로 건숙을 맞아들여 그에게 상대부上大夫의 직책을 맡겼다. 이렇게 백리해와 건숙의 보좌 아래 진나라는 상당히 빠른 속도로 강성해지기 시작했다.

백리해(?~?)

진나라의 현인賢人 정치가로 제나라의 관중에 비견될 만한 탁월한 책략과 경천위지의 재능을 지녔으나 빈한한 가문에서 태어난 데다 불운하여 오랫동안 능력을 인정받지 못한 채 걸식하면서 천하를 유람했다. 늘그막에 진목공에게 발탁되면서 본격적으로 천하를 경영하게 된다. 입신立身 후 건숙을 추천하고 여러 현사賢士, 충신들을 끌어모은 후 그들과 함께 진목공을 보필해 진나라를 패주로 부흥시킴으로써 후세에 중원을 경략할 토대를 튼튼히 한다.

한편 진 목공이 인재를 확보하고자 애썼던 모습은 유여의 일화를 통해서 잘 드러난다. 유여는 원래 이민족 땅인 융戎나라에서 왕을 섬기던 인물이다. 어느 날 융왕은 유여를 진나라에 사신으로 보냈다. 목공은 진나라가 풍족하게 사는 모습을 유여에게 자랑하고자 궁궐에 산처럼 쌓아 놓은 재물을 보여줬다. 그러자 유여가 말했다.

"재물의 양이 실로 막대하군요. 이렇게나 재물이 많다니 백성의 고생이 이만저만이 아니었겠습니다."

유여가 예상치 못한 대답을 꺼내자 목공은 물었다.

"중원 제국은 시詩 · 서書 · 예禮 · 악樂 · 법法을 근본으로 나라를 다스리고 있지만 그럼에도 어려움에 부딪힐 때가 많소. 융나라는 대체 무엇으로 나라를 다스리오?"

그러자 유여는 웃으며 대답했다.

"그런 것들은 도리어 나라를 혼란에 빠뜨리는 법이지요. 나라는 그저 인간의 도리만 지킬 뿐이옵니다. 그러니 나라가 평안한 것 아니겠습니까? 윗사람은 아랫사람을 자애롭게 대하고 아랫사람은 윗사람을 충성으로 받듭니다. 이 밖에 무엇이 더 필요하겠습니까? 딱히 비결이랄 것은 없습니다."

목공은 감탄이 절로 나왔다. 그리고 신하들에게 일렀다.

"유여는 실로 출중한 인물이다. 이웃 나라에 저런 성인이 있으면 필시 우환거리가 될 것이다. 유여 같은 인물을 이대로 융나라에 두자니 장차 우리 진나라의 화근이 될까 걱정이구나. 무슨 좋은 방책이 없겠느냐?"

한 신하가 대답했다.

"융나라는 변방에 자리한 나라인지라 왕은 아직 중원의 음악을 들어보지 못했을 것입니다. 그러니 일단 이곳의 이름난 관기들을 보내 판단력을 흐리게 만드는 건 어떨지요? 그리고 유여에게 좀 더 머물도록 청하는 것입니다. 하면 왕은 분명 유여를 의심할 테니 군신관계에 금이 가겠지요. 또 융왕은 관기한테 푹 빠져 나랏일을 등한시할 것입니다."

정당한 방법은 아니지만 상대의 빈틈을 이용하여 서서히 무너뜨린 다음 내부 분열을 조장함으로써 무력하게 만드는 수법은 흔한 전략이었다.

목공은 고개를 끄덕이며 말했다.

"그래, 그거 좋은 생각이구나. 즉시 실행하라."

진나라는 날마다 유여를 극진히 대접했고, 융왕에게 용모가 출중한 관기 열여섯 명을 선발해서 보냈다. 융왕은 진나라가 꾸민 획책대로 술자리를 벌이고 놀며 정사를 멀리한 채 방탕에 빠졌다.

얼마간 시간이 흐른 뒤 목공은 유여를 본국으로 돌려보냈다. 유여는 여악女樂에 빠진 왕에게 거듭 간언을 올렸으나 융왕은 듣지 않았다. 그동안에도 목공은 유여에게 끊임없이 진나라에서 뜻을 펼쳐보길 권했다. 처음에 유여는 목공의 권유를 완강하게 뿌리쳤지만 결국 융왕을 포기하고 진나라에서 뜻을 펼치기로 마음을 바꿨다.

목공은 예를 갖추어 유여를 귀한 손님으로 맞이했고 나라의 지형과 병력에 관해 소상히 물었다. 3년 뒤 진나라는 유여가 세운 작전에 힘입어 융나라 정벌에 성공했고, 서융西戎의 패자로서 지위를 확고히 다졌다.

이렇듯 진 목공은 자신이 초빙한 인재들을 잘 융합시켜 나라를 부강하게 만들었다. 이후 이웃한 진晉나라의 군주를 세우는 일에 두 차례나 결정적인 개입을 함으로써 영향력을 과시했다.

진秦나라가 중원中原의 패권을 장악한 것은 아니었다. 하지만 이때부터 중원 제국과 동등한 입장에서 교류할 수 있었고, 춘추전국시대의 전면에 부각되기 시작했다.

이는 모두 국가 경영의 기본이 '인재'에 있음을 알고 '인재 확보'에 전력을 기울인 목공의 업적이다.

진목공(B.C.682~B.C.621)

춘추시대 진나라의 군주로 B.C. 659년부터 B.C. 621년까지 재위에 있으면서 백리혜百里奚, 건숙蹇叔, 유여由余, 맹명시孟明視, 서걸술西乞術, 백을병白乙丙 등의 인재들을 등용하여, 후에 진나라가 중국을 통일하는 터전을 다진 인물이다.

7. 평민에서 황제가 된 유방

유방(劉邦, B.C.256~B.C.195)의 아명은 유계劉季이고 패군沛郡 풍읍(豊邑, 지금의 강소 풍현) 사람이며, 한漢나라의 개국 황제로 중국 역사상 가장 유명한 황제 중 한 사람이다. 그런데 한나라 400년 역사의 기반을 다진 개국 황제 유방은 사실 저잣거리 출신의 무뢰한이자 건달이었다.

그는 관리가 될 만한 문예도, 성을 공격해 땅을 빼앗을 만한 무예도 가지고 있지 않았다. 그러나 사람을 알아보고 다스릴 줄 아는 능력이 있었다. 장량張良과 한신韓信 같은 당대의 가장 뛰어난 인재를 복종케 했고, 남보다 한 수 위인 자신의 통치 능력에 사람들이 탄복하도록 했다.

유방과 항우가 벌인 최후의 패권쟁탈전은 참으로 비장한 전쟁이었다. 이 전쟁에서 승리한 유방은 한 왕조를 세우고 왕좌에 등극한다. 유방은 농민 출신으로 여러 면에서 항우보다 뛰어나지는 못했지만, 자신의 힘을 과신하지 않고 수많은 인재를 활용했다. 또한 감정에 휘말리지 않고 언제나 현실을 직시해 마침내 황제의 지위에 오르게 되었다.

역대의 역사가들은 유방이 불충·불효·불인不仁·불의不義한 사람이라고 하면서 학자를 보면 그들의 모자에 오줌을 싸는 등 무뢰한과 같은 행동을 즐겼다고 혹평했지만 사실은 그렇지가 않다. 유방은 웅지와 계략, 인내심 및 용인술 등에서 항우를 몇 배 더 뛰어넘는 고수였다. 유방이 항우項羽에게 승리한 것은 결코 우연이 아니었다.

사마천은 항우에 대해 "무력으로 천하를 정복하고 다스리려고 하다가 나라를 망치고, 몸은 죽으면서도 미처 깨닫지 못하고 스스로 책망하지 않았으니 이는 잘못된 것이다. 그리고 끝내 '하늘이 나를 망하게 한 것이지 결코 내가 싸움을 잘하지 못했기 때문은 아니다'라는 말로 핑계를 삼았으니 이는 잘못된 것이다"라고 했다. 자신의 잘못이 아니라 하늘이 자신을 망하게 했다는 원망은 자신의 공로와 지혜만을 앞세우고 남을 의심하는 그의 성격과 밀접한 관계가 있다.

일반적으로 항우와 유방 두 영웅의 차이에 대해 말할 때 흔히 인용하는 예가 진시황의 행차를 보고 난 뒤 보인 두 사람의 서로 다른 반응이다. 초나라의 장수 집안 출신으로 키가 8척이 넘고 힘이 장사이며 재주와 기개가 남달랐던 항우는 진시황秦始皇이 회계산을 유람하고 강을 건널 때 작은 아버지 항량과 함께 그 모습을 지켜보았다. 항우가 "저 사람 자리를 내가 대신할 수 있다"라고 하니, 항량이 항우의 입을 막으며 "경망스러운 말은 하지 마라. 삼족이 멸하게 된다"라고 했다.

이에 반해 평소 원대한 포부를 품고 있던 유방은 일반인들의 일에 얽매이려 하지 않았으며, 술과 여자를 좋아해 주점에서 외상으로 술을 마시기 일쑤였다. 형수 밑에서 더부살이를 하면서 밥도 제대로 얻어먹지 못하던 농민 출신의 유방이 함양에서 부역을 하고 있을 때, 마침 진시황이 행차했다. 이를 구경하던 유방은 길게 탄식하며 "아! 사내대장부란 마땅히 저래야 하거늘"이라고 했다.

항우는 사람됨이 사나우며 교활하고 남을 잘 해쳤다. 공략한 지역의 백성을 생매장하기도 했다. 또 서쪽으로 진격하면서 살육을 일삼고 함양의 진나라 궁을 닥치는 대로 불사르니 그가 지나는 곳은 어디나 무참히 파괴되었다. 진나라 백성들은 항우에게 실망했으나 두려움에 감히 복종하지 않을 수 없었다.

반면에 유방은 사람됨이 어질어서 다른 사람을 사랑하고 남에게 베풀기를 좋아했으며, 넓은 도량이 있었다. 역이기酈食其라는 사람이 "내가 패공을 보니 그분은 도량이 크고 관대한 분이십니다"라고 하며 유방을 만나 자신의 뜻을 펼칠 수 있게 해 달라고 청했다. 유방은 역이기를 등용해 장수로 삼았다.

진秦나라 수도 함양咸陽으로 들어간 유방은 장량의 건의를 받아들여 여러 현의 원로들을 불러 "사람을 죽이는 자는 사형에 처하고, 사람을 다치게 하는 자와 남의 물건을 훔치는 자는 그 죄에 따라 처벌할 것이며, 이 밖의 진나라 법령은 모두 폐지하여 모든 관리와 백성들이 예전처럼 안락한 생활을 누리게 할 것이다"라고 말했다.

진나라 백성들이 기뻐하며, 고기와 음식, 술을 가지고 와서 유방의 군사들에게 향응을 베풀려고 했다. 그러나 유방은 이를 사양하며 창고에 양식이 많으니 백성들에게 폐를 끼치지 않겠다고 하자, 백성들은 더욱 기뻐하며 유방이 진나라 왕이 되지 않으면 어쩌나 걱정했다고 한다.

그러나 더 중요한 것은 두 영웅의 '인재활용술의 차이'가 결국은 천하 쟁패의 승부를 가렸다는 것이다. 항우가 자신을 돕는 모사 범증范增이나 자신에게 충성하는 신하들을 의심하고, 불공평하게 대우해 인재들을 하나씩 잃어 결국엔 유방과의 경쟁에서 실패한 반면, 유방의 부하 중에는 특출한 인재가 많았다. 한신·장량·번쾌·진평 등 수많은 인재가 유방 주위로 모여들었고, 그들의 의견을 받아들여 재주를 발휘할 수 있도록 배려했다.

말단 관리직 소하蕭何, 옥지기 조삼曹參, 개를 잡는 백정 번쾌樊噲, 장례 식장 나팔수 주발周勃, 관청 마부 하후영夏侯嬰, 유방의 어릴 적 친구이며 건달인 노관盧綰, 가난으로 생계를 꾸릴 수 없어 빨래터 여인들에게 밥을 구걸할 정도로 빌어먹고 살았던 한신韓信, 비단 장수 관영灌嬰, 초나라 사람으로 처음에는 항우를 위해 유방을 여러 차례 곤경에 빠지게 했으나 유방이 용서하고 낭중으로 삼은 계포季布. 유방은 어떻게 이러한 이들을 거느리고 천하를 얻을 수 있었을까? 이들에게는 자신을 보호해 주고 은혜를 베풀어주는 사람을 위해 위험을 무릅쓰고 어떠한 임무라도 완수한다는 협객의 기풍이 있었기 때문에 가능했다. 동시에 유방은 이들을 받아들였고 적까지 등용해 천하를 얻었지만, 항우는 자신의 뛰어난 참모 범증조차 의심해 천하를 잃고 세상을 등져야 했다. 천하의 영웅이라도 인재들이 천하를 얻을 수 있는 기회를 만들어주었을 때 받아들이지 않으면, 인재는 아무 소용이 없고 심지어 천하를 얻으려는 자신의 야심과 포부도 실현할 수 없다.

한나라 고조 유방을 우습게 여기는 사람들도 있다. 시골 무뢰배에 지나지 않는 자가 혼란한 시대를 틈타 교활한 수단으로 천하를 평정했다고 말한다. 그러나 어찌 되었든 유방은 영웅이 되어 천하를 제패하고, 한 왕조를 세웠으니 분명 남보다 뛰어난 점이 있었다. 그는 사람을 관찰하고 의중을 꿰뚫어 보는 데 능했으며, 인물에 따라 다르게 대응하고 그들을 적재적소에 배치할 줄 알았다. 바로 이 점이 제왕의 대업을 성취하는 데 큰 역할을 했다. 유방은 상과 관직으로 부하의 충성심을 얻고 전장에서 죽음을 무릅쓰고 싸우게 했다. 지도자의 적절한 포상은 언제나 효과가 있다. 지도자는 또한 부하에게 과감히 권력을 나눠줄 수 있어야 한다. 그래야 대업의 성취를 기대할 수 있다.

21세기 기업의 최대 화두는 인재 확보다. 이를 두고 '인재 확보의 전쟁 (the war of talents)'이라고까지 명한다. 우수 인재를 얼마나 확보하고 있느냐가 기업의 경쟁력과 시장 가치를 결정하는 시대가 온 것이다. 5퍼센트의 핵심 인재가 95퍼센트의 직원을 선도한다는 점에서 '핵심인재 확보'는 기업 생존을 위한 필수 조건이라고 할 수 있다. 기업의 시가총액을 결정할 때 기업이 보유한 지식의 가치 평가에 최우위에 둔다면 이해할 수 있겠는가. 이는 급변하는 디지털 시대에 최고의 인재만이 기업을 번영케 한다는 진리를 최고경영자들이 깨닫고 있음을 나타낸다.

잘생기지도 못했고 재물도 없었으며, 내세울 만한 특별한 배경도 없는 지극히 평범한 유방의 또 다른 강점은 그가 철저한 현실주의자라는 점이다.

유방은 재능 있는 사람은 절대 놓치지 않고 적재적소에 배치했으며 어떠한 배경과 경력을 불문하고 등용할 줄 알았다. 오히려 그들의 능력과 지혜를 높이 사서 자신의 대업에 동참하도록 하여, 결국에는 자신에게 충성을 다 바치도록 유인했던 것이다. 즉 유방의 용인술은 재능 있는 사람을 찾아 자기 사람으로 유인하여 관리하는 '인재유인법'이라고 말할 수 있다.

또한 유방은 인재들의 말을 경청할 줄 아는 황제였기에 중요한 순간마다 모사들의 진언을 받아들여 위기를 헤쳐 나갔다. 전쟁을 치를 때 그의 진가는 더욱 빛났다. 일단 항복을 권유한 뒤 백성들의 마음, 즉 민심을 다스리고자 했다.

부하들을 움직이고자 할 때, 지위나 직책의 힘으로 통제하는 방법이 있는가 하면 덕과 인간미로 감화시켜서 움직이는 방법이 있다. 전형적인 관리 통제 방법인 무력이나 권력 남용과 같은 위협적인 방법은 일시적인 복종은 이끌어낼 수 있지만 진심 어린 복종을 얻어내기는 매우 어렵다.

유방은 수많은 난제에 부딪혔음에도 항우와의 대혈전을 승리로 이끌었다. 이를 분석해 보면 한신韓信·소하蕭何 같은 걸출한 인재를 유인해 곁에 두었으며, 탁월한 지략과 뛰어난 전술에 능한 장량張良을 자기 사람으로 만들어 특급 참모이자 모사로 활용했기에 최후 승리의 축배를 들 수 있었던 것이다.

오늘날 초인류기업의 성공한 최고경영자들을 보면 대부분 최고 참모들에게 밀착보좌를 지시하고 있으며, 최고의 전문가들을 영입해 수시로 경영자문을 얻는다. 끊임없이 인재에 목말라하면서 그들을 등용하고, 그들과 함께 호흡하면서 스스로 개선하는 것을 게을리하지 않는다. 그런 가운데 자신도 서서히 핵심 인재로 거듭나는 에너지를 그들에게서 얻게 된다. 인재전쟁이 최고조에 이른 지금, 최고경영자라면 유방의 용인술인 '인재유인법'을 진지하게 되새겨 볼 필요가 있다.

유방(B.C.256~B.C.195)

한나라를 건국한 한고조(漢高祖. 재위 B.C.202~B.C.195). 강소성 패현 출신의 백수건달이었으나 진나라 말기의 군웅할거 시대를 종식시키고, 두 번째로 대륙을 통일하는 입지전적인 인물이다. 항우와 연합하여 진나라를 멸망시키고 그와 4년간에 걸친 전쟁 끝에 그를 해하에서 대패시켜 천하의 패권을 장악하고 한나라를 열었다. 주나라의 봉건제封建制와 진나라의 군현제郡縣制를 혼합한 군국제郡國制를 정착시켰다.

4장

리더와 리더십:
지혜로 사람을 부린다

1. 병사의 우두머리와 장수의 우두머리

인간의 가치를 찾아내는 데 있어서 중국인들은 전통적으로 아주 탐욕스러웠다. 『사기』의 세계에서 볼 수 있듯이 전국시대戰國時代에는 중신의 최대 임무가 인재를 발굴하고 그를 군주에게 추천하는 일이었다. 추천할 만한 인재가 주변에 없다는 것은 정치가로서도 학자로서도 실격이었다. 각 나라의 정치가들이 앞다투어 식객을 거느렸던 것은 도락이 아니라 직무였다. 학자가 수많은 제자를 거느리고 있는 것은 그 학설을 실제로 활용할 수 있는 인재를 준비해 두는 일이었다.

"세상에 백락이 있다. 그 연후에 천리마가 있다."

백락은 별 이름으로서 천마신天馬神을 가리키는 말인데, 말을 감별할 줄 아는 사람, 말 장사꾼, 말 거간꾼으로 바뀌어 쓰이게 되었다. 말을 제대로 감별할 줄 아는 사람이 있어야 천리마도 세상에 나올 수 있다는 뜻이다.

뛰어난 인재를 얻어서 쓸모 있게 만들 수 있느냐 없느냐는 리더십과 직결된다.

리더십이란 "집단을 구성하는 사람들의 능력과 자발성을 이끌어내고 육성하되 그 협력을 얻어 집단의 목적을 달성하는 기능"을 가리킨다. 정치학에서 만들어낸 말인데 경영학 등에서도 아주 중요시되고 있다.

원래 중국의 고전에는 리더십론이 많다. 제자백가諸子百家로 일컬어지는 수많은 사상가들은 모두 리더십론을 논하고 있다. 그들은 분석이 아니라 인간을 종합하여 다루는 입장에서 '지도자의 길'을 설명하고 있는 것이다. 살아 숨 쉬는 인간에 관한 리더십론을 『사기』 속에서 읽어보도록 하자.

한고조 유방劉邦이 천하를 쟁취한 직후의 일이다. 주연 석상에서 고조가 여러 신하에게 물었다.

> "짐이 천하를 얻은 이유는 무엇이겠소? 그리고 항우가 천하를 잃은 이유는 무엇이겠소? 털어놓고 말들 해 보오."

원래 진나라 장군이었던 무골 왕릉이 말했다.

> "폐하, 폐하께서는 사람을 사람으로 여기지 아니하시고 상대를 무시하는 면이 있으시옵니다. 그 점에서 볼 때 항우는 정을 베풀며 신하를 사랑했나이다. 하오나 폐하께서는 도성이나 영토를 공략하시어 함락시키시면 선뜻 신하들에게 나누어 주셨지 독점하지는 않으셨사옵니다. 항우는 그렇게 하질 못했습죠. 그런 데다가 항우는 시의심이 강하여 부하가 수완을 발휘하면 도리어 눈엣가시로 보았나이다. 수중에 들어온 것은 자기 혼자 독점하고 나누어주려고 하지 않은 그것이 그가 천하를 잃은 이유이옵니다."

고조가 말했다.

"귀공은 하나는 알고 둘은 모르는구려. 들어보오. 유악帷幄 안에서 지모를 짜
내고 천 리 밖에서 승리를 얻게 하는 점에서는 짐은 장량張良에 미치지 못하
오. 내정을 충실히 하고 민생을 안정시키면서 군량을 조달하고 보급로를 확
보하는 일이라면 짐은 소하蕭何를 따를 수가 없소. 또 백만 대군을 자유자재
로 지휘하여 승리를 거두는 일에서도 짐은 한신韓信에 미치지 못하오. 이 세
사람은 모두 걸물이라고 해도 좋은 사람들이오. 짐은 이 세 걸물을 부릴 수
가 있었소이다. 그래서 짐은 천하를 얻은 거요. 그런데 항우에게는 범증이라
는 걸물이 한 사람 있었으나 그는 범증조차 부리지 못했소. 이것이 그가 짐
에게 패한 이유요."

어느 날 고조와 한신이 나눈 흥미진진한 문답이 『사기』에 기록되어 있
다. 말년을 맞은 한신이 초왕에 임명되었다가 모반의 혐의를 받고 체포당
하여 도읍에 송환되고 회음후의 지위로 강등되었을 때의 일이다.

고조와 한신이 잡담을 나누고 있다가 장군들의 자격을 논하게 되었다.
두 사람 사이에는 의견 차이가 있었다. 그때 고조가 물었다.

"짐이 몇 명의 군사를 지휘할 수 있다고 생각하오?"
"예, 폐하께서는 한 10만 명 정도의 병력을 지휘하실 수 있을 것이옵니다."
"그럼, 그대는?"
"예, 신은 다다익선이지요."

고조는 웃었다.

"그렇다면 어찌하여 그대는 짐에게 붙잡힌 몸이 되었소?"

"예, 폐하께서는 '병사의 장수 되실 재능'은 없으십니다만 '장수의 장수 되실 재능'은 가지고 계시옵니다. 신이 잡힌 몸이 된 것은 바로 그 때문이지요. 그리고 폐하께서 지니신 그 재능은 천성이어서 아무나 지닐 수 있는 것이 아니옵니다."

여담이지만 한신의 이 발언은 입에 발린 말치고는 최고라는 생각이 든다. 최고의 입에 발린 말은 상대방을 깎아내리는 척하면서 실은 칭찬해 주고 그곳에서 진실을 말해 주어 상대방에게 자신감을 갖도록 해 주는 것이다. 이 경우는 그 본보기라고 할 수 있다.

이 두 가지 이야기는 리더십의 급소를 정확히 찌르고 있다. 아무리 능력이 있더라도, 그리고 강한 힘이 있더라도 혼자서 해내는 일에는 한계가 있다. 어떻게 하면 사람들의 힘을 한데 모을 수 있을까? 리더의 제일 큰 임무가 여기에 있을 것이다. 그런데 자칫하면 리더가 근시안적인 시각을 갖게 되어 총합력을 죽이고 마는 경우가 많이 있다.

리더의 이런 능력을 한신은 "천성인 것", 다시 말해서 "하늘에서 받아야지 인간의 힘으로는 안 되는 것"이라고 말한다. 그러나 근대사회에서는 누구나 가질 수 있는 것이 아니라 하여 그대로 넘길 수는 없다. 그러므로 조직이 이를 보충하여 그 임무를 맡으면 누구나 해낼 수 있도록 주선해 주고 있는데, 그것이 근대의 군대나 기업이다. 권한을 위양한다든가 의사결정의 과학이 연구되는 것도 그 때문이다.

그러나 결국에는 인간과 인간이다. 어떤 조직이든 그것을 움직이는 것이 인간인 이상 항우와 고조처럼 인간성이 결정을 짓게 마련이다.

소하(?~B.C.193)

전한 건국의 일등공신이다. 유방의 참모로서 유방이 천하를 얻도록
도왔으며, 한신과 장량과 함께 한의 삼걸로 꼽힌다. 패현의 하급관
리를 지내다가 B.C. 209년 훗날 한의 고조가 된 유방을 도와 진의
수도 함양을 점령했다. 유방이 천하를 평정한 후 찬후酇侯에 봉해졌
으며, 진의 법을 참고한 '9장률'을 만들어 후세에 큰 영향을 미쳤다.

한신(?~B.C.196)

한나라의 개국공신으로 소하, 장량과 함께 한초삼걸이라 불린다.
회음(강소) 지역 출신으로 가난한 집에 태어났으나, 한고조의 승상
소화에게 발탁되어 능력을 발휘하고 대장군에 이르렀다. 유방의 진
영에서 대장군으로 활동했고, 후에 제나라의 가왕假王이 되었다.
위, 제, 조, 초나라를 멸망시키는 등 유방을 도왔으나, 결국 유방에
의해 목숨을 잃었다. 훗날 '토사구팽兎死狗烹'의 주인공으로 더욱 잘
알려지게 되었다.

범증(B.C.278~B.C.204)

진나라에 대항하여 군사를 일으킨 항우의 책사. 칠순의 나이에도
지략과 비범함을 갖추고 있었다. 유방이 장차 항우를 위협하는 위
험한 인물이라는 사실을 알고 그를 죽이려고 했지만 결국 실패하
였다. 오히려 유방과 내통한다는 오해를 받고 쫓겨나 고향으로 돌
아갔으며 실의에 빠져 죽었다.

2. 두 가지 관리 방식

한漢나라 무제武帝 때 두 사람의 대조적인 무장이 있었다. 두 사람 모두
누가 우위인지 분간할 수 없을 정도로 뛰어난 장수였는데 통솔 방법은 정
반대로서 사기가 그 점을 특기하고 있을 정도다.

한 사람은 흉노와의 전투에서 뛰어났던 이광李廣(?~B.C.119)이다. 그는 자신이 이끄는 부대가 행군을 하는 도중에 대형이 흐트러져도 잔소리를 안 했으며, 물이나 목초가 있는 곳에 닿으면 그곳에서 숙영했다. 부하에게 자주적인 행동을 하게 하고 관리 업무는 가급적 간소화했다. 그러나 척후병斥候兵만큼은 먼 곳까지 나가서 경계하도록 했기에 적군의 습격을 받는 일은 거의 없었다.

또 한 사람은 정부식程不識이다. 그 역시 흉노와 창부리를 마주하고 있는 국경 지대에서 사령관으로 근무했다. 그의 군대는 편성에서부터 행동까지 통제가 잘되었으며 관리도 엄격하여 병사들은 잠시도 긴장을 풀지 못했다. 그리고 그의 군단 역시 적군의 습격을 받은 적이 없었다.

정부식은 두 사람의 관리 방식의 차이에 대해서 이렇게 말했다.

> "이광의 군율은 너무 느슨하여 흉노가 불의에 습격해 오면 괴멸당할 것 같다. 그러나 병사들은 생기에 넘치며 이광을 위해서라면 앞다투어 죽고자 한다. 한편 우리 군단은 규율이 아주 엄하지만 적의 공격을 격퇴할 힘을 가지고 있다."

이광에게 물었다면 뭐라고 대답했을까? 그 대답은 기록되어 있지 않으므로 알 길이 없는데 흉노는 이광의 작전을 더 두려워했다고 한다. 또 병사들은 정부식보다 이광 밑에서 싸우기를 바랐다는 것이다. 한쪽은 자주성에 중점을 두고 있었으며 한쪽은 규율을 중시했다.

그런데 『사기』가 쓰인 지 2천여 년이나 지난 20세기 미국의 행동과학자인 더글러스 맥그리거는 리더십의 두 가지 유형, 즉 'X이론과 Y이론'을 발표했다. 리더십에는 정반대인 두 가지 사고방식이 있다는 것이다.

'X이론'이라고 불리는 사고방식은 인간을 이렇게 본다. 인간은 본래 노동을 싫어하고 금전적인 동기나 처벌의 동기가 있어야 비로소 일을 한다. 명령받은 것밖에 실행하지 않으며 스스로는 책임을 지려고 하지 않는다. 따라서 엄격한 관리, 물질적인 자극에 의해서만 인간에게 일을 시킬 수가 있다.

이에 비해 'Y이론'이라고 이름 붙여진 사고방식은 인간은 놀이와 마찬가지로 일하기를 좋아하며 스스로 설정한 목표에 대해서는 강요받아서가 아니라 자발적으로 노력한다고 본다. 자기실현이야말로 큰 동기부여가 되며, 따라서 사람들로 하여금 의사결정에 참여케 하고 자주적으로 일하도록 하는 관리가 이루어져야 한다고 주장한다.

그리고 맥그리거는 'X이론'은 잘못이고 'Y이론'을 취해야 한다고 했다.

이광 장군의 관리는 'Y이론'적이고 정부식 장군의 관리는 'X이론'적이다. 『사기』의 관리론과 현대의 행동과학이 일치하고 있는 것이 실로 재미있다. 다만, 『사기』의 세계에서는 X가 아니면 Y, Y가 아니면 X라는 식으로 견해를 양자택일하지는 않는다. 인간에게는 'X적 요소'도, 'Y적 요소'도 있다. 그 쌍방을 잘 통합해 나가는 것이야말로 묘미가 있는 것이다.

3. 부하를 치켜세운다

한나라 무제武帝를 섬기던 중신에 장탕張湯이란 인물이 있었다. 그는 하급관리에서 차츰 승진되어 고위층에까지 올랐던 능리能吏다.

건국 초에는 보통 조직이나 기구가 제대로 정비되어 있지 않다. 그러므로 상황에 따라 그때그때 적절한 임기응변으로 행동하는 인간이 중시된다. 그런데 질서가 잡히면 그런 독불장군은 쓸모가 없다. 조직을 활용하는 능리가 필요한 것이다. 장탕은 "지혜를 가지고 사람을 부린다"라고 『사기』의 「혹리열전」에 기록되어 있으니 조직적으로 사람을 움직이려면 어떻게 해야 하는지를 항상 염두에 두고 있던 사람이리라.

그는 판결 문안을 주상한 경우 그것이 황제의 뜻에 들지 아니하여 힐책을 받게 되면 그 자리에서 사죄하여 황제의 의향을 따랐는데, 그런 때는 언제나 자기 부하 가운데 유능한 자의 이름을 들며 이렇게 대답하곤 했다.

> "폐하, 실은 방금 폐하께오서 힐책하신 건에 대해서는 ○○○가 폐하와 똑같은 취지의 의견을 제시했었나이다. 하오나 어리석은 신이 그 의견에 귀를 기울이지 않았던 것이지요. 이 모두가 신의 책임이나이다."

반대로 판결 문안을 주상했다가 칭찬을 받는 경우에도 부하를 치켜세웠다.

> "폐하, 이 판결은 신이 내린 것이 아니옵니다. 부하인 ○○○가 신에게 품신한 의견을 그대로 채용한 것뿐이니이다."

다른 업적으로 판단해 볼 때 장탕은 이른바 인격자라고는 할 수 없지만, 오로지 사정이 안 좋은 것은 자기 책임으로 돌리고 사정이 좋은 것은 부하의 공적으로 돌려주는 '수신 교과서'와 같은 인물이었음에는 틀림없다. 아마도 그는 이런 방법을 취함으로써 부하들에게 동기를 부여하고 조직을 생동감 있게 움직일 것을 고려했으리라.

상벌 문제뿐만 아니라 무엇이든지 자기 생각대로 되지 않으면 직성이 안 풀린다든지, 또 자신이 직접 하지 않으면 마음이 안 놓인다는 리더가 있다. "아직 그들에게는 능력이 없기 때문에……"라는 것이 그 변이다. 이렇게 되면 부하들은 발전할 수 없을 뿐 아니라 차츰 의욕을 잃어가고 만다. 부하는 자발성도 창의성도 잃게 되어, "나하고는 아무 상관도 없는 일인 걸 뭐"라며 꽁무니를 빼게 된다. 장탕은 개인에게 동기부여를 하여 조직의 기능을 발휘하고자 했던 것이다.

매니지먼트에는 두 가지 타입이 있다. 하나는 헌신을 고려하지 않고 이상에 불타서 오로지 그것만을 추구하는 타입이다. 또 하나는 집단의 기능을 중시하고, 그 구성원 한 사람 한 사람에 대한 동기부여까지 고려하여 그들을 움직이는 타입이다. 무제는 전자이며 장탕은 후자였다. 그 어느 한쪽만으로는 일이 잘 풀려나갈 수 없다. 이 두 가지 타입이 조화를 이룰 때 조직은 제대로 움직이는 법이다.

무제가 중죄에 처하고 싶어 하는 안건인 경우 장탕은 평소 엄하게 판결하는 부하에게 그 안건을 담당하게 했다. 이와는 반대로 무제가 죄를 용서해 주고 싶어 하는 안건인 경우 장탕은 평소 가볍게 판결을 내리는 부하에게 담당시켰다. 이것도 결코 아첨은 아니며 기능의 효율적 발휘를 고려한 것이라고 할 수 있다.

한무제(B.C.156~B.C.87)

전한의 7대 황제. 흉노를 토벌하고 실크로드를 발견하는 등 굵직한 업적들이 꽤 있어 중국사 전체를 놓고 봐도 언급이 많이 되는 황제이다. 또한 전한의 법령을 완성시키고 관료 체계를 완비하며, 염철 전매법, 균수법, 평준법 등의 경제 정책을 시행했으나 잦은 대외 원정으로 국력을 대거 낭비함으로써 전한의 짙은 그림자를 드리운 황제이기도 하다.

장탕(?~B.C.116)

무제 때 정위 · 어사대부 등의 직책을 역임하였다. 당시의 승상과 그의 상급자들이 모두 무능했던 탓에 사실상 그가 조정의 모든 대사를 좌지우지하였고 황제의 신임 역시 대단했다.

4. 스스로 하는 것과 남에게 시키는 것

리더의 주 임무는 자기가 하는 것이 아니라 부하에게 시키는 것이다. 리더가 아무리 부지런을 떨더라도 조직 전체가 움직이고 있지 않다면 그것은 리더의 책임이다. 그러므로 리더는 항상 필요한 정보를 수집해 놓고 있어야 한다. 그러나 인간은 컴퓨터와 달라서 모든 일을 무한정 기억할 수는 없다. 그럼 어떻게 하는 것이 좋을까?

"한나라 문제가 어느 날 조의 석상에서 우상右相인 주발周勃에게 하문했다."
"전국에서 하고 있는 재판은 연간 몇 건이나 되오?"
"예, 황공하오나 신은 잘 모르겠나이다."

주발은 몸 둘 바를 몰랐다.

　"그럼, 국고의 수지는 연간 어떠하오?"
　"잘 모르겠나이다. 황공하옵니다."

주발은 또 사죄하는 수밖에 없었다. 온몸에서 식은땀이 흘러내렸다. 황
제는 좌상 진평陳平에게 물었다. 그러자 진평은 이렇게 아뢰었다.

　"그런 것은 각 담당관에게 하문하시옵소서."
　"담당관이란 누구요?"
　"예, 재판의 건이라면 정위가 있사오며 국고 수지의 건에는 치속내사가 있
　사옵니다."
　"만사에 그런 담당관이 있다면 그대들은 무엇을 담당하고 있소?"
　"황송하오나 아뢰겠나이다, 폐하. 원래 재상의 임무란 위로 천자를 보좌하고
　아래로는 두루 살피어 만물을 생육게 하며, 밖으로는 만족 및 제후를 진무하
　고 안으로는 만민을 따르도록 하며, 뭇 관리에게 각각 직책을 나누어주는 일
　을 담당하고 있나이다."
　"좋은 말을 들려주었소."

황제는 진평을 칭찬했다.
주발은 퇴궐하면서 진평에게 자신이 어리석었음을 털어놓았다.

　"내가 어리석었소. 왜 평소부터 그런 경우의 질문에 대해서 생각하지 못했
　는지…… 심히 부끄럽소이다."

그러자 진평이 웃으며 대답했다.

"그대는 우상의 자리에 있으면서 자신의 직책을 알지 못했단 말이오? 가령 폐하께서 장안의 도난 건수를 하문하시는 경우, 그런 것까지도 일일이 대답을 해야 한다고 생각하오?"

주발은 자신의 능력이 진평을 따르려면 아직도 멀었다는 사실을 깨달았다.

어떤 문제에 대해서는 완벽한 자료에 의거한 답변을 해야 하는 경우도 있겠지만, 리더는 포인트를 파악하고 있어야 한다는 우의寓意가 담겨 있는 이야기다. 굳이 사족을 붙일 필요는 없는 것 같다.

한문제(B.C.202~B.C.157)

전한의 제5대 황제(재위 B.C.180~B.C.157). 고조 유방의 넷째 아들이다. 처음에 대왕代王에 책봉되어 중도中都에 도읍했다가 여씨呂氏의 난이 평정된 뒤 태위太尉 주발周勃과 승상 진평陳平 등 중신의 옹립으로 제위에 올랐다. 요역徭役을 가볍게 하고 세금을 감해 주는 등 백성들에게 휴식을 주면서 농경을 장려했다. 경제가 점차 회복되어 사회는 전반적으로 안정 국면으로 접어 들어가고 있었다.

진평(?~B.C.178)

한나라의 정치가. 항우의 책사였으나 후에 유방을 도와 한나라를 건국하는 데 큰 공을 세웠다. 여씨의 난 때 주발과 함께 여씨 일족을 몰아내고 한문제를 옹립했다.

5. 리더가 실패한 경우

리더도 인간인 이상 실패하는 일이 있다. 그때 어떻게 처신하느냐에 따라 리더의 진가가 발휘된다.

진시황제로부터 25대가량 거슬러 올라가는 진秦나라 선조 중에 진목공秦穆公이란 거물이 있었다. 그는 B.C. 7세기 후반 재위한 39년간 국력을 충실히 만들어 진나라를 서북의 강대국으로 올려놓았다.

재위 32년째 되던 해에 그는 정나라를 토벌하려고 했다. 그런데 진나라에서 정나라까지 가려면 다른 나라의 영토를 지나가야 했다. 그렇게 하면 중원의 복잡한 관계에 큰 파문을 일으키게 될 것이었다.

진목공의 중신인 백리혜百里奚와 건숙蹇叔이 그 무모함을 간했지만 목공은 받아들이지 않았고 33년 봄 마침내 출병했다. 원정군은 정나라 가까이까지 갔고 급습을 시도하고자 했으나 정나라에서는 이미 진나라의 내습을 예지하고 방비를 굳히고 있었다. 진나라 장군들은 협의했다.

> "상대방이 눈치챈 이상 급습의 의미가 없소. 그러니 이왕 온 김에 다른 나라를 칩시다."

이야기는 엉뚱한 데로 흘러, 그들은 창부리를 돌려 진晉나라의 속국인 활나라를 쳐서 멸망시켰다.

그렇게 되니 화가 난 사람은 진晉나라 양공이었다. 당시 진晉나라는 진秦나라에 뒤지지 않는 대국이었다. 속국이 멸망했는데 가만히 있을 수 없었던 양공은 즉시로 출병하여 대기 중이던 진나라 군사들을 한 명도 남김 없이 토멸하고 말았다. 목공은 원정군이 전멸했다는 비보를 접했는데 자신이 직접 명령한 전투이니만큼 어찌할 수가 없었다.

그로부터 3년이 지나자 목공은 때가 무르익었다며 진晉나라에 출병했다. 원정군은 황하를 건너자 배를 불태우고 필사적으로 싸웠다. 진나라의 마을은 차례로 함락되었고 군사들은 성안에 틀어박혀 나오려고 하지 않았다. 그러자 목공은 스스로 황하를 건너, 지난날 원정군이 전멸당했던 격전지를 찾았다. 버려졌던 시체들을 매장하고 따뜻하게 그 영혼을 위로한 목공은 전군을 향해 연설했다.

> "그대들 장병이여! 과인의 말을 잘 들으라. 과인은 충언을 무시했기 때문에 3년 전 전투에서 완패하여 수많은 장병을 전사시켰다. 부끄럽기 한량없는 일이로다. 지금 여기서 과인의 잘못을 밝혀 굳이 그것을 후세에 남기고자 한다."

사람들은 그 말을 듣고 눈물을 흘렸다.

> "아아, 목공이란 인물은 저토록 부하들을 아꼈구나."

2년 후 목공이 죽자 순사자가 무려 177명에 달했다.

'윤언여한綸言如汗'이란 말이 『한서』에 있다. 천자의 입에서 나온 말은 땀과 같아서 한번 나오면 취소할 수가 없다는 뜻이다. 군주의 존엄과 '무과실성無過失性'을 가리키는 말이다. 천자가 아니더라도 리더는 자신의 체통을 지키기 위해 잘못을 해도 그것을 인정하지 않는 경우가 많다. 이것은 오히려 마이너스다. 즉석에서 잘못을 인정해야 한다. 그렇게 하는 것이 구성원들에게 동기를 부여할 수 있는 길이다.

6. 맺고 끊는 과단성

크든 작든 간에 집단을 이끌고 있는 사람의 중요한 임무는 의사결정이다. 그것이 적절한가 아닌가에 따라 집단의 운명이 좌우된다. 『사기』에는 숱한 역사적 장면의 의사결정이 그려져 있다. 그것만 모두 열거해도 방대한 의사결정의 사례집이 될 것이다.

여기서는 그중 한 가지, '오월吳越 전쟁'의 최종 장면을 들어 의사결정의 사례를 탐구하기로 한다.

상해上海 남쪽 항주만을 끼고 펼쳤던 오吳나라와 월越나라의 대립은 춘추시대春秋時代 말기를 장식하는 한 편의 드라마였다. 이 두 나라는 승리와 패배의 시소게임을 여러 차례 반복했다. 그리고 마지막 라운드.

월나라가 북상하여 오나라 도읍을 공격했다. 오늘날의 소주蘇州다. 오나라 국력은 바닥이 나 있었다. 오왕吳王 부차夫差는 도읍을 버리고 고소산으로 도망쳤고 월나라에 사신을 보내 화해할 것을 청했다.

월왕 구천句踐은 이를 받아들이려고 했다. 지난번 싸움, 즉 회계산에서 싸울 때 자기가 패배했고 죽을 수밖에 없었는데 오왕 부차의 배려로 목숨을 구했던 일이 있었기 때문이다. 그런 의리를 생각해서라도 화해 요청을 수락하지 않을 수 없었다. 그가 망설이고 있는데 그때 중신인 범려范蠡가 진언했다.

> "회계산에서는 애써 잡은 기회를 오나라가 놓친 것이나이다. 이번에는 우리 월나라에 기회가 돌아온 것이지요. 이런 호기를 놓치면 아니 되옵니다."

그건 지당한 말이었지만 월왕 구천은 그래도 결단을 내리지 못하고 망

설였다. 그러자 범려는 재빨리 군고
를 울려 모든 결정을 매듭지었다. 범
려는 오나라 사신에게 말했다.

"어서 돌아가라! 오왕을 용서할
　수는 없다!"

오나라와 월나라

　오왕 부차는 자결했고 오월의 전
쟁은 막을 내렸다.

　이 이야기는 의사결정의 어려움을 말해 줌과 동시에 때에 따라서는 이
처럼 맺고 끊는 과단성이 필요함을 말해 준다.

　끝으로 결단은 남들과 의논하지 말라는 말이 있어 여기에 소개한다.

　진秦나라 재상 상앙商鞅이 내정 개혁을 실행코자 했던바, 왕은 여론의
비난이 두려워 망설였다. 그래서 상앙이 진언을 했는데 그 말 가운데 있
는 구절이다.

> "의심하거나 주저하시면 성공도 명예도 얻지 못하시옵니다. 남들보다 한 걸
> 음 앞서 가는 자, 또는 독창성을 가진 자는 세상에서 받아들여지지 않는 것
> 이 보통이요. '지자智者는 아직 보이지 않는 것도 예지하고, 우자愚者는 보
> 이는 것도 모르는 법'이옵니다. 백성들에게는 결과를 누리게 하면 되는 것이
> 지 사전에 알릴 필요까지는 없나이다. 큰일을 하고자 하면 여러 사람과 의논
> 해서는 아니 되옵지요. 백성의 이익이 되는 것이라면 구습에 따를 필요는 없
> 나이다."

월왕 구천(?~B.C.465)

월나라는 구천의 부친 윤상 때부터 인접국 오나라와 숙적관계에 있었다. 부친이 세상을 떠난 후 구천은 쳐들어온 오왕 합려를 격퇴, 전사시키는 쾌거를 올렸다. 그러나 B.C. 494년 합려의 유언을 받고 침략해 온 아들 부차에게 패하고 회계산에서 굴욕적인 강화를 맺어야만 했다. 그 뒤 명신 범려와 함께 군비를 증강하고 힘을 키우며 와신상담臥薪嘗膽하기를 20년, B.C. 473년 구천은 드디어 부차를 물리쳐 자살하게 함으로써 복수에 성공했다. 그 뒤 월나라의 국력은 더욱 막강해져 구천은 패왕이라는 칭호를 얻었다.

오왕부차(?~B.C.473)

춘추시대 말기의 오나라 왕. 아버지인 오왕 합려가 월왕 구천에게 패해 죽자 월나라에 복수했다. 책사 오자서가 구천을 죽여야 한다고 진언했으나 듣지 않아 결국 월나라의 공격으로 오나라는 망했다.

범려(?~?)

춘추시대 월나라 왕 구천의 책사이자 중국 최초의 대실업가다. 월왕 구천을 보좌하여 당시의 대국 오나라를 멸망시키고 월나라의 패업을 이루었다. 구천이 패업을 이룩한 후, 월나라를 떠나 상인으로 성공했다.

7. 통합과 조정의 리더십

한漢나라 무제武帝 때의 일이다. 당시 정국을 주름잡은 두 권력자가 있었으니 문제文帝 황후의 조카인 위기후魏其侯 두영竇嬰(?~B.C.131)과 경제景

帝 황후의 동생인 무안후武安侯 전분田蚡(?~B.C.131)이다. 모두 외척으로 최고의 권좌에 오른 인물들이었다. 이 중 나이가 많은 두영은 지는 해나 다름없는 고참이었고, 전분은 떠오르는 신진이었다.

어느 날 두영의 친구인 장군 관부灌夫가 고관대작들이 모인 술자리에서 전분에게 대드는 실수를 범했다. 두영을 무시한 한 고관을 관부가 한참 힐책하고 있는데 전분이 그를 두둔하고 나섰기 때문이다. 전분은 키가 작고 못생긴 데다 귀족 자손이라 거만했다. 관부가 한사코 사과하기를 거부하자 이 일은 무제에 의해 논의에 부쳐졌다. "경들이 판단컨대 어느 쪽에 잘못이 있는 것 같소?"

무제의 말에 지는 해 두영은 관부를 보호하고 있었는데, 소신파인 급암 역시 두영의 손을 들어 주었다. 두영의 추종자였던 정당시鄭當時도 우물쭈물하며 눈치를 보고 있었다. 그사이 누구나 전분의 편이라고 생각했던 한안국이 오히려 양쪽 다 일리가 있고 판단은 무제가 하라고 공을 던지는 것이었다. 중신들의 불분명한 태도에 실망한 무제가 떨치고 일어나 식사하러 가자 논의는 거기서 끝났다.

문제는 전분의 태도였다. 본래 자신이 뇌물을 받고 한안국韓安國에게 자리를 준 것이었으니 당연히 자신의 편이 되어 줄 줄 알았던 한안국이 애매한 자세를 취하자 분통을 터뜨렸다. 그러나 한안국은 자신을 나무라는 전분에게 자중하라고 되받아치며 충고했다.

"승상께서는 어찌 자중하지 않습니까? 저 위기후가 승상을 힐뜯으면 승상께서는 관을 벗고 인끈을 풀어 황상께 돌려드리며 '위기후의 말이 다 옳습니다'라고 말했어야 합니다. 이렇게 한다면 황제께서는 반드시 승상의 겸손한 태도를 칭찬하고 폐하지 않을 것이고, 위기후는 틀림없이 속으로 부끄러워

문을 닫아걸고 혀를 깨물어 자살했을 것입니다. 지금 남이 승상을 헐뜯었다고 하여 승상도 남을 헐뜯으니, 예컨대 장사치의 심부름꾼이나 계집애들의 말다툼과 같습니다. 어찌 그리도 대인의 체통이 없으십니까?"

이렇듯 그는 오히려 전분에게 사과까지 받아낼 정도로 배짱이 있었다.

한번은 한안국이 법을 어겨 벌을 받게 됐다. 이때 몽현蒙縣의 옥리獄吏 전갑田甲이 그를 모욕하자 "불 꺼진 재라고 어찌 다시 타지 않겠는가"라고 했다. 그러자 전갑이 기고만장하게 "그러면 즉시 거기다 오줌을 누겠다"라고 대답했다. 그로부터 얼마 지나지 않아 양나라 내사의 자리가 비었고 한안국이 기용됐다. 죄인에서 2,000석의 녹을 받는 고관이 된 것이다.

이에 전갑이 도망치자 한안국이 "돌아오지 않으면 너의 일족을 멸하겠다"라고 겁을 줬다. 전갑이 이 말을 듣고 겁에 질려 돌아와 어깨를 드러내고 사죄했다. 한안국은 웃으며 "오줌을 누라. 너희 같은 무리를 데리고 따질 것이 있겠느냐"라며 모든 것을 묻어 두고 잘 대우해 주었다.

한안국은 본래 양나라 효왕의 사람이었으나 주변 사람들의 갈등을 잘 해소해 주는 처세 능력을 인정받아 나중에 한나라로 특채됐다. 당시 흥성하던 흉노족과 맞서려는 황제를 말려 화친을 이루도록 한 것도 그의 공이었다. 한 무제 때 흉노가 화친을 청해 왔을 때 한나라의 강경파와 온건파 사이에 논의가 분분했다. 이때 어사대부였던 한안국이 화친을 거부하는 강경파 왕희王恢에게 반박하면서 나섰다. "우리가 그 땅을 손에 넣더라도 땅을 넓혔다 할 수 없고, 그 백성을 가진다 해도 국력을 강화하는 데 보탬이 안 됩니다. 그래서 상고 때부터 그들을 한나라로 예속시켜 천자의 백성으로 취급하지 않았던 것입니다." 왕희는 흉노에 출정했다가 별 소득도 없이 철수한 경력도 있었다. 결국 온건파의 뜻에 따라 황제는 화친을 맺었다.

한안국은 재물 욕심이 많았고 일찍이 전분에게 뇌물을 주어 관직을 옮기기도 했으나, 한편으로는 자기보다 현명하고 청렴한 인사들을 추천하는 훌륭한 인사 정책을 펼쳤다. 한 무제는 한안국의 재능과 지략이 출중해 나라를 다스리는 승상으로 삼으려 했으나, 공교롭게도 수레에서 떨어져 다리를 저는 것을 보고 그만두었다. 그는 늘 신중한 언행으로 양쪽의 장단점을 날카롭게 지적하고, 소신 있는 행보를 이어간 인물이었다.

조직을 안정시키고 주위를 편안하게 하는 조정 능력을 갖춘 사람을 '현명한 소신파'라고 규정한다면, 한안국을 그 으뜸으로 꼽을 수 있을 것이다. 제아무리 원대한 지략과 지모가 있는 자라고 해도 조직의 흐름에 따라 적절한 선을 지켜 가면서 처신해 나가기란 참으로 어려운 법이다. 주위의 평판이 좋고 우러러 받들어지는 인물 중에는 자기 소신을 은근히 보여 주면서 조정력을 발휘하는 자들이 많은 이유다.

한안국(?~B.C.127)

한나라 성안成安 사람. 처음에 양효왕梁孝王을 섬겨 중대부中大夫가 되고, 후에 한나라의 어사대부御史大夫, 승상 대행, 재관장군材官將軍이 되었음. 사람됨이 충후忠厚하고 지략이 있으면서도 재물에 대한 욕심이 상당했는데, 그가 추천한 사람들은 모두 청렴한 선비였다.

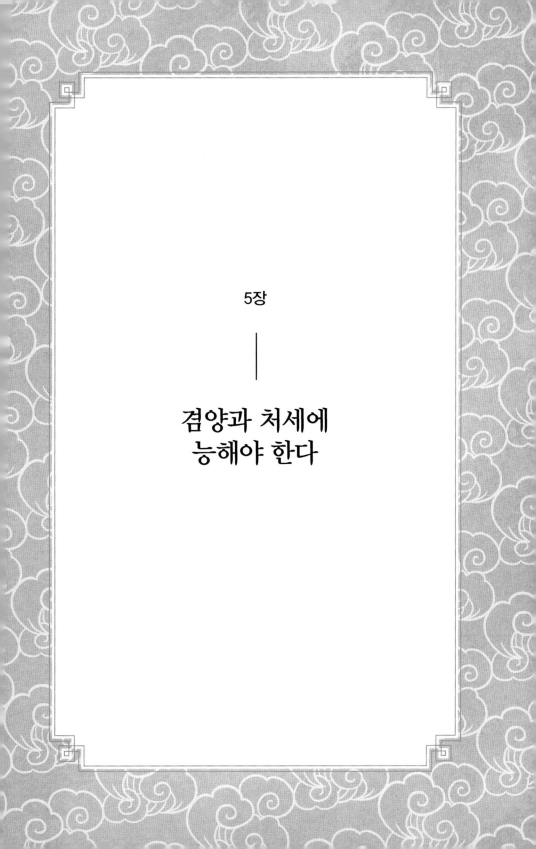

5장

겸양과 처세에
능해야 한다

1. 좋아하기 때문에 받지 않는다

공의휴公儀休는 노魯나라의 박사博士였다. 그는 뛰어난 재능과 학문으로
노나라의 재상이 되었다. 법을 준수하고 이치를 따르며 변경하는 일이 없
으므로 모든 관리가 스스로 올바르게 되었다. 나라의 녹을 먹는 자는 일
반 백성들과 이익을 다투지 못하게 하고, 봉록을 많이 받는 자는 사소한
것도 받지 못하게 했다. 어떤 빈객賓客이 재상에게 생선을 보내왔으나 받
지 않았다. 다른 빈객이 말했다.

> "재상께서 생선을 좋아하신다는 말을 듣고 생선을 보내왔는데 무엇 때문에
> 받지 않으십니까?"

재상이 말했다.

> "생선을 좋아하기 때문에 받지 않았소. 지금 나는 재상의 벼슬에 있으니 나
> 스스로 생선을 살 수 있소. 그런데 지금 생선을 받고 벼슬에서 쫓겨난다면

누가 다시 나에게 생선을 보내 주겠소. 그래서 받지 않은 것이오."

어느 날 공의휴는 자기 집 채소밭의 채소를 먹어 보니 맛이 좋아 그 채소밭의 채소를 뽑아 버렸고, 또 자기 집에서 짜는 베가 좋은 것을 보자 당장 베 짜는 여자를 돌려보내고 그 베틀을 불살라 버리고 이렇게 말했다.

"내 집의 채소와 베가 이렇게 좋으면 농부와 장인과 베 짜는 여자는 자기들이 만든 물건을 어디에다 팔 수 있겠는가?"

선물은 늘 독을 품고 있는 것으로, 선물을 주는 자는 항상 음흉한 속내를 숨기고 있다. 특히 자신이 평소 좋아하는 것을 선물로 받는 일은 더 조심해야 한다. 그래서 『한비자韓非子』의 「고분孤憤」 편에는 '관리의 청렴함'에 대한 이야기가 자세히 나온다.

신하가 벼슬자리를 얻으려고 할 때 수양을 닦은 인사는 그 정결함으로 자신을 굳건히 하려고 하고, 지혜로운 선비는 판단력을 발휘하여 일에 나아가며 뇌물로써 사람을 섬기지 않으니, 자신의 정결함을 믿음으로 판단력을 발휘하며 더욱이 법을 왜곡시킴으로써 다스림으로 삼지 않는다.
수양을 닦은 지혜로운 인사는 군주의 측근들을 섬기지 않고 사사로이 청탁을 들어주지 않는다. 그러나 군주의 주변에 있는 신하들은 품행이 백이伯夷 (중국 고대 전설적인 성인 - 지조와 정절의 대명사)와는 달라서 요구하는 것도 얻을 수 없고 뇌물을 받지 못하면 정결함과 판단력이라는 공은 없어지고 비방과 모함의 말만 생겨나게 된다. 판단력을 발휘하여 처리한 공이 측근들에 의해 제어되고 정결한 품행이 비방이나 칭찬에 의해 결정되면, 수양을 닦거나 지혜로운 관리들이 없어지고 군주의 명석함은 막히게 될 것이다.

『한비자』

전국시대 말기의 대사상가이자 철학자인 한韓나라 공자 한비韓非가 자신의 법가法家 사상을 계통적으로 정리하여 저술한 책. 이 책을 통해 한비자는 전국시대에 각 지역에서 독자적으로 발전한 법가 이론들을 집대성함으로써 법가 사상의 큰 체계를 수립했다.

백이(은나라 말~주나라 초)

고대 은殷나라 고죽군孤竹君의 아들로 숙제叔齊의 형임. 은나라가 멸망한 뒤 주나라의 녹祿을 먹는 것을 부끄럽게 여겨 수양산首陽山에 들어가 고사리를 캐 먹으며 숨어 살다가 굶어 죽었다.

2. 지나치면 반드시 쇠하게 된다

위왕魏王은 크게 기뻐하며 후궁에 주연을 준비하여 순우곤淳于髡을 불러 술을 내려 주며 물었다.

"선생은 어느 정도 마셔야 취하시오?"

순우곤이 대답했다.

"저는 한 말을 마셔도 취하고 한 섬을 마셔도 취합니다."

위왕이 말했다.

"선생이 한 말을 마시고 취한다면 어떻게 한 섬을 마실 수 있겠소! 그 이유를 들려줄 수 있소?"

순우곤이 대답했다.

"대왕께서 앞에서 술을 내려 주시는데 법을 집행하는 관리가 곁에 서 있고 어사가 뒤에 있으면 저는 몹시 두려워하며 엎드려 마시기 때문에 한 말을 못 넘기고 바로 취합니다.

만일 어버이에게 귀한 손님이 있어 신이 옷매무새를 단정히 하고 꿇어앉아 그 앞에서 모시며 술을 대접하면서 때때로 끝잔(맨 마지막 잔)을 받기도 하고 여러 차례 일어나 술잔을 받들고 손님의 장수를 빌며 자주 일어나게 되면 두 말을 마시기 전에 곧장 취합니다.

만약 친구들과 교류하면서 오랫동안 만나지 못하다가 뜻밖에 만나면 너무 기뻐 지난날 일을 이야기하고 사사로운 생각이나 감정까지 서로 터놓게 되어 대여섯 말을 마시면 취합니다.

만약 같은 고향 마을에 모여 남녀가 한데 섞여 앉아 실랑이하듯 술을 돌리며 쌍륙雙六과 투호投壺 놀이를 벌여 짝을 짓고 남자와 여자가 손을 잡아도 벌을 받지 않고 눈이 뚫어져라 쳐다보아도 금하는 일이 없으며 앞에 귀걸이가 떨어지고 뒤에 비녀가 어지럽게 흩어지면 신은 이런 것을 즐거워하여 여덟 말쯤 마셔도 약간 취기가 돌 뿐입니다. 그러다 날이 저물어 술자리가 끝나면 술 단지를 한군데로 모아 놓고 자리를 좁혀 남녀가 한자리에 앉고 신발이 뒤섞이고 술잔과 그릇이 어지럽게 흩어지며 마루 위의 촛불이 꺼지고 주인은 신만을 머물게 하고 손님들을 돌려보냅니다. 이윽고 얇은 비단 속옷의 옷깃이 열리는가 싶더니 은은한 향내가 퍼집니다. 이때 신의 마음은 몹시 즐거워

술을 한 섬은 마실 수 있습니다. 그러므로 '술이 극도에 이르면 어지럽고 즐거움이 극도에 이르면 슬퍼진다'라고 하는데, 모든 일이 이와 같습니다. 사물이란 지나치면 안 되며 지나치면 반드시 쇠합니다."

이러한 말로 위왕에게 풍간諷諫(임금의 잘못을 지적하고 바르게 고치도록 이야기함)했다.

위왕이 말했다. "좋은 말이오."

그러고는 그 뒤로 밤새워 술 마시는 것을 그만두었고, 순우곤을 제후들 사이의 주객(主客, 외국 사신의 접대를 맡는 우두머리 관원)으로 삼았다. 종실에서 주연이 열릴 때마다 순우곤은 언제나 곁에서 모셨다.

절대 권력자에게 간언을 함부로 하다가는 자칫 목숨마저 위태로울 수 있다. 이때 상대의 심기를 건드리지 않으면서도 뒤돌아서서 깨닫도록 해야 하는데 순우곤은 완곡한 표현으로 잘못을 고치도록 하는 풍간의 방법으로 간했다.

순우곤처럼 재치가 있고 유창한 말로 상대를 웃음 짓게 만드는 사람들을 골계가滑稽家라고 하는데 이들은 기지와 해학이 넘치고 반어와 풍자에 뛰어났다. 이런 사람들은 치밀던 화도 가라앉게 하고, 군주가 웃는 가운데 자신의 잘못을 깨닫게 하는 능력이 있다. 하지만 이러한 방식의 간언이 통했던 것은 위왕이 '경청의 지혜'를 터득하고 있었기 때문이다. 대화는 두 사람이 하는 것이고 조언도 들을 자세가 되어 있는 사람에게 쓸모가 있는 법이다.

순우곤(B.C.385~B.C.305)

순우곤은 전국시대 제齊나라 직하稷下 출신의 관료이자 학자이다. 학문이 깊었지만, 익살과 다변多辯으로 더 유명했다. 천한 신분 출신으로, 몸도 작고 학문도 잡학雜學에 지나지 않았지만 기지가 넘치는 변설로 제후를 섬겨 사명을 다했고, 군주를 풍간諷諫하기도 했으며, 대부大夫가 되었다. 그의 변론은 『전국책戰國策』과 『사기史記』의 「골계열전滑稽列傳」에 기록되어 있으며, 『맹자孟子』의 「이루장구상離婁章句上」에도 맹자와의 논전이 수록되어 있다.

3. 어리석은 항우

항우項羽는 유방劉邦과 중국 천하를 두고 경쟁하였는데 팽성전투에서 고작 5만 명의 군사로 56만 명의 유방 군사를 무찔렀다. 하지만 수하의 장수들이 포악한 항우의 노여움을 두려워한 나머지 한왕漢王 유방에게 투항하는 일이 생겼고 유방은 주변 세력을 연합하는 전략을 구사했다. 이 때문에 항우는 점점 고립되기 시작했다. 적과의 전투에서 단 한 번도 패하지 않았지만 그의 마지막 전투인 해하(垓下, 해하의 결전, 진秦나라 말기에 한漢나라의 유방과 초楚나라의 항우가 벌인 결전)에서 한왕 유방과 명장 한신韓信에게 포위되었다.

항우는 해하垓下에 진지를 구축하고 주둔했는데, 군사는 적고 군량은 다 떨어진 데다, 한漢나라 군대와 제후들의 군대에 여러 겹으로 포위당했다. 게다가 밤중에 갑자기 한나라 군대가 사방에서 초楚나라 노래를 부르니 항우가 크게 놀라서 말했다('사면초가四面楚歌'라는 말이 여기서 유래했다.

사면초가란 '사방에서 들리는 초나라의 노래'라는 뜻으로, 적에게 둘러싸인 상태나 누구의 도움도 받을 수 없는 고립 상태에 빠짐을 이르는 말).

"한나라 군대가 이미 초나라를 얻었단 말인가? 어찌 초나라 사람이 이다지도 많은가?"

항우는 밤에 일어나 막사 안에서 술을 마셨다. 당시 항우에게는 우희虞姬라는 이름의 미인이 있었는데 총애하여 늘 데리고 다녔다. 그리고 '오추마(추騅)'라는 이름의 준마가 있었는데 늘 타고 다녔다.
비분강개한 항우가 북을 치며 시를 지어 노래로 읊었다.

힘은 산을 뽑을 수 있고 기개는 세상을 덮을 만한데
때가 불리하여 추가 나아가지 않는구나.
추가 나아가지 않으니 어찌해야 하는가!
우여, 우여, 그대를 어찌해야 하는가!

항우가 눈물을 흘리며 여러 번 노래를 부르니 우 미인도 따라 부르며 울었고, 좌우에 있던 사람들도 모두 울며 고개를 들어 쳐다보지 못했다.
이에 항우가 말에 올라타니, 부하 장사 중에 말에 올라 따르는 자가 팔백여 명이었다. 그날 밤 포위를 뚫고 남쪽으로 나가 말을 급히 몰았다. 날이 밝자 한나라 군대는 비로소 이 사실을 알고 기장騎將 관영灌嬰에게 오천 기병을 이끌고 그를 쫓게 했다.
항우가 회수淮水를 건너니 그를 따라온 기병이 백여 명뿐이었다. 항우가 음릉陰陵에 이르러 길을 잃은 탓에 한 농부에게 물으니 농부가 속여서 말했다.

"왼쪽입니다."

이에 왼쪽 길로 가다가 큰 늪에 빠졌다. 이 때문에 한나라 군대가 그를 바짝 뒤쫓아 왔다. 항우가 다시 군대를 이끌고 동쪽으로 가서 동성東城에 이르렀는데, 겨우 기병 스물여덟 명만이 남아 있었다. 추격하는 한나라 군대의 기병은 수천 명이었다. 마침내 항우가 벗어날 수 없음을 깨닫고는 기병들에게 말했다.

> "내가 군대를 일으킨 이래 지금까지 여덟 해 동안 직접 칠십여 차례나 싸우면서 맞선 자는 쳐부수고 공격한 자는 굴복시켜 이제껏 패배한 적이 없었기에 드디어 천하의 패권을 차지했다. 그러나 지금 결국 이곳에서 곤경에 처했으니 이는 하늘이 나를 망하게 하려는 것이지 내가 싸움을 잘못한 탓이 아니다. 오늘 죽기를 굳게 결단하고 그대들을 위해 통쾌하게 싸워 기필코 세 차례 승리하고, 그대들을 위해 포위를 뚫으면서 적장을 베어 죽이고 적군의 깃발을 뽑아 버림으로써 그대들에게 하늘이 나를 망하게 하는 것이지 싸움을 잘못한 죄가 아니라는 것을 알리고자 한다."

사면초가의 상황에서 좌충우돌하던 항우는 주위의 권고를 뒤로한 채 결국 자신의 분을 이기지 못하고 서른한 살의 나이로 스스로 목을 찔러 자결하고 만다. 팔 년간 그 어떤 싸움에서도 진 적이 없었던 항우는 야생초처럼 성장한 유방劉邦의 끈기와 집념 앞에 힘없이 무너져 버렸다.

후대의 시인들은 항우가 권토중래(捲土重來, 어떤 일에 실패한 뒤 힘을 길

러 다시 그 일을 시작함)를 꾀하지 못한 것을 너무도 아쉬워했다. 사내대장부
라면 때로는 치욕을 견디고 슬픔을 감내해야 자신의 포부를 실현할 수 있
다. 강자도 언제든 무너질 수 있으며 약자가 강자를 이길 수도 있다. 한두
번의 실패에 아랑곳하지 않고 목표를 향해 다시 도전하는 자세로 나아간
다면 이루지 못할 일이 없을 것이다.

항우(B.C.232~B.C.202)

진秦나라 말기에 유방劉邦과 진나라를 멸망시키고 중국을 차지하기
위해 다툰 무장. 진나라가 혼란에 빠지자 봉기하여 진군을 도처에
서 무찌르고 관중으로 들어갔다. 진을 멸망시킨 뒤 서초패왕西楚霸王
이라 칭했으나, 해하에서 한왕漢王 유방에게 패배했다.

4. 훌륭한 상인은 물건을 깊숙이 숨겨 둔다

공자孔子가 주周나라에 머무를 때 노자老子에게 '예(禮, '예'란 귀족들의 모
든 행위를 규범화한 합리적 형식을 가리키는 말로 '의儀'와 통하며, 주나라의 예를 가
리킨다. 이 '예'는 '인'의 출발점이자 귀결점으로 공자에게는 이상적인 지배질서이며
한나라를 이루는 근본 원리였다)'를 묻자 노자는 이렇게 대답했다.

"당신이 말하려는 그 성현들은 이미 뼈가 다 썩어 없어지고 오직 그 말만
이 남아 있을 뿐이오. 또 군자는 때를 만나면 관리가 되지만 때를 만나지 못
하면 바람에 이리저리 날리는 다북쑥처럼 떠돌이 신세가 되오. 훌륭한 상인
은 물건을 깊숙이 숨겨 두어 텅 빈 것처럼 보이게 하고 군자는 아름다운 덕

을 지니고 있지만 모양새는 어리석은 것처럼 보인다고 했소. 그대의 교만과 지나친 욕망, 위선적인 표정과 끝없는 야심을 버리시오. 이러한 것들은 그대 자신에게 아무런 도움도 되지 않소. 내가 그대에게 알려 주는 까닭은 이와 같기 때문이오."

공자는 돌아와서 제자들에게 일러 말했다.

"새는 잘 난다는 것을 나는 알고 물고기는 헤엄을 잘 친다는 것을 나는 알며 짐승은 잘 달린다는 것을 나는 안다. 달리는 것은 그물을 쳐서 잡을 수 있고 헤엄치는 것은 낚시를 드리워 낚을 수 있고 나는 것은 화살을 쏘아 잡을 수 있다. 그러나 용龍이라면 그것이 어떻게 바람과 구름을 타고 하늘로 올라가는지 나는 알 수 없다. 내가 오늘 만난 노자는 용 같은 존재였구나!"

노자는 도道와 덕德을 닦고, 학문을 숨겨 헛된 명성을 없애는 데 힘썼다. 오랫동안 주나라에서 살다가 주나라가 쇠락해 가는 것을 보고는 그곳을 떠났다. 그가 함곡관函谷關에 도착하자 관령關令 '윤희尹喜'가 말했다.

"선생께서는 장차 은둔하려 하시니 저에게 억지로라도 책을 지어 주십시 오."

그리하여 노자는 책 상, 하편을 지어 '도道'와 '덕德'의 의미를 5,000여 자로 말하고 떠나가 버렸고 그가 어떻게 여생을 살았는지는 아무도 모른다.

공자의 말 가운데 새와 물고기와 짐승은 현세적 가치를 말하고 노자를 비유한 용은 형이상학적 도道를 말한다. 공자는 제자들에게 아직 자신이 노자의 경지에 이르지 못했음을 겸허히 인정하는 동시에, 현세적 질서와 예절을 중시하는 '유가儒家의 삶'과 대비되는 '도가道家의 삶'을 담담하게 들려줌으로써 제자들이 스스로 숙고할 수 있게 했다.

공자가 생각하는 '예'란 "인간을 좀 더 구속하고 계도하여 좋은 방향으로 나아가게 하는 것"인데, 노자는 그 자체가 잘못된 발상이라 여긴다. 군자라면 자신의 덕을 과장되게 하며 사람 앞에 나서서 말하고 다녀서는 안 된다는 것이다. 노자가 말하는 '무위無爲'의 개념은 글자 그대로 "아무것도 하지 않는 것이 아니라 움직임의 폭과 강도를 줄이고 느리게 가라는 의미"다. 노자가 말한 대로 "큰 나라를 다스리는 자는 법령을 너무 빨리 바꾸지 말고 백성들이 법이 있다고 느끼지도 못할 만큼 자연스럽게 통치" 해야 한다. 마치 깊은 물이 소리를 내지 않는 것처럼 말이다.

공자(B.C.551~B.C.479)

공자의 사상은 동아시아 전 문명권에 깊은 영향을 끼쳤다. 공자는 B.C. 551년 주나라의 제후국인 노魯나라에서 태어났다. 공자는 30대에 훌륭한 스승으로 이름을 날리기 시작했다. 공자는 모든 사람에게 교육의 문호를 개방했으며, 배움이란 지식을 얻기 위한 것일 뿐만 아니라 인격의 도야까지도 포함한다고 강조했다. 수십 년 동안 정치에 적극적으로 가담하면서 정치라는 통로를 통해 인본주의 이상을 실현시키려고 애썼지만 자신의 이상을 펼칠 수 없음을 깨닫고, 노나라를 떠났다가 67세에 고향으로 돌아와 제자들을 가르치며 저술과 편집에 몰두했다. 73세의 나이로 생을 마쳤다.

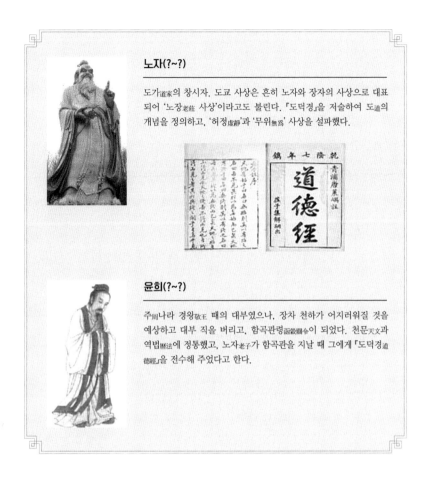

노자(?~?)

도가道家의 창시자. 도교 사상은 흔히 노자와 장자의 사상으로 대표
되어 '노장老莊 사상'이라고도 불린다. 『도덕경』을 저술하여 도道의
개념을 정의하고, '허정虛靜'과 '무위無爲' 사상을 설파했다.

윤희(?~?)

주周나라 경왕敬王 때의 대부였으나, 장차 천하가 어지러워질 것을
예상하고 대부 직을 버리고, 함곡관령函穀關令이 되었다. 천문天文과
역법曆法에 정통했고, 노자老子가 함곡관을 지날 때 그에게 『도덕경道
德經』을 전수해 주었다고 한다.

5. 의심하면 잠시 떠나 때를 기다려야 한다

범저范雎는 위魏나라 사람으로 자는 숙淑이다. 그는 제후들에게 유세하
여 위나라 왕을 섬기려고 했다. 그러나 가난하여 스스로는 자금을 마련할
수 없어 우선 위나라 중대부中大夫 수고須賈를 섬겼다.

수고가 위나라 소왕昭王의 사자로 제나라에 갈 때 범저도 따라갔다. 범

저의 화려한 언변 덕분인지 제나라 양왕襄王으로부터 금품과 더불어 스카우트 제의를 받았다. 제나라 양왕은 사람을 시켜 금 열 근과 쇠고기와 술을 보냈다. 하지만 범저는 거절하고 함부로 받지 않았다. 수고는 이 사실을 알고 무척 화를 내며 범저가 위나라의 비밀을 제나라에 알려 주었기 때문에 이런 선물을 받게 됐다고 생각했다. 그는 범저에게 쇠고기와 술만 받고 금은 돌려주도록 했다. 이윽고 위나라로 돌아온 뒤 수고는 마음속으로 노여움을 품고 범저가 제나라로부터 선물을 받은 일을 위나라 재상에게 말했다.

위나라 재상은 위나라의 여러 공자 가운데 한 사람인 위제魏齊인데, 위제는 매우 화를 내면서 사인을 시켜 범저를 매질하게 하여 범저는 갈비뼈가 나가고 이가 부러졌다. 범저가 죽은 척하자 대자리에 둘둘 말아서 변소에 내버려 두었다. 빈객들이 술을 마시다 취하여 번갈아 가며 그의 몸에 오줌을 누었다. 이는 일부러 그를 모욕하여 나중에 함부로 말하는 자가 없도록 경계하려고 한 것이다. 범저가 대자리에 싸인 채 자신을 지키고 있는 자에게 이렇게 말했다.

"당신이 나를 여기서 나갈 수 있게 해 주면 내 반드시 후하게 사례하겠소."

범저를 지키던 자가 대자리 속의 시체를 버리겠다고 하자, 위제는 술에 취하여 그렇게 하라고 했다. 이렇게 하여 범저는 빠져나올 수 있었다. 나중에 위제는 이를 후회하고 다시 범저를 찾게 했다.

위나라 사람 정안평鄭安平이 이 소문을 듣고 범저를 데리고 달아나 함께 숨어 살았다. 범저는 성과 이름을 바꿔 장록張祿이라 하고 새로운 활로를 모색했다. 그는 서쪽의 신흥 강국 진秦나라 사신 왕계王稽를 따라 다시 진나라로 들어갔다. 범저는 뛰어난 언변과 책략으로 진나라 소왕昭王과 가까운 사이로 발전하게 된다.

범저는 진나라 소왕에게 신임을 얻어 객경客卿으로부터 재상의 위에 올라 왕을 잘 보필했다. 진나라 사람들은 그가 위나라에서 왔다는 것은 알고 있었지만 본명은 알지 못했다. 그러던 중 진나라는 범저의 건의에 따라 원교근공遠交近攻 정책을 받아들여 한韓나라와 위나라를 공격하려고 했다. 위나라에서는 수고를 사신으로 보내 화친을 청하려고 했다. 이때 재상이었던 범저는 남루한 옷차림으로 변장하고 수고를 만났다. 수고는 범저의 초라한 모습에 옛일이 미안하여 솜옷 한 벌을 주면서 진나라의 재상인 장록을 만나야 일이 잘 풀릴 것이라고 말했다. 그 말을 듣자 범저는 자신이 장록의 집을 알고 있다며 안내하였다. 범저는 안으로 들어간 후 시간이 지나도 좀처럼 나타나지 않았다. 마침내 범저가 바로 장록임을 알게 된 수고는 그 자리에 주저앉았다. 그는 범저 앞에 부복하여 말하기를 "당신이 이토록 '청운직상(靑雲直上, 지위가 수직 상승함을 비유)'하실 줄을 모르고 만 번 죽어 마땅할 죄를 지었습니다. 부디 용서하십시오"라고 했다. 수고가 "머리카락을 모두 뽑아 속죄해도 오히려 부족하다"며 자신의 죄를 빌자 범저는 과거의 치욕을 되새기면서 이같이 말한다. "네 죄목은 세 가지다. 너는 예전에 내가 제나라와 내통한다고 여겨 나를 위제에게 모함했으니, 이것이 너의 첫 번째 죄다. 위제가 나를 욕보이기 위해 변소에 두었을 때 너는 그것을 말리지 않았으니 이것이 두 번째 죄다. 위제의 빈객들이 취해 번갈아 가며 나에게 소변을 보았으나 너는 모르는 척했으니 이것이 세 번째 죄다."

범저는 수고의 손을 뒤로 묶은 채 소의 여물을 먹게 했다. 그러나 솜옷 한 벌을 건네준 마음을 생각하여 목숨을 살려주면서 '돌아가 위왕에게 당장 위제의 목을 바치지 않으면 위나라의 도성을 모조리 짓밟겠다고 하더라'고 전하라며 으름장을 놓았다. 수고는 혼비백산하여 돌아갔고, 위제의 목은 여지없이 달아났다.

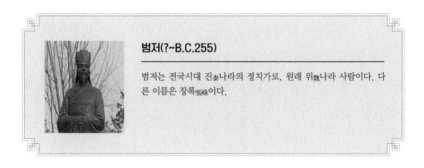

범저(?~B.C.255)

범저는 전국시대 진秦나라의 정치가로, 원래 위魏나라 사람이다. 다른 이름은 장록張祿이다.

6. 비밀을 간직해야 할 때

편작扁鵲은 발해군渤海郡 정읍鄭邑 사람으로 성은 진秦이고 이름은 월인越人이다. 그는 젊을 때 다른 사람이 운영하는 여관의 관리인으로 있었다. 객사에 장상군長桑君이라는 자가 와 머물곤 했는데, 편작만이 그를 특이한 인물로 여겨 언제나 정중하게 대했다. 장상군 역시 편작이 평범한 사람이 아니라는 것을 알았다. 장상군은 객사를 드나든 지 십여 년쯤 되었을 때 가만히 편작을 불러 마주 앉아 조용히 말했다.

"나는 비방을 가지고 있는데 이제 늙어 그대에게 전해 주고 싶으니, 그대는 누설하지 마시오."

편작이 말했다.

"삼가 그렇게 하겠습니다."

이에 장상군은 품속에서 약을 꺼내 편작에게 주면서 말했다.

"이 약을 땅에 떨어지지 않은 이슬에 타서 마신 뒤 삼십 일이 지나면, 반드시 사물을 꿰뚫어 볼 수 있을 것이오."

그러고는 비방이 적힌 의서를 꺼내 모두 편작에게 주고는 홀연히 사라졌는데 거의 사람이 아닌 듯했다. 편작은 장상군의 말대로 약을 먹은 지 삼십 일이 지나자 담장 너머 저편에 숨어 있는 사람이 보였다. 이러한 능력으로 환자를 보니 오장 속 질병의 뿌리가 훤히 보이므로 겉으로는 맥을 짚어 관찰하는 척만 할 뿐이었다. 그는 의원이 되어 제나라에 머물기도 하고 조나라에 머물기도 했는데, 조나라에 있을 때 편작으로 일컬어졌다.

사람이 처신할 때 기본 원칙이 하나 있으니, 때로는 자신의 신비감을 간직하고 함부로 드러내지 말라는 것이다. 사람이란 어느 하나를 알고 있으면 남에게 말하고 싶어 하지만 때론 그것이 독화살이 되어 자신을 수렁으로 빠뜨리는 경우가 적지 않다. 비방秘方이란 자기 혼자 가지고 있을 때 효과를 발휘하는 법이다. 편작이 '명의'라고 일컬어지는 이유는 탁월한 의술을 혼자만 간직하고 있었기 때문이다.

편작은 무술巫術로 병을 고치는 것을 반대하고, 고대부터 전하는 의술과 민간의학을 취합하여 독특한 진단법을 만들었다. 사람들의 얼굴빛과 소리만 듣고도 병을 진단할 정도로 신통하여 민간에서 신의神醫로 받들어졌다. 이후 각국을 돌아다니며 의술을 행했다.

이와 같이 편작은 여러 종류의 병을 약초나 침으로 치료하였으며, 맥박에 의한 진단에 탁월하였다고 한다. 그에 관한 일화로는 괵국虢國의 태자가 시궐尸厥이라는 병에 걸려 거의 죽은 것으로 여겨졌는데 편작이 치료하여 소생시켰다고 한다. 그러나 사실 편작이 볼 때 태자는 그저 열기병熱氣病에 걸렸을 뿐이어서 태자의 몸이 따뜻한지 귀가 잘 들리는지 코가 잘 열리는지 살펴 그가 아직 살아 있음을 알았을 뿐이었다. 이 일로 그가 죽은 이도 살려내는 의술을 행한다고 알려지게 되었다.

또한 『한비자』 「유로喩老」에는 그가 채국蔡國에서 제 환공을 만났다고 기록되어 있다. 편작은 제 환공의 안색을 보자마자 그가 작은 병을 앓고 있음을 알았고, 즉각 약을 처방하여 먹으면 곧 괜찮아진다고 하였다. 그러나 제 환공은 이를 듣지 않았고, 편작이 두 번째로 권해도 말을 듣지 않았다. 세 번째로 편작이 제 환공을 만났을 때 환공은 스스로 자신의 몸에 편작이 말한 것 같은 증상이 일어남을 자각했으나 병세가 퍽 중했다. 이 때서야 편작에게 치료해 줄 것을 요청했는데, 편작은 이제는 고칠 방법이 없다고 했다. 제 환공은 과연 얼마 후 죽고 만다. 송나라 때 편작은 '의자지사醫者之師(의사의 스승)'로 봉해진다.

편작(B.C.401~B.C.310)

춘추전국시대의 의술인. 젊어서 귀족 관리의 객관으로 있을 때 장상군이라는 은자를 만나 교유하고 스승으로 모셨는데, 이때 사람의 몸을 투시하는 신비한 능력을 얻게 된다. 그는 광범위한 종류의 병을 침·약초 등으로 치료했으며, 맥박에 의한 진단에 탁월했다고 한다.

편작행의도

편작이 침을 놓고 의술을 행하는 모습을 묘사한 한나라 때의 벽돌 그림.
편작의 모습이 새로 묘사되어 있다.

편작시침도

편작이 침을 놓고 의술을 행하는 모습을 묘사한 그림. 편작의 모습이 새로 묘사되어 있다.

7. 은혜를 베풀면 예기치 못한 보답을 받게 된다

춘추시대 진晉나라의 제후 영공靈公은 사치스럽고 방탕한 데다가 포악하고 잔인무도한 인물이었다. 그는 누대 위에서 활 쏘는 사람을 시켜 길 가는 아무에게나 화살을 쏘게 해 사람들이 혼비백산하며 화살을 피하는 모습을 감상하는 일을 좋아했다.

자신이 즐겨 먹는 곰발바닥 요리가 덜 익었다면서 궁중 요리사를 죽이는 것도 모자라 그의 부인에게 시체를 들고 다니며 조정을 지나가게 하는 모욕을 주었다.

영공의 포악함과 잔인무도함을 보다 못한 신하 조순趙盾이 여러 차례 간언했지만 듣지 않았다. 오히려 영공은 간언을 멈추지 않은 조순을 큰 근심덩어리로 여기고 아예 죽여 없애 버릴 마음을 먹었다.

성품이 어질고 공정했던 조순은 예전에 수산首山이라는 곳에서 사냥하다가 뽕나무 아래에 굶주려 곧 죽게 된 사람을 만난 적이 있었다. 굶주린 사람은 시미명示眯明이었다.

당시 조순은 그의 모습이 너무나 위급하고 측은해 보여서 음식을 건네주었다. 그런데 곧 죽게 될 정도로 굶주렸던 사람이 음식의 반만 먹고 나머지 반은 남겨놓는 것이 아닌가. 조순이 왜 그렇게 하느냐고 물었다. 그러자 시미명은 "고향을 떠난 지 3년이 되었는데 어머니께서 살아 계신지 살아 계시지 않은지 알지 못하지만 그래도 어머니를 만나면 드리려고 음식을 남겨두었다"고 답했다.

조순은 그의 사람됨이 의롭다고 생각해 그에게 충분한 양의 밥과 고기를 더 주었다. 그런데 얼마 지나지 않아 시미명은 영공의 주방장이 되었으나 조순은 그를 알아보지 못했다.

그해 가을 영공은 조순을 초청해 술자리를 베푸는 척하고 병사를 매복시켜 놓고 그를 살해하려고 했다. 이때 영공의 주방장으로 술자리에 있게 된 시미명이 이 사실을 알고는 조순이 술에 취해 일어서지 못할까 걱정하여 나아가 말했다.

"주군께서 저에게, 내려 주신 술 석 잔을 마셔도 좋다고 하셨습니다."

이렇게 조순이 먼저 떠나게 하여 화가 미치지 않도록 했다. 조순이 이미 떠났는데도 영공이 매복시킨 병사들은 이 사실을 알지 못하고 무서운 맹견을 풀어 놓았다. 그런데 이번에도 시미명은 맹견을 묶어 죽여 버렸다. 이때까지도 조순은 시미명 때문에 목숨을 건질 수 있었다는 사실을 알지 못했다.

얼마 있다가 영공의 지휘에 따라 매복해 있던 병사들이 조순을 뒤쫓아 나가자 시미명이 반격을 가하여 군사들이 더는 나아갈 수 없었고, 결국 조순은 무사히 탈출하게 되었다.

죽음의 위기를 넘긴 조순은 그때까지도 시미명이 누구인지를 알아보지 못하고 왜 그토록 자신을 구해 주려고 애를 쓰는지 물어보았다. 그러자 시미명은 "예전 뽕나무 아래에서 어르신이 구해 줬던 굶주린 사람이 바로 접니다"라고 대답했다.

조순은 자신의 목숨을 구해 준 은혜가 너무나 컸기 때문에 이름을 물었지만 시미명은 끝내 알려주지 않았다.

어진 마음으로 굶주린 사람에게 도움을 준 조순과 훗날 이를 잊지 않고 목숨을 구해 준 시미명의 이야기다. 이 이야기를 통해 "은혜를 베풀면 예기치 못한 때에 보답을 받게 된다"는 것을 알 수 있다. 또한 굶주리면서도 먹을 것이 생기자 어머니를 생각하고, 호의를 잊지 않고 보답하는 시미명의 마음가짐이 큰 감동을 준다.

굶주림에 목숨을 잃을 위태로운 처지에 놓여 있던 시미명을 아무런 대가나 보답 없이 도와준 덕분에 조순은 목숨을 잃을 뻔한 위급한 상황에 빠졌을 때 그의 도움을 받아 간신히 살아날 수 있었다. 이보다 더 큰 대가와 보답이 어디에 있겠는가. 아마도 아무런 대가나 보답을 바라지 않고 위태로운 처지에 놓인 사람을 도와주었기 때문에 사람으로서 받을 수 있는 가장 큰 대가와 보답을 받았던 것은 아닐까. 이러한 경우가 바로 '음덕陰德'이다.

그렇다면 시미명의 도움으로 목숨을 건진 조순의 운명은 어떻게 되었을까. 진나라에서 더 이상 살 수 없게 된 조순은 이웃 나라로 달아났다. 그런데 국경을 미처 벗어나기도 전에 조순의 동생인 장군 조천趙穿이 영공을 공격해 살해했다.

다시 돌아온 조순은 평소 어질고 공정한 처신 덕분에 크게 민심을 얻고 있었기 때문에 원래의 지위에 복귀할 수 있었다. 그리고 조순은 성공成公을 맞이해 새로이 임금의 자리에 세웠다.

영공과 조순 그리고 시미명의 은원恩怨에 얽힌 고사故事는 『사기』 「진세가晉世家」 '영공 14년'에 자세하게 기록되어 있다.

진영공(?~B.C.607)

춘추시대 진나라의 국군國君. 이름은 이고夷皋고, 양공襄公의 아들이다. 어린 나이로 즉위하여 장성하자 사치하고 난폭해져 마구 사람을 죽였다. 조순趙盾이 간언하니 여러 차례 살해하게 했다.

조순(B.C.654~B.C.601)

춘추시대 진나라 사람. 양공襄公 7년 중군원수中軍元帥가 되어 국정을 장악했다. 양공襄公이 죽자 영공靈公이 즉위하여 음란하고 폭압을 일삼자 간언을 올렸지만 뜻이 맞지 않고 오히려 죽이려고 하자 도망하여 망명길에 올랐다. 그가 아직 국경을 넘지 않았을 때 조순의 동생 조천이 영공을 살해했다. 돌아와 양공의 동생이며 주나라에서 벼슬하고 있던 흑둔黑臀을 맞이하니 그가 진晉 성공成公이다. 진성공은 즉위 이후 자신을 옹립한 조순에게 모든 정사를 맡겼다.

6장

추구해야 할
인생의 가치

1. 욕망과 자제력을 함께 갖추어야 한다

욕심과 욕망은 인간의 본능이다. 하고자 하는 마음(욕심)이 생기면 그것을 바라게 되는 마음(욕망)이 발동한다. 이 두 감정은 거의 동시에 발동하기 때문에 일란성 쌍둥이이다. 여기에 유혹이 따르면 이 두 본능은 즉시 합체한다.

욕심이 없으면 발전도 없다. 그러나 욕심이 정도를 지나치면 자신을 망치는 것은 물론 주위 사람까지 해친다. 지나친 욕심이 권력과 결합하면 그 해악은 한 나라를 거덜 낼 정도로 커진다. 자제력 없는 욕심을 '탐욕'이라 하고 늙어서 부리는 욕심을 '노욕'이라고 한다. '건강한 욕심은 자제력이 전제'되어야 한다.

노욕老慾에 관한 옛날이야기를 하나 들려주려고 한다. 중국에 '노욕을 조롱한 시골 처녀'라고 전해 내려오는 민간 설화이다. 옛날 시골 마을의 한 가난한 집 처녀가 천상의 선녀처럼 아름답게 자랐다. 심성도 착하고 영리하였다. 처녀의 미모와 총명함은 발 없는 말이 천 리를 가듯 급기야 황제의 귀에 들어갔다. 황제는 지체 없이 뚜쟁이 노파를 처녀의 집으로 보냈다. 노파는 원하는 것을 무엇이든 들어주겠다며 황제의 명에 따라 처녀의 마음을 잡기 위하여 애를 썼다. 처녀가 물었다.

"황제께서는 올해 나이가 몇이며 처첩은 몇 명이나 됩니까?"
"올해 일흔이시며 처첩은 헤아리기 힘들 정도로 많지."

노파는 신이라도 난 듯 의기양양 대답하였다. 노파의 얼굴을 잠시 쳐다보던 처녀는 당찬 목소리로 이렇게 말하였다.

"그렇다면 저는 20마리의 이리와 30마리의 표범, 40마리의 사자와 60마리의 노새, 70근의 면화와 80장의 나무판자를 예단으로 원합니다."

처녀의 황당한 요구에 노파는 입을 다물지 못했지만 별다른 수 없이 황제에게 돌아가 이 말을 전하였다. 황제도 의아해하며 당시 분위기를 묻는 등 뚜쟁이 노파의 입을 주시했지만 별다른 말이 있을 리 없었다. 이때 곁에 있던 한 대신이 대수롭지 않게 말하였다.

"그런 것들은 사냥꾼, 목동, 농부, 목수에게 준비시키면 그만입니다."

그런데 황제를 가까이서 모시는 시종 하나가 그 말에 살며시 입을 가리고 고개를 돌리더니 키득키득 웃었다. 황제는 시종을 불러 왜 웃었느냐고 물었다. 시종이 머뭇거리자 안달이 난 황제가 다시 시종을 다그쳤다. 시종이 차분한 목소리로 말하였다.

"제가 웃은 까닭은 저분의 말씀이 틀려서입니다. 그 처녀가 요구한 예물에 담긴 뜻은 이렇습니다. 사람이 스무 살이 되면 마치 이리처럼 용감하고 민첩해지고, 서른이 되면 표범처럼 몸과 힘이 강해지며, 마흔이 되면 사자처럼 위풍당당해집니다. 하지만 예순까지 살면 나이 든 노새처럼 힘이 빠지고 일흔이 되면 몸이 솜처럼 물렁물렁해집니다. 그리고 여든까지 살면 다른 건 다 필요 없고 널판자만 있으면 그만이라는 겁니다. 죽으면 들어갈 관을 짤 나무가 필요하다는 말이지요. 총명한 그 처녀의 말인즉 지금 폐하께 필요한 것은 처녀가 아니라 시신이 들어갈 나무판자라는 것이지요. 그런 것도 모르고 정색을 하고 예물을 준비하려고 하시니 그래서 웃은 것입니다."

시골 처녀의 날카로운 조롱에 황제는 물론 모두들 그만 넋이 나가고 말았다. 시골 처녀는 늙은 황제가 백성을 제대로 보살피지 않으면서 노욕을 부린다고 판단하여 절묘한 요구 사항으로 황제의 욕심을 마음껏 조롱하였다. 처녀가 요구한 예물이 무엇을 의미하는지 조정의 대신 누구도 몰랐지만 천한 시종이 눈치를 챘다는 대목도 의미심장하다.

호기심과 욕심에는 나이도 없다고 한다. 인간 본연의 욕망을 적절하게 지적한 말이다. 하지만 의식 수준의 욕망과 실제 행동으로 나타나는 욕망이 일치할 수는 없다. 그랬다가는 세상이 온통 난장판이 될 것이다. 다행히 인간에게는 욕망을 통제할 수 있는 '이성적인 판단'이 존재한다. 원활한 신진대사야말로 사회를 건전하게 발전시키는 밑거름이 아닌가? 시골 처녀의 지혜가 참으로 날카롭게 우리 사회의 아픈 곳을 찌른다.

사마천은 인간의 욕망을 있는 그대로 인정하였다. 그래서 사마천은 『사기』「화식열전貨殖列傳」(춘추 말기에서부터 한나라 초기에 이르기까지를 일대로 하여, 재물을 모아 부자가 된 사람들의 이야기를 골자로 하고 그 사이에 각 지방의 풍속,

물산, 교통, 상업 따위의 상태를 서술하고 있다)에서 다음과 같이 기록하고 있다.

> 저 전설시대의 신농씨 이전에 대해서는 나는 모른다. 『시경』이나 『서경』에
> 서술된 요·순과 하나라 이후라면 사람들은 모두 눈과 귀는 가능한 한 아름
> 다운 소리와 좋은 모습을 듣고 보려 하며, 입은 고기와 같이 맛난 것을 먹고
> 싶어 하고, 몸은 편하고 즐거운 것을 찾으며, 마음은 권세와 능력이 가져다
> 준 영광을 뽐내려 한다. 이런 습속이 백성에게 젖어 든 지는 오래라 집집마
> 다 이런저런 말로 알려 주려 하여도 끝내 교화할 수는 없다.

2. 가끔은 멈추고 놓아 버리는 연습도 필요하다

B.C. 206년, 최초의 통일 제국이었던 진秦나라가 망하고 항우項羽와 유
방劉邦이 패권을 다투는 초한楚漢 쟁패가 본격화되었다. 햇수로 5년 동안
진행된 이 싸움의 최종 승리자는 잘 아는 바와 같이 절대 열세였던 유방
이었다. 이 극적인 역전승을 이끌어낸 주역은 유방을 비롯하여 명장 한신
韓信, 행정가 소하蕭何, 그리고 참모 장량張良이었다. 장량은 유방이 "천 리
밖 군막 안에서 전략과 전술을 수립하여 승부를 결정짓는 능력에서는 자
신이 장량만 못하다"라고 할 정도로 뛰어난 전략가였다.

B.C. 202년, 서한西漢 왕조의 첫 황제로 즉위한 유방은 공신들에 대한
논공행상을 시행하였고 장량 역시 '유후'라는 작위와 땅을 받았다. 당시
유방은 장량의 공을 높이 평가하며 제나라 지역의 땅 3만 호를 마음대로
고르라고 했지만 장량은 너무 많다며 사양하였다.

공신이 된 장량은 되도록 국정에 간여하지 않았고 자신은 몸이 건강하

지 않으니 일찍 은퇴하여 적송자와 노닐고 싶다는 말을 수시로 하고 다녔다. 적송자는 도교道教의 신선이다. 장량은 평소 자신이 하였던 말대로 담담하게 은퇴하였다. 그사이 한신을 비롯한 공신들에 대한 숙청의 피바람이 불었다. 유방이 태자를 폐위하고 총애하는 애첩 척戚 부인이 낳은 어린 여의를 태자로 세우려 하는 등 조정의 분위기가 뒤숭숭하였다.

유방의 정비인 여후呂后는 남편의 이런 어처구니없는 행동에 어쩔 줄 몰랐다. 공신들이 유방을 설득하러 나섰지만 소용이 없었다. 생각 끝에 여후는 은퇴한 장량을 찾아 애원하였다. 장량이 거절했지만 여후는 한사코 매달렸다. 장량은 조정과 민간의 모든 이가 존경하는 상산사호商山四皓(한 고조 때 섬서성의 상산에 은거하던 네 노인. 동원공東園公, 기리계綺里季, 하황공夏黃公, 녹리선생角里先生의 네 은사隱士로, 수염과 눈썹까지 희어 사호四皓라 함.『사기』 「유후세가留侯世家」)를 태자에게 보내 민심이 태자에게 있다는 것을 유방에게 알렸다.

장량의 말대로 네 노인은 드디어 세상 밖으로 나오게 되었고, 태자의 든든한 후원 세력이 되었다. 하루는 연회가 벌여졌는데 수염과 눈썹이 희고 의관이 위엄 넘치는 네 노인이 태자를 보필하고 있는 것을 본 한고조는 깜짝 놀랐다. 자신이 몇 년이나 공을 들였지만 끝내 모셔 오지 못한 상산의 네 노인이 태자를 보좌하고 있었기 때문이었다. 이에 한고조도 태자를 바꾸고자 했던 마음을 접었다. 태자의 교체를 둘러싸고 정치적 혼란이 일어나 자칫 새롭게 시작된 한나라의 국운을 위태롭게 할 수도 있었던 상황이었으니, 상산의 네 노인이 태자에게 힘을 실어준 일은 한나라 초기의 안정에 절대적 힘을 발휘한 사건이었다.

상산사호도

상산사호商山四皓, 바둑으로 소일한 네 신선

이렇듯 장량은 인생의 절정기에 공명을 포기하고 삶의 여유를 택하였다. 그는 최고 권력자 유방의 성격을 잘 알고 있었고 정권 초기 공신들의 정치적 행보에 따른 투쟁과 갈등의 본질을 통찰하고 있었다. 그는 젊은 날 집안 재산을 털어 자신의 조국 한韓나라를 멸망시킨 진시황秦始皇을 암살하려고 할 정도로 열혈남아였다. 암살은 실패하였고 장량은 수배령으로 쫓기는 신세가 되었다. 이후 장량은 신비한 노인을 만나 말로만 듣던 신비의 병법서 '태공병법太公兵法'을 전수받았고 제왕의 참모가 되기 위한 깊은 공부와 수양에 들어갔다.

장량은 초한쟁패의 소용돌이에서 유방을 선택하였다. 유방은 장량의 전략과 전술에 힘입어 전세를 역전하고 끝내 패권을 차지할 수 있었다. 흥미로운 사실은 배운 것이 거의 없고 아무에게나 욕하는 무례한 유방도 오로지 장량 앞에서는 깍듯이 예의를 갖추었다는 것이다. 유방은 장량이 올린 건의는 단 한 번도 거부하지 않고 그대로 받아들였다.

장량은 보통 사람과는 격이 달랐다. 사람과 사물을 보는 눈이 남달랐다. 무엇보다 세속의 출세와 명예에 초연하였다. 그는 인생 최고의 절정기에 자신만의 시간과 공간, 즉 여유를 찾아 은퇴하였다. 장량은 진정한 여유가 무엇인지를 잘 보여 준다. 이런 여유가 있었기에 그는 정권 초기에 흔히 나타나는 병목위기를 슬기롭게 넘기는 데 결정적인 역할을 해냈다. 장량은 훗날 도교의 신으로까지 추앙되었다. 그의 사당에 있는 암각에는 특유의 정신세계를 대변하는 "멈출 줄 알아야 한다. 즉 지지知止"가 새겨져 있다.

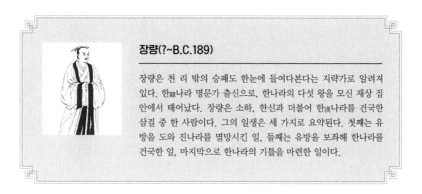

장량(?~B.C.189)

장량은 천 리 밖의 승패도 한눈에 들여다본다는 지략가로 알려져 있다. 한漢나라 명문가 출신으로, 한나라의 다섯 왕을 모신 재상 집안에서 태어났다. 장량은 소하, 한신과 더불어 한漢나라를 건국한 삼걸 중 한 사람이다. 그의 일생은 세 가지로 요약된다. 첫째는 유방을 도와 진나라를 멸망시킨 일, 둘째는 유방을 보좌해 한나라를 건국한 일, 마지막으로 한나라의 기틀을 마련한 일이다.

3. 인간의 본성은 이익을 추구한다

사마천은 『사기』를 저술하면서 인간의 이해관계를 경제와 연계하여 아주 솔직하고 대담한 경제론을 남겼다.

사마천이 남긴 경제론 중 하나는 경제 정책과 이론을 주로 다룬 「평준서」이고 또 하나는 경제와 이해관계에 대하여 구체적 실례를 모은 「화식열전」이다. 이 두 편에는 경제와 인간의 이해관계, 부와 사회적 관계, 인간관계에서 이해가 차지하는 비중 등에 관한 사마천의 번득이는 식견과 논리가 흘러넘친다. 그중에서도 이해를 좇는 인간의 세태를 여자가 남자를 홀리는 것에 비유한 다음의 대목은 절묘하기 짝이 없다.

조나라 미인과 정나라 미인이 예쁘게 화장을 하고 거문고를 손에 잡은 채 긴 소매를 흔들고 사뿐한 발걸음으로 다가와 '눈짓으로 도발하고 마음으로 유혹하기' 위하여 천 리를 멀다 않고 달려오며 늙고 젊음을 가리지 않는 것은 돈 많은 곳으로 달려가기 위함이다.

사마천의 지적이 한편으로는 가슴 아프고 받아들이기 싫겠지만 이제는 솔직하게 인정하고 받아들여야 한다. 우리는 왜, 무엇 때문에 보다 나은 삶을 추구하는가? 이해利害관계를 추구하는 궁극적인 목적이 세상과 인간에 대한 올바른 이해理解에 있다는 것만 놓치지 않는다면 이해관계에 대한 우리의 이중적 태도를 솔직하게 인정하는 것은 이내 후련함으로 승화될 것이다. 떳떳하게 이해관계를 추구할 때 정당한 권리도 보장받을 수 있다.

사마천은 「화식열전」에 돈이 가지는 위력에 대한 정말이지 실감 나는 사례와 비유를 남겼다. 그는 부, 특히 부에 대한 추구는 그것이 본성이라고 배우거나 가르치지 않아도 다 추구할 줄 안다고 하였다. 고상해 보이는 현자가 조정에서 정치와 정책을 논하는 것도, 은자랍시고 동굴에 숨는 따위로 자신의 명성을 은근히 드러내려고 하는 것도 결국은 부귀를 위한 것 아니겠냐고 비꼬았다. 그러면서 다음과 같은 다양한 예를 들었다.

군인이 전쟁에서 맨 앞에 서서 적의 성에 오르려는 것도, 강도질도, 도굴과 위조 화폐 제작도 모두 재물 때문이다. 관리가 엄중한 형벌을 무릅쓰고 농간을 부려 문서와 도장을 조작하는 것도 다 뇌물 때문이다. 도박, 경마, 투견, 닭싸움에 열중하는 것 역시 돈 때문이다. 이는 마치 상인이 돈을 많이 벌어 놓고도 더 벌고 싶어 하는 것과 다를 바 없다.

또 돈 많은 부잣집 귀공자들이 온몸을 치장하고 화려한 마차를 끌고 다니는 것 역시 자신의 부귀를 뽐내려는 것이다. 의사나 도사, 여러 기술로 먹고사는 사람들이 노심초사하며 재능을 다하는 것 또한 경제적인 수입을 중시하기 때문이다.

사마천은 이렇게 다양한 직업의 사람들이 부를 추구하는 행태를 소개하면서 이렇게 결론지었다.

이렇게 자기가 아는 것과 온 힘을 다 짜내서 일을 해내려는 것은 결국 최선을 다하여 재물을 얻기 위한 것이다.

부에 대한 추구는 '인간의 본성'이라 막을 수 없다는 것이 사마천의 기본 입장이다. 다만 사마천은 그 수단과 방법이 정당해야 한다는 점을 힘주어 강조한다. 이해관계의 본질을 알고 인정한다면 수단과 방법은 당연히 정당해질 수밖에 없다.

「화식열전」은 2000년 동안 고지식한 유학자들에 의해 많은 비난에 시달렸다. 점잖은 학자가 권세와 이익을 밝혔다는 것이 주된 이유였다. 그러나 지금은 「화식열전」을 읽지 않고서는 『사기』를 읽었다고 말하지 말라는 평가가 따른다.

4. 잔이 넘치면 밑 빠진 독과 같다

'계영배'라는 이름의 술잔이 있다. 이 술잔은 고대 중국에서 과욕을 경계하기 위하여 하늘에 정성을 드리며 비밀리에 만들어졌던 의기儀器였다고 한다. 밑에 구멍이 뚫려 있는 이 술잔에는 물이나 술을 부어도 전혀 새지 않지만 7할 이상을 채우면 담겨 있던 것이 모두 밑구멍으로 쏟아져 버린다. '넘침을 경계하는 잔'이라는 속뜻이 담긴 계영배는 과욕을 경계하라는 상징물이다.

전설에 따르면 공자가 제나라 환공의 사당을 찾았을 때 이 의기를 보았다고 한다. 환공은 생전에 자신의 과욕을 경계하기 위하여 이 의기를 보았고 '곁에 두고 보는 그릇'이라고 하여 '유좌지기宥坐之器'라고 불렀다. 공자도 이를 본받아 항상 곁에 두고 스스로를 가다듬으며 과욕과 지나침을 경계하였다고 한다.

지나치면 넘친다. 평소 나누고 살면 넘치는 것들이 다른 사람에게 돌아간다. 채워야 하는 것과 비워야 하는 것을 가늠할 줄 알면 생사의 이치에 다가가게 된다.

전국시대 제나라의 변사 순우곤이 당시 석 달 만에 재상이 된 추기의 식견을 떠보기 위해 다음의 명언을 남겼다.

> "아무리 큰 수레일지라도 균형을 바로잡지 않으면 본래 실을 수 있는 능력만큼 싣지 못합니다(大車不較, 不能載其常任)."
>
> – 『사기』권46 「전경중완세가」

이 말은 결국 정도를 지키라는 것인데 그는 그러기 위해서 균형을 잘 잡아야 한다고 지적한다. 마찬가지로 정도를 지키려는 균형 잡힌 마음이 있어야 지나친 욕심을 부리지 않게 된다. 손해와 손실은 대부분 과욕에서 비롯된다.

미워하는 자가 같으면 서로 돕고, 좋아하는 것이 같으면 서로 붙들며, 뜻을 같이하면 함께 이루고, 욕망이 같으면 같이 달려가며, 이익을 같이하면 생사를 같이한다(同惡相助, 同好相留, 同情相成, 同欲相趨, 同利相死).

-『사기』권106「오왕비열전」

이와 같이 사람을 자기 쪽으로 끌어들이는 가장 강력한 유인책은 이익이다. 이 유인책을 쓰기 위해서는 먼저 이해관계를 상대에게 확실하게 밝힐 필요가 있다. 모든 인간관계는 이해관계의 범주에서 크게 벗어나지 않는다.

전통사회에서 뜻있는 사람들은 '이利'에다 '의義'를 결합시켜 '의리義理'가 아닌 '의리관義利觀'을 제기하였다. 정신적 차원의 '의義'와 물질적 차원의 '이利'가 결코 모순되거나 충돌하는 개념이 아니라는 것이다. 그래서 동양적 가치관에서 '돌보다'라는 말에는 상대의 물질적 생활을 포함하여 돌보아 준다는 뜻이 내포되어 있다. 이런 '의리관'을 지키려고 애쓸 때 진정한 손실을 막을 수 있다. 다음은 '손실'과 '소인'의 관계를 명쾌하게 지적한 명언이다.

"무른 소인이 욕심을 품으면 생각이 가볍고 계획이 천박하여 오로지 이익만 보지 그 피해는 돌아보지 않습니다. 같은 부류가 서로를 밀어 주니 죄다 재앙의 문으로 들어설 것입니다."

-『사기』권43「조세가」

손해를 보거나 손실을 입은 경험이 있다면 그 원인을 가만히 되새겨 보라. 아마 대부분이 위에서 말한 소인, 즉 사사로운 욕심을 품고 교묘한 말과 이익으로 유혹하는 자의 꾐에 넘어갔기 때문일 것이다. 물론 그보다 더 큰 원인은 자신의 과욕에 있다.

이해관계에서 이익과 손해는 경쟁 때문에 생기는 경우가 대부분이다. 싸워서 이겨야 한다는 경쟁의식은 우리 사회에 보편적으로 자리 잡아 어렸을 때부터 심각한 영향을 끼친다. 그러나 인간에게는 서로 힘을 합치는 합력合力과 서로 양보하는 상양相讓의 고귀한 정신도 있다. "남에게 양보할 때는 나의 생존이 방해받지 않는 선에서 그치고, 남과 경쟁할 때는 나의 생존이 충분한 선에서 그친다"라는 말을 새겨들을 필요가 있다.

5. 어떤 부자가 될 것인가

이익과 손실에 관한 이야기가 나왔으니 아예 돈 버는 이야기로 넘어가 본다. 지금 우리 사회에 만연한 황금만능 풍조가 온갖 문제점을 낳고 있다. 여기서는 사마천이 「화식열전」에 기록한 한나라 시대 사람들의 다양한 '치부법', 즉 '재물을 모아 부자가 되는 방법'을 간략하게 소개하고 치부와 관련하여 사마천이 던지는 메시지를 들어본다.

상인은 힘(단순 재력)이 아니라 머리(지혜)로 치부한다. 사마천은 전색과 전란으로 대표되는 전씨 집안을 비롯하여 위가韋家와 율씨栗氏 및 안릉安陵과 두杜 지역의 두씨杜氏를 관중 지역의 부상과 대상으로 거론하였다.

부상은 사업으로 돈을 많이 번 상인을 뜻하고, 대상은 사업 범위가 넓은 상인을 뜻한다. 이들은 모두 수만금을 보유한 부상富商이었다. 이들은 관중 지역을 대표하는 부호였지만 벼슬도 없었고 녹봉을 받는 사람도 아니었다. 또 법을 악용하거나 나쁜 짓을 해서 치부한 이들도 아니었다. 사마천이 정작 주목한 것은 이들의 치부 방법이었다.

> "그들은 모두 사물의 이치를 예측하여 나아가고 물러날 것을 결정하였다. 시세와 운에 순응하여 이익을 얻었고, 상업으로 재물을 모았으며, 농업으로 재산을 지켰다. 요컨대 그들은 결단력(武, 무)으로 얻었고 정당한 방법(문, 文)으로 재산을 지켰다."
>
> ─『사기』권129「화식열전」

사마천은 이들의 경영법으로 문무의 조화를 지적하였다. 비유하자면 '무'가 강력한 자본이고 '문'이 자본을 바탕으로 이윤을 창출하는 방법인 셈이다. 한나라 때는 이렇게 여러 분야에서 자기 나름대로 최선을 다해 치부하여 크게는 군 하나를 압도하는가 하면 현과 마을 전체에 맞먹는 부를 축적한 거부와 거상이 헤아릴 수 없이 많았다.

이렇게 경영 철학이 확고하면 법을 어길 필요도 없고 나쁜 짓을 할 필요도 없다. 사마천이 말하는 문무를 결합한 경영법은 오늘날 경영에 적용해도 전혀 손색이 없는 경영의 원칙이라 할 수 있다. 물론 이 같은 경영법에도 방법의 변화와 절도, 순서가 있어야 하고, 이익과 손해를 꼼꼼히 따져야 하며, 때로는 임기응변으로 급한 상황에 대처할 줄 알아야 한다는 지적도 잊지 않았다.

이어서 사마천은 한나라 때 상인들의 실로 다양한 직업과 치부법을 소개했는데, 부자가 되는 바른길은 근검절약하고 부지런히 일하는 것이지만 큰 부자가 되는 데에는 반드시 나름의 독특한 방법이 있다고 지적했다.

먼저 소개한 부자는 진양이다. 그는 재물을 모으는 방법으로는 남다른 방법이 아닌 농업으로 한 주에서 제일가는 부자가 되었다. 당시 가장 중요한 생업이었던 농업에 충실하여 부를 축적한 것이다. 안정적으로 사업을 꾸리는 사업가에게는 농업만 한 것이 없었다.

다음으로 사마천은 도굴로 재물을 얻어 이를 사업 발판으로 삼은 전숙과 도박으로 사업 밑천을 만들어 부자가 된 환발을 소개하면서 둘 다 나쁜 일이라고 못을 박았다. 이 중 도박은 인간의 본능과 '대박 심리'의 영역이라 인간 사회에서 영원히 사라지지 않을 사행업이다. 도굴 또한 도박과 성질이 비슷하다. 일확천금을 노리는 사행업이기 때문이다. 그래서 사마천이 두 사람을 같이 소개한 것이다. 다만 환발이 사업 밑천을 마련한 뒤 도박에서 손을 떼고 사업으로 치부 방법을 전환하여 성공한 점은 긍정적으로 평가할 만하다.

6. 겸손한 자가 기회를 얻는다

장량張良은 한韓나라의 명문가에서 태어났다. 한나라가 멸망할 당시 장량의 집안은 부리는 사람이 300명이나 될 정도로 큰 가문이었는데, 장량은 그 많은 재산을 아낌없이 처분하여 전국에서 소문난 자객을 모아들였다. 그의 아버지까지 5대에 걸쳐 재상을 지냈던 한나라를 다시 일으키고, 조상의 원수를 갚기 위해 진시황秦始皇을 암살하려 한 것이다.

B.C. 218년 시황제가 동방을 순행한다는 소식을 듣자 그는 회양으로 달려가서 그 지역에 사는 힘이 매우 센 장사들을 구하고 다녔다. 드디어 적절한 장사 한 사람을 구하자 장량은 이 장사와 함께 무게 120근의 쇠몽

둥이를 만들어 들고 시황제의 뒤를 밟았다.

이윽고 순행 행렬이 박랑사博浪沙(지금의 하남성)에 다다랐을 때 잠복하고 있던 두 사람은 쇠몽둥이를 시황제의 수레를 향해 던졌다. 그러나 빗나간 몽둥이는 수행원의 수레에 맞고 말았다.

시황제는 크게 노하여 범인을 찾아내기 위해 전국에 대대적인 수색령을 내렸다. 그리하여 장량은 이름도 바꾸고 변장을 한 채 멀리 하비下邳(지금의 강소성)까지 도망쳤다.

그러던 어느 날 하비의 다리 근처를 무료하게 서성거리고 있는 장량을 향해 초라한 몰골의 노인이 다리 저쪽에서 걸어오고 있었다. 그 노인은 장량이 보는 앞에서 신을 벗어 다리 밑으로 떨어뜨리며 그를 불러 세웠다.

"이봐, 내려가서 저것 좀 주워 오게."

화가 치민 장량은 주먹을 불끈 쥐었으나 상대가 노인이므로 꾹 참고 신발을 주워 왔는데 노인은 또 이렇게 명령하는 게 아닌가!

"신겨라."

장량은 어차피 참기로 한 이상 별수 없다고 생각하고 허리를 굽혀 노인에게 신을 신겼다. 노인은 발을 내뻗고 신을 신기는 장량을 물끄러미 바라보더니 빙그레 웃고는 가버렸다.

장량과 스승

장량은 어처구니없어 쳐다보고만 있었다. 그러자 100여 발자국 남짓 걸어갔던 노인이 되돌아와 장량에게 이렇게 말하는 것이었다.

"보아하니 장래성이 있는 놈이야. 닷새 후 새벽에 이 자리에 다시 오게나."

영문을 모르는 장량은 엉겁결에 무릎을 꿇고는 "예!" 하고 대답했다.

약속한 날이 되어 장량이 다리로 가자 노인이 벌써 와 있다가 고함부터 질렀다.

"늙은이를 기다리게 하다니 무슨 버르장머리야!"

그러고는 획 돌아서서 "닷새 후 새벽에 다시 한번 와!" 하고는 가버렸다. 장량은 닷새 후 첫닭 우는 소리에 맞춰 그곳에 나타났다. 이번에도 노인이 먼저 와 있었다.

"또 늦었어! 닷새 후에 또 한 번 오라고."

이번에도 노인은 그냥 돌아가 버렸다. 다시 닷새가 지났다. 이번만은 기필코 하는 마음으로 장량은 오밤중에 일어나 그곳으로 갔다. 잠시 후에 나타난 노인은 싱글거리며 "사나이가 약속을 했으면 진작 그럴 것이지" 하고는 품속에서 한 권의 책을 꺼냈다.

> "이 책을 공부하면 훗날 '왕 노릇 하려는 자의 스승'이 되어 제왕의 위업을 달성할 수 있을 것이네. 13년 후에 자네는 필경 세상을 뒤흔드는 인물이 되어 있을 테니 그때 다시 만나자고. 곡성산 기슭에 있는 황색 바위, 그것이 바로 나이니라."

노인은 장량이 반문할 겨를도 없이 순식간에 자취를 감추는 것이 아닌가. 이렇듯 노인은 장량의 인물 됨됨이를 시험해 보고자 했음을 할 수 있다.

장량은 그 책을 가슴속에 고이 품은 채 집으로 돌아와 책을 펴본즉 『태공병법太公兵法(강태공의 병법서)』이었다. 장량은 그 내용에 흠뻑 빠져 항상 머리맡에 책을 놓고 읽었다.

진秦나라 말엽 진승陳勝이 반란을 일으켰을 때 장량도 젊은이 100여 명을 거느리고 가담했다. 이 무렵 장량은 우연히 유방을 만났다. 유방은 그때 수천 명의 군사를 이끌고 하비의 서쪽 일대를 공략하는 중이었다.

장량은 유방을 만나 몇 마디 말을 나눈 뒤 그의 사람됨에 반해 유방 진영에 가담하기로 작정했다.

다른 사람들은 장량이 아무리 좋은 계획을 말해도 채택하지 않았는데, 유방은 장량이 제안할 때마다 그의 방법을 채택했다. 장량은 '유방이야말로 타고난 인물이 틀림없다'라고 생각했다.

그런데 장량은 병약했다. 그렇기 때문에 장군이 되지 않고 늘 참모로서 유방 곁을 지켰다. 5년간에 걸친 초한楚漢 전쟁을 승리로 이끈 것은 유방이 장량의 책략을 따랐기 때문이다. 초한 전쟁을 하면서 가장 중요한 시기마다 장량은 가장 정확한 대책을 내놓았으며, 유방은 장량의 책략을 충실히 이행했기 때문에 항우項羽를 무찌르고 최후의 승자가 되었다.

유방이 황제가 된 후 논공행상이 실시되었다. 장량은 전공戰功이라고는 세운 것이 없었지만, 유방은 장량의 전공을 다음과 같이 높이 평가했다.

"장막에 있으면서 작전을 세워 천 리 밖의 싸움에서 승리를 거둔 것은 모두 장량의 공이오. 제나라 땅 3만 호를 영지로 줄 테니 희망하는 장소를 말해 보시오."

이에 장량은 공손히 말했다.

"소신은 하비에서 군사를 일으켰고, 유留 지방에서 폐하를 처음 뵈었습니다. 그것은 하늘이 마련해 준 인연이었습니다. 폐하께서는 소신의 보잘것없는 작전을 자주 채택해 주셨습니다만 그것이 성공을 거둔 것은 오로지 요행에 지나지 않습니다. 소신은 유 땅만으로 족합니다. 3만 호를 주신다니 분에 넘칩니다."

이리하여 유방은 장량을 유후留侯로 봉했다.

이와 같이 장량은 유방에게 발탁되고 노인이 예언했던 대로 '왕 노릇 하려는 자의 스승' 역할을 했다. 노인을 만나 장량이 처신한 것을 보면서 겸손한 사람이 기회를 얻을 수 있고, 자신을 발전시킬 수 있음을 알 수 있다.

7. 원칙성과 유연성은 성공의 뿌리

원칙성과 유연성은 성공하고자 하는 사람들이 지녀야 할 덕목이다. 원칙을 지키는 것과 유연성을 가진다는 것, 언뜻 보기에 정반대의 성격인 것 같지만 예로부터 나라를 지키는 제왕들에게는 이것이 한 뿌리였으며 다만 두 얼굴을 가진 개념이었을 뿐이다.

원칙에만 사로잡혀 유연성이 결여되면 경직되어 목적을 이룰 수가 없다. 그러므로 현실에서는 유연한 자세를 취하는 것이 유리하다.

반대로 유연성만 내세우다가는 현실에 치우쳐 어디까지인지 모른다. 그러므로 원칙이라는 잣대로 취하며 궤도를 살피지 않으면 안 된다.

『사기』가 곳곳에서 정치의 이상으로 '요순지세堯舜之世'를 들고 있는 것은 이 때문이다. 전설시대의 천자인 요임금, 순임금은 이상적인 군주로 꼽히고 있다. 역사의 전환기에는 반드시 그들이 등장하여 궤도를 수정하는 잣대 구실을 하는 것이다.

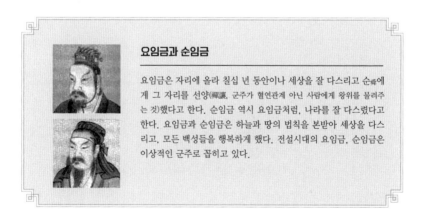

요임금과 순임금

요임금은 자리에 올라 칠십 년 동안이나 세상을 잘 다스리고 순舜에게 그 자리를 선양(禪讓, 군주가 혈연관계 아닌 사람에게 왕위를 물려주는 것)했다고 한다. 순임금 역시 요임금처럼, 나라를 잘 다스렸다고 한다. 요임금과 순임금은 하늘과 땅의 법칙을 본받아 세상을 다스리고, 모든 백성들을 행복하게 했다. 전설시대의 요임금, 순임금은 이상적인 군주로 꼽히고 있다.

그렇다면 원칙성과 유연성을 어떻게 구분하여 사용하는가? 결론부터 말하자면, 원칙에 어긋나지 않는 한 유연 쪽에 비중을 두어야 한다. 즉, 중요한 일만 원칙에 따라 철저히 하고 사소한 일은 내버려 두라는 것이다.

『사기』 「흉노열전」에 이런 이야기가 있다.

북방 민족인 흉노匈奴에 묵돌이라는 왕이 있었다. 어느 날 이웃 나라인 동호의 왕이 묵돌의 아버지가 자랑하며 아끼던 준마를 "과인에게 주오" 하고 청해 왔다. 묵돌의 신하들은 입을 모아 동호왕의 청을 거절해야 한다고 진언했다. 그러나 묵돌은 "하찮은 말 한 필 때문에 이웃 나라와 사이가 나빠지면 되겠소?"라며 준마를 동호왕에게 주었다. 얼마 후 동호왕으로부터 또 요청이 왔다.

"측실 중 한 여인을 나에게 주오."

묵돌의 신하들은 치밀어 오르는 분노를 이기지 못하여 "동호를 토벌하소서!"라고 진언했으나 묵돌은 "하찮은 측실 하나로 이웃 나라와 원수가 될 수는 없지 않소"라며 측실 중 한 여인을 동호왕에게 주었다.

동호국은 점차 강성해졌다. 그러던 어느 날 동호왕이 "두 나라 사이 경계에 있는 황무지를 우리나라가 가져야겠소"라고 통고해 왔다. 이 황무지는 두 나라 중간에 있는 완충지대로, 집도 없고 농작물을 수확할 수도 없는 황무지였다. 묵돌의 신하들 중에는 어차피 쓸모없는 땅이니 동호국에 주어도 상관없다고 말하는 이도 있었다.

그러나 묵돌 왕은 노기충천하여 "영토는 국가의 기본이오! 그 땅은 절대로 줄 수 없소이다"라며 황무지를 주어도 좋다고 말한 신하의 목을 베고 즉시 출정했다. 묵돌 왕을 무시하고 방심했던 동호국은 말할 것도 없이 전쟁에 패해 멸망하고 말았다.

7장

—

좋은 인재를 선별할 수 있는 용인술

1. 의리에 죽고 산다

인생을 살아가면서 든든한 버팀목이 될 수 있는 진정한 친구를 갖는 것은 엄청난 행운이 아닐 수 없다. 특히 힘겨운 상황에서 누군가 자신을 이해해 주며, 나아가 자신의 야망을 실현할 수 있는 용기를 불어넣어 주는 친구를 얻게 된다면 이미 삶은 훨씬 더 의미 있는 방향으로 나아가리라.

난포樂布(?~B.C.145)는 양나라 사람으로 훗날 양나라 왕이 된 팽월彭越이 평민이었을 때 서로 교유했다. 둘 다 가난해 제나라의 어느 술집에서 머슴살이 노릇을 하기도 하면서 돈독한 관계를 유지했다.

몇 년 뒤 야심만만한 팽월은 드넓은 벌판에서 도적 노릇을 했다. 이 와중에 난포는 누군지도 모르는 사람에게 납치돼 연나라로 팔려가 종이 됐다. 난포는 주인을 극진히 섬겼다. 주인을 위해 원수를 갚아 주기도 했다. 난포의 의로운 행동을 눈여겨본 연나라 장수 장도藏茶라는 자가 그를 도위로 발탁했다. 장도가 연나라 왕이 되자 난포는 장수로 승진했다. 그런데 장도가 모반을 일으키자 한나라 고조는 연나라를 치고 난포도 사로잡았다.

갖은 난관을 딛고 양나라 왕이 된 팽월은 이 소식을 듣고 자신과 각별하게 지내던 난포를 위해 고조에게 부탁해 난포의 죗값을 돈으로 치르고 양나라의 대부로 삼았다.

난포가 팽월의 사신으로 제나라에 갔을 때 한나라 조정에서는 모반을 꾀했다는 죄목으로 팽월을 죽이고 삼족마저 멸했다. 이런 사실을 알지 못한 난포가 돌아와 보니 팽월의 머리가 낙양의 성문에 매달려 있었고 다음과 같은 섬뜩한 조서가 내려져 있었다. "감히 그의 수급을 거두어 돌보는 자가 있으면 체포하라."

모두들 두려워했지만 난포는 팽월의 수급 앞에서 사신으로 갔던 사안을 아뢰고 제사를 지내며 통곡했다. 결국 그는 체포됐다. 담당 관리가 자초지종을 고조에게 아뢰자 고조는 직접 영을 내렸다. "내가 그놈의 머리를 거두지 못하도록 했거늘 네놈만이 제사를 지내 주고 통곡하니 팽월과 함께 모반한 것이 분명하다. 저놈을 빨리 삶아 죽여라."

담당 관리가 난포를 끓는 물로 데려가려는데, 난포가 뒤돌아보며 한마디만 하고 죽겠다고 간청했다.

"폐하께서 팽성에서 곤경에 처하고 형양현과 성고읍 사이에서 패하셨을 때 항왕이 서쪽으로 나아갈 수 없었던 것은 팽왕이 양나라 땅을 지키면서 한나라와 힘을 합쳐 초나라를 괴롭혔기 때문입니다. 그때 팽왕이 한쪽으로 치우쳐 초나라 편을 들었다면 한나라가 깨졌을 것이고, 한나라 편을 들었다면 초나라가 깨졌을 것입니다. 또 해하의 싸움에서도 팽왕이 참가하지 않았다면 항우를 멸망시키지 못했을 것입니다. 천하가 평정된 뒤 팽왕은 부절을 나누어 받고 봉토를 받았으며, 이것을 자손 대대로 전하려고 했습니다. 그런데 이제 폐하께서는 양나라에서 한 차례 군대를 모을 때 팽왕이 병들어 나가지 못하자 모반했다고 의심했습니다. 그 증거도 드러나지 않았는데 아주 작은 안건을 가지고 가혹하게 그를 죽이고 가족까지 멸하셨습니다. 신은 공신들 스스로 위험을 느껴 떨까 염려스럽습니다. 이제 팽왕이 이미 죽었으니 신은 사는 것보다 죽는 것이 차라리 낫습니다. 삶아 죽이십시오."

간단히 말하면 자신이 본 팽왕은 결코 모반을 저지르지 않았고 억울한 죽음을 당했다는 얘기였다. 고조의 가혹함 때문에 그 누구도 말을 꺼내지도 못한 금기를 난포가 건드린 것이다.

뜻밖에도 고조는 그의 진심을 알아주고 도위라는 버슬을 내렸다. 난포는 승승장구해 문제文帝 때에는 연나라 재상이 되고 다시 장군에 올랐다.

난포는 이런 말을 남기기도 했다. "힘들 때 치욕을 참지 못하면 사람 구실을 할 수 없고, 부귀할 때 뜻대로 하지 못하면 현명하다고 할 수 없다." 그러면서 그는 자기에게 은혜를 베푼 사람들에게는 후하게 보답했고, 원한이 있는 사람들은 반드시 법에 근거하여 파멸시켰다.

이후 오나라와 초나라가 반란을 일으켰을 때 그는 군공을 세워 유후俞侯로 봉해지고, 또 연나라 재상이 되었다. 연나라와 제나라에서는 모두 난포를 위하여 사당을 세우고 난공사欒公社라고 했다.

기개와 용기, 담대함을 지닌 난포는 자신의 아들에게 작위를 물려주고 세상을 떠났다. 사마천은 논평에서 "난포는 팽월을 위하여 통곡하고 끓는 물속으로 들어가는 것을 마치 제 집으로 돌아가는 것처럼 하였으니, 이것은 진실로 그가 삶과 죽음에 대해서 처신할 바를 알고 죽음을 겁내지 않은 것이다. 비록 지난날의 열사라도 이 이상 무엇을 더할 수 있겠는가!"(『계포·난포열전』)라고 극찬했다.

그가 세운 삶의 원칙은 너무 팍팍하여 남을 용서해 주는 관용의 미덕은 찾아보기 어려웠다. 그러나 그 원칙에 엄격한 만큼, 자신에게 은혜를 베푼 친구를 위해 어떤 일도 마다하지 않는 진정한 용기를 지닐 수 있었고 죽음의 고비에서도 굳건히 견뎌낼 수 있었던 것이다. 모반이라는 입에 올리기도 힘든 어마어마한 사건을 변호해 줄 수 있는 친구를 둔 팽월이 부러울 따름이다.

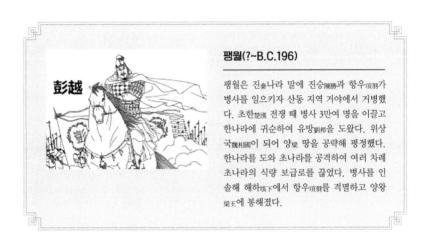

팽월(?~B.C.196)

팽월은 진秦나라 말에 진승陳勝과 항우項羽가 병사를 일으키자 산동 지역 거야에서 거병했다. 초한楚漢 전쟁 때 병사 3만여 명을 이끌고 한나라에 귀순하여 유방劉邦을 도왔다. 위상국魏相國이 되어 양梁 땅을 공략해 평정했다. 한나라를 도와 초나라를 공격하여 여러 차례 초나라의 식량 보급로를 끊었다. 병사를 인솔해 해하垓下에서 항우項羽를 격멸하고 양왕梁王에 봉해졌다.

2. 인재에 대한 투자는 미래를 위한 보험

큰 상인, 진시황의 아버지, 상국의 지위까지 오른 정치가, 이렇듯 여불위呂不韋는 다양한 면모로 기억되는 인물이다. 또한 반고가 여불위의 『여씨춘추呂氏春秋』를 잡가류로 분류한 뒤, 여불위는 잡가를 대표하는 사상가로 여겨지기도 했다. 여불위가 여러 사람의 사상을 널리 받아들이고 특히 초기의 도가道家 사상을 근본으로 각 사상의 장점을 취사선택하여 황로黃老 사상을 형성했기 때문이다. 따라서 여불위를 신도가新道家라고 부르는 것은 결코 틀린 말이 아니다. 황로 사상에 심취한 사마천이 여불위를 중시한 것도 당연하다. 사마천은 천지, 만물, 고금의 일에 관한 모든 것이 『여씨춘추』에 갖추어져 있다고 볼 정도로 여불위를 높이 평가했다.

『사기』 중에서도 가장 흥미진진한 편명으로 손꼽히는 「여불위 열전」에 따르면 여불위는 한韓나라 출신의 상인으로 여러 곳을 오가면서 물건을 싸게 사들여 비싸게 되팔아 천금이나 되는 돈을 모은 사람이다. 유달리 사람을 좋아한 그는 인재에 대한 투자야말로 영원하다고 믿었다.

여불위가 활동한 시기에 진秦나라의 후계 구도는 이랬다. 진나라 소왕昭王의 태자가 죽고 안국군安國君이라는 둘째 아들이 자리를 이어받아 효문왕이 됐다. 안국군에게도 아들이 20여 명이나 있었는데 정부인인 화양부인華陽夫人에게는 아들이 없었고 총애 받지 못한 하희夏姬란 첩실에게서 태어난 자초子楚가 조趙나라에 볼모로 가 있었다. 자초는 재물도 없었고 이렇다 할 인맥도 없어 실의에 빠진 나날을 보내고 있었다.

여불위가 조나라 수도 한단에 물건을 사러 갔다가 자초를 보더니 "이 진귀한 재물은 사둘 만하다(奇貨可居)"라며 그에게 가문을 크게 만들어 줄 수 있다고 말했다. 그러자 자초는 웃으면서 "먼저 당신 가문을 크게 만든 뒤에 내 가문을 크게 만들어 주시오"라고 비꼬았다. 여불위는 "당신이 모르는 모양인데, 제 가문은 당신 가문에 기대어 커질 것입니다"라고 응수했다.

그리고는 여불위는 자초에게 500금이나 되는 거금을 사람 사귀는 비용으로 주고, 자신은 500금으로 진기한 물건과 노리개를 사 서쪽 진나라의 화양부인을 만나러 떠난다. 화양부인에게 선물을 모두 바쳐 마음을 사로잡은 여불위는 자초를 추천한다. 또 화양부인의 언니를 부추겨 화양부인이 자초를 양자로 삼아 후사를 이어받게 했다.

화양부인 역시 손해 볼 것이 없다고 여기고 한가한 틈을 타 안국군에게 자초를 후사 자리에 세워 달라고 눈물로 호소하니 안국군은 자초에게 많은 물품을 보내고, 여불위에게는 잘 보살피도록 부탁까지 했다. 결국 진나라의 태자가 된 자초는 제후국에 이름을 떨치게 됐다.

여불위는 여기서 멈추지 않았다. 자신의 입지를 굳히기 위해서는 좀 더 확실한 대비가 필요했다. 그는 한 부호의 딸을 첩으로 삼았다. 어느 날 자초를 집으로 초대해 술을 마시고 있었는데 자초가 그녀를 보더니 한눈에 반해 달라고 했다. 마침 그녀는 여불위의 아이를 배고 있었다. 여불위는 속으로 치미는 화를 가라앉히고 자초에게 그녀를 바쳤다. 그러고는 그녀에게 절대 임신한 사실을 입 밖에 내지 말도록 했다. 그렇게 해서 낳은 아이가 정政이었다. 자초는 기쁜 마음에 그녀를 부인으로 세웠고, 여불위는 속으로 쾌재를 불렀다.

그러던 중 진나라 소왕이 눈엣가시인 조나라를 공격했다. 조나라는 볼모로 와 있던 진나라 왕자 자초를 죽이려고 했다. 그러자 다시 여불위가 500금으로 관리를 매수하여 자초의 부인과 아들 정은 남겨 두고 자초와 함께 진나라로 빠져나갔다. 조나라는 부호의 딸인 자초의 부인을 함부로 죽일 수도 없었다. 그로부터 6년 후 소왕이 죽고 안국군이 왕위에 올랐다. 자초가 태자가 되자 자초의 부인과 정도 함께 진나라로 돌아올 수 있게 됐다.

안국군이 1년 만에 죽고 자초가 왕이 됐으니 바로 장양왕莊襄王이다. 그런데 장양왕도 3년 만에 죽자 아들 정이 13세의 나이로 왕위에 올랐으니 바로 그가 후에 스스로 황제라 칭한 진시황秦始皇인 것이다. 이때부터 여불위는 상국, 즉 재상이 되고 중보仲父라고 불리면서 아버지에 준하는 예우를 받는다. 그런데 문제는 그다음부터다.

여불위가 나이 어린 진왕 정 몰래 사사로이 태후와 정을 통했다. 진왕이 성년이 돼도 둘의 애정 행각은 그칠 줄 몰랐다. 점점 발각될 것이 두려워진 여불위는 음경이 큰 노애를 찾아 집안일 거드는 자리를 주고는 음탕한 음악을 연주하며 그의 음경에 오동나무 수레바퀴를 달아 걷게 해 음란한 태후의 마음을 흔들어 놓았다. 작전은 성공이었다. 태후가 노애를 갖고 싶어 하자 여불위는 노애를 그녀에게 바치면서 거짓으로 성기를 제거하는 부죄腐罪를 받게 해 환관으로 만들어 태후가 곁에 두고 마음껏 즐기도록 했다. 태후는 마다하지 않았으며, 둘 사이에 아들을 둘이나 낳았다. 여불위는 다시 그녀와 모략을 꾸미며 진왕이 죽으면 뒤를 잇게 하자고 했다.

마침내 모든 것을 알게 된 진왕 정은 여불위를 관직에서 내쫓았다. 그런데도 부와 권력을 손에 쥔 여불위의 집은 방문객들로 문전성시를 이루는 것이 아닌가. 그것이 화근이었다. 결국 진왕 정은 여불위에게 편지를 보냈고 여불위는 그 편지로 자신의 죄를 알고는 독주를 마시고 자살했다.

여불위의 죽음은 어찌 보면 당연한 귀결이지만, 그가 첩의 아들인 장양왕과 진시황의 잠재력을 알아보고 키워 낸 것은 지금 보더라도 새롭다. 애첩의 임신 사실마저도 숨기면서 자신의 입신양명을 위해 모든 것을 내던지고 다시 훗날 시황제의 생모와 음행을 저지른 그의 행동에 혹자는 돌을 던질 수도 있겠다. 그러나 그가 남긴 기화가거, "인재는 반드시 곁에 두어야 한다"는 명제는 지금 이 순간까지도 여전히 빛을 발하고 있다.

장양왕(?~B.C.247)

장양왕 자초의 성은 영, 이름은 이인, 자는 자초. 효문왕 안국군의 둘째 아들이다. 안국군이 재위 1년 만에 죽자 자초가 왕으로 즉위했다. 즉위 후 여불위는 공로를 인정받아 상국(수상)으로 임명되었다. 장양왕이 재위 3년 만에 세상을 떠나자 아들 정이 즉위했는데 그가 바로 시황제이다.

여불위(?~B.C.235)

원래 하남河南의 대상인이었다. 그는 국경을 넘나들며 장사를 했으며 이를 통해 거금을 모은 전국시대 대부호였다. 특히 여불위는 수완이 뛰어나고 이재에 밝았다. 전국 말기의 귀중한 사료로 평가받는 『여씨춘추』는 여불위가 3,000여 명의 빈객들의 학식을 모아 편찬한 것이다.

여씨춘추

여불위가 식객들을 시켜 짓게 한 책. 26권. 전국 말戰國末 각가各家의 사상을 8람覽, 6론論, 12기紀로 분류하여 수록했는데, 수록량으로는 유가儒家, 법가法家, 노장가老莊家의 순이며 후세의 고증학자들에게 좋은 자료가 되고 있다.

3. 곁에 누구를 두느냐에 운명이 갈린다

권력을 쥐면 판단은 흐려지고 능력은 등 뒤로 숨어 버리고 오만의 그림자만 드리워지게 마련이다. 하여 인간이 눈앞의 욕망에 사로잡히면 대사를 그르치게 된다. 적어도 천하를 다스리는 자는 사사로운 명분에 휘둘리지 말고 냉철하게 사리를 판단해야 한다. 그러나 항우와의 전쟁에서 승리하여 한나라를 세운 유방劉邦(B.C.256~B.C.195)도 권력의 마수에서 예외가 아니었다.

한나라의 설립자 유방이 제국을 건설하면서 가장 고민한 문제는 수도 이전 문제였다. 제국의 도읍을 정하는 과제를 놓고 그는 고심에 잠겼다. 그러다 주나라 수도였던 낙양洛陽을 떠올렸다. 아직도 천자의 나라 이미지를 고스란히 간직하고 있어 과거의 찬란했던 주 문화를 이어받을 수 있다는 확신이 들었다.

유방은 수도를 옮기는 일에 착수했다. 일은 순조롭게 진행되는 듯했다. 그런데 제나라 포로 출신 유경이 낙양을 지나다 이 소문을 듣고는 진언했다. "폐하께서 낙양에 도읍을 정하신 것은 혹시 주나라 왕실과 융성함을 다투려는 것입니까?" 유방이 그렇다고 말하자 유경은 그렇게 해서는 안 되는 이유를 조목조목 설명했다. 그는 주나라의 탄생 과정을 얘기하면서 주나라야말로 은나라를 무너뜨리고 등장했다는 사실을 일깨웠다. 은나라 말기의 주왕紂王은 폭군 중의 폭군으로 자기 눈 밖에 나면 신하든 제후든 가리지 않고 소금에 절여 죽이고, 심지어 포를 떠서 죽일 정도로 포악했다.

그때까지 주나라의 힘은 미약했으나 요임금 때부터 10대에 걸쳐 선정을 쌓은 덕분에 문왕대로 내려오면 따르는 자들이 많았다. 아들 무왕이 즉위해 은나라 주왕을 칠 때는 맹진孟津에 모인 제후만 800여 명에 이를 정도였다. 그들은 한결같이 주왕을 끌어내야 한다고 말했고, 마침내 은나라를 멸망시켰다.

이후 주나라 성왕이 즉위하면서 낙읍(낙양)에 도성을 세웠는데, 유경은 지금의 상황이 당시 주나라의 상황과 전혀 다른 역사적 맥락에 있다고 본 것이다. 유방이 1000여 년 중원의 수도였던 낙양에 매료된 것은 그 역시 성왕과 같은 모습으로 폼 나게 정치하고픈 마음을 먹고 있었기 때문이다. 그러나 시대와 환경 변화를 고려하지 않은 그의 오판이 남길 커다란 후환을 유경은 정확하게 꿰뚫어 보고 있었던 것이다.

유경은 진나라의 수도였던 함곡관을 수도로 권했다. 사방이 산으로 에워싸여 있고, 하수가 띠처럼 흐르고 있으며, 사면의 요새가 나라를 튼튼하게 지키고 있어 안전하다는 것이었다. 유경이 단호한 어조로 "폐하께서 함곡관으로 들어가 도읍을 정하고 진나라의 옛 땅을 차지하는 것이 바로 천하의 목을 조르고 그 등을 치는 일입니다"라고 아뢰었다. 유방은 고심을 거듭하다가 결국 유경의 말을 들었다. 그러고는 그의 공을 치하해 낭중으로 삼고 봉춘군奉春君이라고 불렀다.

유경의 논지는 사람이란 자신이 걸어온 역정을 거울삼아 미래의 계획을 세워야 한다는 것이다. 말 위에서 천하를 얻은 유방에게 필요한 것은 거창한 수도 이전 계획보다는 제국의 초석을 닦아 자손에게 잘 물려주는 것이었다. 게다가 자신도 수많은 정적으로부터 보호해야 하는 이중의 일을 처리해야 했다. 그런 유방에게 허울뿐인 낙양은 자칫 치명상을 남길 수도 있었다.

또한 유방은 한왕韓王 신信이 모반하고 흉노와 손을 잡자 흉노를 공격하기 위해 10명의 사신을 보내 정황을 탐색하도록 했다. 사신들은 한결같이 흉노의 전력이 형편없다고 보고했다. 그러나 유경만은 흉노의 전력이 위장된 것이라고 했다.

"두 나라가 싸우려 할 때는 상대편에게 자신들의 장점을 과장하여 보이는 것이 당연합니다. 그런데 신은 흉노에 가서 여위고 비쩍 마른 가축과 늙고 약한 병사들만을 보았습니다. 이는 틀림없이 자기들의 단점을 보여 주고 기병을 숨겨 두었다가 승리를 얻으려는 것입니다. 신의 어리석은 생각으로는 흉노를 치면 안 됩니다.”

이 무렵 한나라 군대 20만 명은 이미 구주산句注山을 넘고 있었다. 고조는 노하여 “제나라 포로 놈이 입만 살아서 혀를 놀린다”라며 유경을 꾸짖었다. 그러고는 그에게 칼을 씌워 광무현에 가두고 계속 진군했다. 그러나 유경의 판단은 틀리지 않았다. 매복한 흉노 기병은 백등산白登山에서 고조를 에워쌌다가 이레 뒤에야 포위를 풀어 주어 돌아가게 했기 때문이다.

구사일생으로 살아난 유방은 그제야 유경의 진가를 다시 한번 깨닫고 앞서갔던 사신들의 목을 모두 베어 버렸다. 유경에게는 식읍 2,000호를 내려 관내후關內侯로 삼고 건신후建信侯라 불렀다.

천하는 늘 안정과 위기가 공존한다. 누구든 언제든 이에 대비해야 하는데 권력에 취해 판단을 그르칠 때 곁에 누가 있는가 하는 점이 중요하다. 간신이 있는가 아니면 충신이 있는가 하는 점이 그 조직의 운명을 바꾸는 법이다. 세상은 어느 한 사람의 힘에 의해 이루어지지 않는다는 원칙은 여전히 통용되는 불변의 진리다. 과거의 역사도 그러했고 지금의 현실도 이런 원칙에서 그리 멀리 있지 않다.

4. 리더가 인재를 만든다

급변하는 정세는 역설적으로 뛰어난 인물들이 생각의 나래를 펼칠 더 넓은 공간을 마련해 주는 경우가 적지 않다. 『전국책戰國策』에 나오는 ‘백

락일고伯樂一顧', 즉 '백락이 한번 돌아본다'는 성어는 세상에 제아무리 훌륭한 인물이 있어도 그것을 알아보는 통찰력이 없으면 아무런 소용이 없음을 알려 준다.

맹상군(孟嘗君, ?~B.C.279)은 제齊나라 종실 대신 전영田嬰의 서출이다. 맹상군이 어느 날 후궁들이 아름다운 비단옷을 질질 끌고 다니고, 선비들은 변변한 바지 하나 제대로 걸치지 못하도록 냉대하는 것을 보고 아버지를 찾아가 비판하며 지식인을 예우해야 한다고 강조했다.

그는 "장수의 가문에는 반드시 장수가 있고, 재상의 가문에는 반드시 재상이 있다(將門必有將, 相門必有相)"(「맹상군열전」)라며 엄청난 재물을 인재 양성에 쏟아 식객을 3,000명이나 거느릴 정도였다. 식객 중에는 닭 울음소리를 내거나 개 짖는 소리를 내는 자들도 있었으니, 세상 모든 유형의 사람들이 있었던 것이다.

천하의 인재를 모으는 데 온 힘을 기울인 맹상군에게 선비들이 구름처럼 몰린 이유는 단 하나였다. 편견 없이 대하고 자신과 차등을 두지 않는다는 것이다. 그는 신분상의 귀하고 천함을 가리지 않고 한결같이 자신과 똑같은 대우를 해 주었다.

하루는 맹상군이 손님과 이야기를 나누고 밤참을 대접하고 있었다. 그런데 누군가 불빛을 가린 탓에 방 안이 어두웠다. 손님은 자신의 음식이 맹상군의 것과 다른 것을 감추기 위하여 일부러 어둡게 한 것이라고 짐작하고 기분이 상해서 먹지 않고 돌아가려고 했다. 맹상군이 일어서서 몸소 자신의 밥그릇을 들어 손님의 것과 비교해 보이자 손님은 부끄러워 스스로 목숨을 끊었다.

이 일이 있은 후 더욱 많은 식객들이 맹상군에게 모여들었다. 맹상군은 누구에게나 모두 잘 대우했으므로 식객들은 모두 '맹상군은 나와 친하다'고 생각했다.

한편 맹상군의 사람됨은 서쪽의 강국 진秦나라에도 알려졌다. 소왕昭王이 맹상군을 손에 넣으려고 자신의 아우(경양군)와 맞바꾸자는 제안을 할 정도였다. 맹상군이 진나라로 가려고 했지만 호랑이나 이리 같은 진나라에 이용되지 말라는 소대蘇代(소진의 동생)의 충고를 받아들여 가지 않기로 했다. 그러나 시간이 흘러 다시 맹상군을 보낼 것을 요청하자 제나라 민왕은 그에게 여우 겨드랑이의 흰 털로 만든 가죽옷을 가지고 진나라로 가도록 했다.

소왕이 즉시 맹상군을 진나라 재상으로 삼으려 하자 측근들이 '그는 제나라 이익을 먼저 생각할 것'이라며 반대했다. 소왕은 생각을 바꿔 그를 가두고 계략을 짜 죽이려 했다. 이에 맹상군은 사람을 시켜 소왕이 아끼는 첩에게 풀어 줄 것을 청하도록 했다. 소왕의 첩은 이렇게 말했다. "저는 맹상군이 가지고 있는 여우 겨드랑이의 흰 털로 만든 가죽옷을 갖고 싶습니다."

여우 겨드랑이의 흰 털로 만든 가죽옷은 그 값이 천금이나 되고 천하에 둘도 없는 것이었다. 그러나 이것은 진나라에 와서 소왕에게 이미 바쳤고 또 다른 옷은 없었다. 고민에 빠진 맹상군은 자신의 식객들에게 대책을 물었지만 시원한 대답을 하는 이가 없었다. 그런데 맨 아랫자리에 앉아 있는 사람 중에 개 흉내를 내 좀도둑질을 하는 자가 슬며시 일어나 자신이 여우 가죽옷을 구해 올 수 있다고 했다.

밤이 깊어지자 그는 개 흉내를 내 진나라 궁궐 창고 속으로 들어가서는 소왕에게 바쳤던 여우 가죽옷을 훔쳐 돌아왔다. 맹상군은 이것을 진나라 소왕의 첩에게 바쳤다. 소왕의 첩이 맹상군을 풀어 달라고 소왕에게 간청하자 맹상군은 풀려나게 됐다.

맹상군은 즉시 말을 몰아 제나라로 내달렸다. 국경 통행증을 위조하고 이름과 성을 바꾸어 빠져나오려고 했다. 모든 것이 순조로웠으나 한밤중 함곡관에 다다랐을 때 문제가 발생했다.

그의 뒤로 진나라 소왕이 보낸 자들이 말을 타고 달려오고 있었는데, 밤중이라 문이 굳게 닫혀 있었다. 함곡관까지 왔지만 국경의 법으로는 첫 닭이 울어야 객들을 내보내게 돼 있었다.

맹상군은 뒤쫓아 오는 자들이 닥칠까 봐 어쩔 줄을 몰랐다. 그런데 이번에도 그의 식객 중 가장 말석에 앉아 있던 자가 일어나 닭 울음소리를 흉내 내자 근처의 닭들이 다 같이 울었고 성문이 열렸다. 맹상군은 재빨리 통행증을 보이고 함곡관을 빠져나왔다. 이때 닭 울음소리(鷄鳴)와 개도둑(狗盜) 때문에 맹상군이 목숨을 건진 것을 두고 후세 사람들이 '계명구도鷄鳴狗盜'라고 일컬었다. '계명구도'는 통찰력 있는 비유일 뿐만 아니라 현대를 위한 실용적인 교훈을 제시한다. 화려함을 중시하는 세상에서 계명구도는 아무리 사소해 보일지라도 모든 기술을 소중히 여기는 마음을 부드럽게 일깨워 준다. 더 넓은 사회적 맥락에서 계명구도는 사회적 약자를 간과하거나 과소평가하지 말라는 경각심을 일깨워줄 수 있다. 계명구도는 모든 사람의 잠재력을 인정하는 것을 옹호한다. 모든 사람이 각자의 고유한 능력을 발휘할 수 있는 기회를 만들어야 사회 전체가 발전할 수 있다.

또한 사마천은 "처음 맹상군이 이 두 사람을 빈객으로 삼았을 때, 다른 빈객들은 모두 같은 자리에 앉는 것을 부끄러워했다. 그런데 맹상군이 진나라에서 곤경에 처했을 때, 이 두 사람이 그를 구한 것이다. 그 뒤 빈객들은 너나없이 마음속 깊이 맹상군을 따르게 되었다"(「맹상군 열전」).

한편 제나라 민왕은 마음이 매우 불편했다. 자기가 맹상군을 진나라로 보내 곤경에 처하게 만들었기 때문이다. 그리하여 맹상군이 돌아오자 재상으로 등용하고 정치의 모든 권한을 맡겼다.

개똥도 약에 쓰려고 하면 없는 법이다. 인재란 탁월한 능력을 갖춘 인물이어야 하겠지만 우리 사회에는 남의 눈에는 별 볼 일 없어 보이는 사람도 많은 일에 충실한 경우가 많다. 다만 그런 인재를 발굴해 적재적소에서 일할 자리를 만들어 주는 것은 리더의 몫이다. 무슨 재주건 언젠가는 빛을 보게 된다. 세상도 넓고 인재도 많지 않은가. 세상에 버릴 사람은 하나도 없다.

맹상군(?~B.C.279)

전국시기 제나라의 귀족이자 승상이었다. 부친은 전영이다. 봉지로 설薛의 땅을 가지고 있었다. 그래서 설공薛公으로 일컬어진다. 문하門下에 식객食客 수천 명을 거느렸다. 일찍이 한韓, 위魏나라와 연합하여 초楚, 진秦나라를 물리치기도 했다. 인재를 좋아하며 선행을 베풀어서 당시 중국 천하에 이름을 떨쳤다.

5. 인물을 알아보는 안목

한신韓信은 소하蕭何와 자주 이야기를 나누었다. 소하는 한신이 뛰어난 인물임을 알아보았다. 한왕이 한중 땅을 받아 수도인 남정南鄭에 이르렀는데, 그곳으로 가는 도중에 도망친 장수가 수십 명이나 되었다. 한신도 소하 등이 추천했지만 주상이 자신을 등용하지 않는다고 생각하고 달아났다. 소하는 한신이 달아났다는 말을 듣고는 한왕에게 말할 겨를도 없이 직접 그를 뒤쫓았다. 어떤 사람이 한왕에게 말했다.

"승상, 소하가 달아났습니다."

한나라 왕이 몹시 화를 내며 양손을 잃은 것처럼 실망했다. 며칠 뒤에 소하가 돌아와 한왕을 알현하자 한왕은 노여움과 기쁨이 뒤섞여 소하를 꾸짖었다.

"그대는 어째서 도망쳤소?"

소하가 대답했다.

"제가 도망친 것이 아니라 도망친 자를 뒤쫓아 갔던 것입니다."

한왕이 물었다.

"그대가 뒤쫓은 자가 누군가?"
"한신입니다."

한왕은 다시 꾸짖었다.

"장수들 가운데 도망친 자가 수십 명이나 되는데도 그대는 쫓아간 적이 없소. 한신을 뒤쫓았다는 것은 거짓말이오."

소하가 말했다.

"다른 장수들은 쉽게 얻을 수 있습니다. 그러나 이 나라에서 한신에 견줄 만한 인물은 둘도 없습니다. 왕께서 계속 한중의 왕으로 만족하신다면 한신을 문제 삼을 필요는 없습니다만, 반드시 천하를 놓고 다투려 하신다면 한신이 아니고는 함께 일을 꾀할 사람이 없습니다. 왕의 생각이 어느 쪽에 있는가에 달린 문제일 뿐입니다."

한왕이 말했다.

"나 역시 동쪽으로 나아가 천하를 다투고자 하는데, 어찌 답답하게 이런 곳에 오래 있겠소?"

소하가 말했다.

"왕의 계책이 반드시 동쪽으로 나아가고자 한다면 한신을 등용하십시오. 그러면 한신은 머무를 것입니다. 한신을 등용하지 않으면 그는 결국 떠나갈 것입니다."

한왕이 말했다.

"내 그대를 보아 장수로 삼겠소."

소하가 말했다.

"장수로 삼을지라도 한신은 머무르지 않을 것입니다."

한왕이 말했다.

"그러면 대장으로 삼겠소."

소하가 말했다.

"참으로 다행스러운 일입니다."

그래서 한왕이 한신을 불러서 대장으로 삼으려 했다. 그러자 소하는 이렇게 말했다.

"왕께서는 본래 오만하여 예를 차리지 않으십니다. 지금 대장을 임명하는데 어린아이 부르듯 하시니, 이것이 바로 한신을 떠나게 한 까닭입니다. 왕께서 그를 반드시 대장으로 삼고자 하신다면 좋은 날을 택하여 재계하고 단장壇場을 설치하여 예를 갖추어야 가능합니다."

한왕은 그렇게 하겠다고 했다. 여러 장수가 모두 기뻐하며 저마다 자신이 대장이 될 줄로 생각했다. 그러나 막상 한신이 대장으로 임명되자 군대가 모두 놀랐다.

이와 같이 한신은 주군에게 인정받지 못하자 방황하다가 결국 탈출을 감행한다. 그런 한신을 뒤쫓아 간 소하와 소하를 꾸짖는 한고조 유방 사이에는 보이지 않는 시각 차이가 존재한다. 유방과 한신을 이어 주는 소하가 빛을 발하는 이유는 누구든지 자신을 알아주는 사람을 만나야 성공할 수 있다는 진리를 말해 주기 때문이다. 한신의 역량을 알아본 소하의 안목은 소하를 절대적으로 지지한 유방 덕분에 더욱 빛날 수 있었다. 한신은 대장이 되고 나서 자신을 믿어 준 소하의 안목에 보답이라도 하듯 한나라 개국의 3대 공신이 된다.

한신을 데려오기 위해 쫓아가는 소하

6. 상벌은 분명하게 한다

진秦나라가 아직 천하를 제패하기 전 대개혁을 이룬 사람이 상앙商鞅이다. 그는 개혁 법령을 공포하기에 앞서 도읍 남문에 둥근 장대를 세워놓고 "이 나무를 북문까지 옮겨 놓는 자에게는 10금의 상을 주겠다"라고 고시했다. 처음에는 아무도 그것을 믿지 않았다. 상앙은 상금을 50금으로 올렸다. 그러자 한 사람이 반신반의하며 그것을 옮겨 놓았는데 상앙은 약속대로 상금을 주었다.

그 후부터 내려지는 포고령에 백성들 모두가 잘 따랐을 것은 두말할 나위도 없다. 위 이야기와는 반대 경우인데 벌을 주는 데 있어서도 이와 흡사한 맥락의 고사가 있다.

한나라 장군 팽월이 젊은 시절에 있었던 일이다. 팽월이 동료들과 도둑질을 하고 있던 진나라 말기, 천하는 크게 어지러웠고 각지에서 반기를 들고 일어서는 자는 꼬리를 물었다. 팽월 등도 1백 명 정도의 부대를 만들게 되었으며 팽월은 그 수령이 되어 달라는 부탁을 받았다. 그는 사양했지만 동료들의 간곡한 부탁을 뿌리칠 수 없어서 "그럼 내일 새벽 해 뜨는 시각에 집합하도록 하되 늦는 자는 목을 베겠다"라고 말했다.

이튿날 새벽 10여 명이 늦었다. 팽월은 "모두 목을 벨 수는 없으니 제일 늦게 온 자를 참살하겠다"라고 말했다. 일동은 빙긋이 웃으면서 그 말을 믿지 않았다. 그러자 팽월은 제일 늦게 온 자를 끌어내고 참살하라는 명령을 내렸다. 일동은 긴장했다. 그들은 이후 팽월의 명령에 복종하게 되었다.

상과 벌은 사람을 움직이는 데 없어서는 안 되는 두 가지 수단이다. 그러나 그 기준이 분명하고 시행이 엄격해야만 제대로 효과를 얻을 수 있음을 보여 주는 이야기다.

상앙(B.C.390~B.C.338)

衛위나라 사람으로 공손앙公孫鞅으로도 불린다. 전국시기의 정치가이자 개혁가, 사상가이다. 법가法家의 대표적인 인물이다. 뒤에 공을 세워 상읍商邑을 하사받아서 상군商君, 혹은 상앙商鞅으로 일컫게 되었다. 그는 진秦나라의 부국강병을 위해 변법變法을 시행했다. 호적제도를 개선하고 군공軍功으로 작위를 내리게 하였다. 또한 토지제도, 행정구역, 세금, 도량형 및 민속 등을 정비하고, 엄한 법률로 나라를 다스리게 만들었다. 그리고 경제적으로 상업보다 농업을 장려하고, 군사적으로는 군 통수권자가 되었다.

7. 올바른 원칙에서 신뢰가 피어난다

  춘추시대 동쪽의 강국 제나라에 위기가 찾아왔다. 진晉나라가 아읍阿邑과 견읍을 치고 연燕나라가 황하 부근을 공격하고, 연이은 패배와 오랜 전쟁으로 군사들도 지친 상태였다. 초조해하는 경공景公에게 재상 안영晏嬰이 전완田完의 후손인 양저穰苴를 추천했다. 그가 비록 전씨의 서출이지만 글도 잘 쓰고 무예도 쓸 만하다는 것이었다. 경공이 양저를 불러 이야기를 나눠 보니 마음에 들었다. 그는 즉시 양저를 장군으로 삼아 군사를 이끌고 가서 연나라와 진나라 군사를 막도록 했다.

  그러나 양저는 하루아침에 장수에 오른 자신의 명을 누구도 듣지 않으리라는 결론을 내리고 경공을 찾아가 이렇게 건의했다. 신은 이렇다 할 기반이 없으니 백성의 존경을 받으면서도 경공이 총애하는 분을 감군監軍 자리에 내세우면 자신이 곁에서 잘 보필하겠노라고. 이에 경공은 장고長考라는 사람을 추천했다.

  양저는 장고와 다음 날 정오에 군문軍門에서 만나기로 약조했다. 이튿날 양저는 수레를 빨리 달려 먼저 군영으로 가서 해시계와 물시계를 마련해 놓고 장고를 기다렸다. 원래 장고는 교만한 사람으로, 장군이 이미 군영에 가 있으니 감군인 자신은 서두를 것 없다고 생각했다. 친척과 측근들이 그를 전송하자 술을 마시며 꾸물댔다. 정오가 됐는데도 장고가 오지 않자 양저는 해시계를 엎고 물시계를 쏟아 버리고는 군영으로 들어가 순시하고 병사들을 지휘하며 군령을 전 지역에 선포했다.

  그러나 장고는 대부들의 송별연까지 참가한 후 저녁때가 돼서야 거들먹거리는 모습으로 나타났다. 양저가 늦은 이유를 추궁하자 장고는 송별

연 때문에 늦었다고 둘러댔다. 양저는 불호령을 내렸다.

> "지금 적들이 쳐들어와 나라가 들끓고 병사들은 국경에서 뜨거운 햇살과 비바람을 맞고 있습니다. 왕께서는 편히 잠자리에 들지 못하고 음식을 드셔도 단맛을 느끼지 못합니다. 백성의 목숨이 모두 당신에게 달려 있거늘 송별회라는 말이 뭡니까."

그러고는 즉시 군 법무관인 군정에게 군법대로 처리하도록 하니 목을 베어야 한다고 말했다. 그제야 장고는 상황의 심각성을 알고 급히 사람을 시켜 경공에게 사면을 요청했다. 그러나 경공의 사자가 들이닥치기 전에 처단돼 목이 군영에 내걸렸다. 얼마 후 경공이 보낸 사자가 장고를 사면하라는 부절을 가지고 말을 달려 군영 안으로 들어왔다. 사면을 청하는 그에게 양저는 "장수가 군영에 있을 때에는 왕의 명령도 받들지 않을 수 있소"라고 일침을 가하고는 군영 안에서 말을 달린 그에게 군법에 따라 목을 베어야 한다는 군정의 말을 전했다. 이 말을 들은 사자가 몸을 벌벌 떨자 양저는 짐짓 "그는 왕의 사자이니 죽일 수는 없지 않은가"라고 하면서 그의 마부와 수레 왼쪽의 곁나무, 왼쪽 곁말의 목을 베어 본보기로 삼았다. 양저는 사자를 보내 경공에게 보고하도록 한 뒤 싸움터로 나갔다.

전장에 가보니 사기가 땅에 떨어질 대로 떨어져 있었다. 양저는 냉소적인 병사들을 몸소 보살피며 그들의 가려운 곳을 긁어 주고 입고 먹는 것도 병사들과 똑같이 했다. 그러자 얼마 후 병사들이 서로 전쟁터에 나가겠다고 다짐했고 진나라와 연나라 군대는 이 소문을 듣고 달아나거나 흩어졌다. 양저는 그들을 추격해 예전의 땅을 되찾고 대사마大司馬로 승진했으며 백성들의 존경을 받았다.

법이란 다스림의 근거이며 포악한 짓을 금해 선善으로 인도하는 원칙이라는 사실을 상기해 준다. 어디 군대뿐이겠는가. 법이 바르면 백성들이 충성을 다하고, 지은 죄를 정당하게 처벌하면 백성들이 복종하므로 군주 된 자는 중시하지 않을 수 없다. 모든 일은 공사의 구분에서 비롯되는 법이고, 법과 원칙을 이행하는 것은 조직을 관리하는 자의 필수 자질이다.

세상을 살면서 비주류가 택할 수 있는 성공의 승부수는 의외로 많지 않다. 만일 양저가 적절한 타협과 비굴로 낙하산 인사나 다름없는 장고를 사면해 주고 사자에게도 그런 모습을 보여 경공의 환심을 사려고 했다면 그 조직에서 살아남아 공을 세울 수 있었을까.

고지식한 기준이 아니라 누구든 납득할 수 있는 원칙, 인간을 배려한 법을 흔들림 없이 적용하는 태도는 신뢰를 쌓는 데 가장 기본이 된다. 더구나 아직 지지 기반이 없는 리더일수록 '원칙의 리더십'은 더욱 큰 힘을 발휘한다. 단 한 가지, "원칙은 리더 자신으로부터 시작되어야 한다"는 것을 기억해야 한다.

양저(사마양저, ?~B.C.500)

전국시대 제나라 사람. 본래 성은 전田씨다. 대부를 지냈다. 제나라 경공 때 진나라와 연나라가 쳐들어 왔는데, 안영의 추천으로 장군이 되어 적을 물리치고 실지를 회복했다. 경공이 노고를 위로하고 대사마大司馬로 높여 '사마양저'라 부르게 되었다. 전국시대 제위왕이 그의 용법 전술을 본받아 제후 사이에서 위세를 보였다. 대부들에게 옛날의 사마병법司馬兵法을 추론하게 하고 양저를 그 안에 넣었는데, 이 때문에 『사마양저병법司馬穰苴兵法』이라 불렸다.

8장

—

미래를 대비하는
안목

1. 때를 놓치면 안 된다

편작扁鵲은 춘추전국시대 제齊나라 발해군(현 하북성과 산동성) 출신의 명의名醫이다.

'편작扁鵲'의 뜻을 있는 그대로 풀면 '작은扁 까치鵲'다. '편'에는 '작다' 외에 '두루, 널리'라는 뜻도 있으므로 '편작'은 '널리 돌아다니는 까치'를 의미한다. 중국에서 까치는 좋은 소식을 전하는 새로 알려져 있다. 중국에서는 까치를 '기쁠 희' 자를 써서 '희작喜鵲'이라고 한다. "뛰어난 의사는 좋은 소식을 많이 전한다"는 의미에서 '널리 병을 고치는 까치'라는 뜻으로 '편작'이라는 이름이 붙여졌다.

편작은 장상군長桑君이라는 사람에게 의술을 배워 의사가 되었는데 여러 종류의 병을 약초나 침으로 치료하였으며, 맥박에 의한 진단에 탁월하였다고 한다. 그에 관한 일화로는, 괵나라 태자가 시궐尸厥이라는 병에 걸려 거의 죽은 것으로 여겨졌을 때 그가 치료하여 소생시켰다는 이야기와 제齊나라 환후桓侯의 안색만을 보고 그 병의 원인을 알아낸 이야기 등이 유명하다.

편작이 제나라를 들르자 제나라 환후는 편작을 빈객으로 맞이했다. 편작은 궁궐로 들어가 환후를 뵙고 말했다.

"군왕께서는 살가죽 겉의 작은 결에 병이 있는데, 치료하지 않으면 더욱 깊어질 것입니다."

환후가 말했다.

"과인에게는 질병이 없소."

편작이 물러가자 환후는 곁에 있던 신하들에게 말했다.

"의원이란 자들은 이익을 탐하여 병도 없는 사람을 가지고 공을 세우려고 한다."

닷새 뒤에 편작은 또 환후를 뵙고 말했다.

"군왕께서는 혈맥에 병이 있습니다. 지금 치료하지 않으면 깊어질까 두렵습니다."

환후가 말했다.

"과인에게는 질병이 없소."

편작이 물러가자 환후는 기분이 언짢았다. 닷새 뒤에 편작은 또 환후를 뵙고 말했다.

"군왕께서는 장과 위 사이에 병이 있습니다. 치료하지 않으면 더 깊어질 것입니다."

환후는 대답하지 않았다. 편작이 물러가자 환후는 기분이 좋지 않았다. 닷새 뒤에 편작은 또 환후를 만났는데 멀리서 바라보기만 하고 그냥 물러났다. 환후가 사람을 보내서 그 까닭을 묻자 편작이 말했다.

"병이 살가죽 겉의 작은 겯에 있을 때는 탕약과 고약으로 고칠 수 있고, 혈맥에 있을 때는 쇠침과 돌침으로 치료할 수 있으며, 장과 위에 있을 때는 약술로 고칠 수 있습니다. 그러나 병이 골수까지 들어가면 사명(司命, 인간의 생명을 주관하는 고대 전설 속의 신)도 어찌할 수 없습니다. 지금은 [병이] 골수까지 들어가 있기 때문에 제가 더는 드릴 말씀이 없는 것입니다."

그로부터 닷새 뒤 환후는 몸에 병이 들었으므로 사람을 보내 편작을 불렀지만, 편작은 이미 자리를 피해 떠난 뒤였다. 환후는 결국 죽었다.

미연에 방지하라는 말이 있다. 사소한 것이라고 대수롭지 않게 생각하면 자칫 대사를 그르치기 마련이라는 경고를 담은 이야기다. 편작이 환후의 병세를 잘 진단하고 그에 합당한 조처를 취할 것을 요구했지만 환후는 별것 아니라고 여겨 결국 죽음에 이르게 되었다. 사람은 때로 이렇게 미련해서 자신에게 다가오는 죽음의 그림자를 보고도 대비하지 못한다.

2. 판에 박힌 것에 집착하지 말라

공자孔子가 포(蒲, 지금의 산서성 영제현) 땅을 지날 때 마침 공숙씨公叔氏가 포를 거점으로 위衛나라를 배반하고 반란을 일으켰다. 포 사람들이 공자 일행이 가는 길을 가로막았다.

제자 중에 공양유公良孺라는 자가 있어 개인용 수레 다섯 대로 공자를 모셨다. 그는 키가 크고 사람됨이 어질고 용기 있고 힘도 있었는데, 공자에게 말했다.

> "제가 옛날에 선생님을 따라 광성匡城에서 난을 만났고 오늘 또다시 여기서 난을 만나게 되었으니 운명인 것 같습니다. 제가 선생님과 함께 다시 난에 부딪히려니 차라리 싸우다 죽겠습니다."

싸움이 상당히 격렬했다.

포 땅의 사람들이 두려워서 공자에게 말했다.

> "만일 위衛나라로 가지 않는다면 그대를 놓아주겠소."

공자가 그에게 맹세하자 공자를 동문東門으로 내보냈다. 그러나 공자는 끝내 위나라로 갔다.

자공子貢이 말했다.

> "맹세를 저버릴 수 있습니까?"

공자가 말했다.

"강제된 맹세라면 신神도 들어주지 않는다."

이와 같이 어리석은 사람은 틀에 얽매이지만 현명한 사람은 자신의 틀을 만들어 가는 법이다. 십사 년간 북중국을 유세하며 다닌 공자는 우리가 알고 있는 성인의 모습만 보인 것이 아니다. 이 장면을 통해 노련한 정객 공자의 모습을 엿볼 수 있다. 공자가 강조하는 '인仁'의 문제도 결국은 '군자의 기본적 틀'을 강조하는 셈이다. "궁하면 변해야 하고, 변하면 통하고, 통해야 존재하며, 존재하면 강해지는 법이다." 세상일이 변화무쌍한데 자신만 변하지 않으면 무슨 소용이 있겠는가?

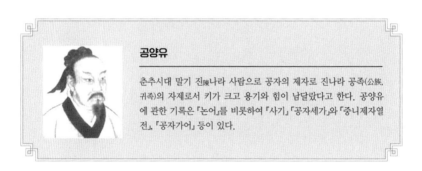

공양유

춘추시대 말기 진陳나라 사람으로 공자의 제자로 진나라 공족(公族, 귀족)의 자제로서 키가 크고 용기와 힘이 남달랐다고 한다. 공양유에 관한 기록은 『논어』를 비롯하여 『사기』 「공자세가」와 「중니제자열전」, 『공자가어』 등이 있다.

3. 사냥개와 사냥꾼의 차이점

소하蕭何는 유방劉邦과 같은 동네에서 자랐으며 유방이 건들거리면서 동네를 누비고 다닐 때 하급 관리로 재직하고 있었다. 유방이 정장亭長이라는 관리로 등용되었을 때 소하는 여러 가지로 유방에게 도움을 주었다. 물질적인 면에서도 아낌없이 도왔다. 공평하게 업무를 잘 처리했기 때문에 중앙 관리로 영전할 수 있는 기회가 있었지만 소하는 끝까지 사양한 채 고향에 남았다.

유방이 봉기하여 패공沛公이 되자 소하는 승丞이 되어 늘 일을 감독했다. 패공이 함곡관을 지나 진秦의 수도 함양咸陽에 도착했을 때 다른 장수들은 모두 돈과 비단 등 재물이 있는 창고로 달려갔지만, 소하는 진나라의 법령과 도서 따위를 챙겼다. 유방은 한왕漢王이 된 후 소하를 승상으로 삼았다. 항우가 궁궐에 불을 질러 잿더미로 만들었지만 유방은 소하가 확보한 문서 덕분에 지역별 인구, 특산물, 백성들의 민원 등 천하의 형세를 한눈에 파악할 수 있었다. 특히 소하는 유방에게 한신을 적극 추천, 유방이 천하를 얻는 데 큰 도움을 주었다. 한신은 항우가 자신을 홀대하자 유방 진영으로 넘어왔지만 유방도 자신에게 말을 관리하는 하찮은 일을 맡기자 유방의 진영에서 달아났다. 하지만 말을 타고 뒤쫓아 온 소하의 설득으로 다시 복귀한다. 그리고 소하의 추천으로 대장군의 인수를 받은 후부터 맹활약하며 천하쟁탈전의 형세를 유방 쪽으로 기울게 한다.

이처럼 소하는 전방이 아니라 후방에서 일을 했다. 전투병과가 아니라 행정병과였지만 전방에서 직접 전투를 벌이는 장수들을 능가하는 역할을 했다. 특히 군수, 보급 업무는 전적으로 소하가 책임지고 수행했다.

> "한왕이 병사를 이끌고 동쪽을 평정할 때 소하는 승상으로 한중에 남아 파촉을 지키면서 그 지역을 안정시키고 군에 식량을 공급했다. 또한 한왕이 제후들과 초楚나라를 칠 때 소하는 관중關中을 지키고 태자를 보살피면서 역양櫟陽을 다스렸다. 법령과 규정을 만들고 종묘, 사직, 궁실, 현읍을 세웠는데

바로바로 주상에게 보고하여 허락을 얻어 일을 처리했다. 주상에게 보고를 올릴 경황이 없으면 알아서 시행하고 주상이 돌아오면 보고했다. 관중의 호구를 헤아려 군에 식량을 공급했다. 한왕이 몇 차례 군을 잃고 도망 다닐 때도 소하는 늘 관중에서 병졸을 내서 바로바로 보충했다. 주상은 이 때문에 소하에게 관중의 일을 전적으로 맡겼다."

아무리 신뢰하는 사람이라도 오랫동안 눈에 띄지 않으면 의심하게 되는 것이 사람의 마음이다. 유방도 그랬다. 소하가 후방에 남아서 일을 매끄럽고 믿음직스럽게 잘 처리한다고 믿었지만 마음 한구석에서는 혹시나 하는 걱정을 지울 수 없었다. 유방 자신을 비롯해서 장량, 한신, 번쾌 등 측근들이 모두 진영을 비우는 때가 많기 때문에 유방의 본부 캠프는 무주공산이나 마찬가지였다. 따라서 소하가 마음만 먹으면 언제든지 반란을 일으켜 접수할 수도 있었다. 이 때문에 유방은 수시로 사람을 보내 소하의 동태를 파악하게 했다. 소하를 위로한다는 명목으로 선물을 보내는 형식이었지만 내심으로는 소하를 묶어 두려는 계책이었다.

소하는 먼저 자신을 버림으로써 유방의 이러한 의심을 잠재웠다. 자식들과 형제들 중 군에 갈 만한 형편이 되는 사람은 모두 차출해서 전방으로 보냈다. 소하가 가문에서 1개 중대 병력을 뽑아서 한꺼번에 전투에 참가시키자 유방은 흡족해하면서 의심을 거두었다.

한나라 5년(한고조 5년), 항우를 죽이고 천하를 평정하자, 공을 논하여 봉토를 주었다. 여러 신하들이 공을 다투었으므로 일 년이 지나도록 공적 문제가 결말이 나지 않았다. 고조는 소하가 가장 공이 크다고 여겨, 그를 찬후로 봉했고 식읍食邑도 가장 많이 주었다. 전투에 참가한 장수들이 가만있을 리 없었다. 이들은 격렬하게 반발했다.

"신들은 몸에는 갑옷을 입었고, 손에는 예리한 창칼을 잡고서 많은 자는 백 번 넘게 싸움을 했고, 적은 자도 수십 번을 싸웠습니다. 성을 공격하고 땅을 빼앗음에 공로의 크고 작음에 각자 차이를 두어야 합니다. 그런데 지금 소하에게 어찌 땀 흘린 공로가 있다고 할 수 있습니까? 그는 한갓 글과 붓을 잡고 의론했을 뿐 전쟁도 하지 않았는데 오히려 저희보다 등급이 높으니 어찌 된 까닭입니까?"

그러자 유방은 사냥개와 사람의 비유를 들어 명쾌하게 정리해 버린다. 고조가 물었다.

"그대들은 사냥에 대해서 아시오?"

군신들이 대답했다.

"알고 있습니다."

고조는 말했다.

"사냥에서 들짐승과 토끼를 쫓아가 죽이는 것은 사냥개지만 개 줄을 풀어 짐승이 있는 곳을 알려 주는 것은 사람이오. 지금 그대들은 한갓 들짐승에게만 달려갈 수 있을 뿐이니 공로는 마치 사냥개와 같소. 소하로 말하면 개의 줄을 놓아 방향을 알려 주니 공로는 사냥꾼과 같소. 더욱이 그대들은 단지 혼자서 나를 따랐고 많아 봤자 두세 명뿐이었소. 지금 소하는 자기 가문의 수십 명을 거느리고 나를 따라 전쟁을 치렀으니, 그의 공은 잊을 수 없소."

여러 신하들은 모두 감히 아무 말도 하지 못했다.

소하는 패현 사람으로 한나라 초기의 대신인데 '성공해도 소하, 실패해도 소하'(모든 것이 소하의 손에 달렸다)라는 말이 있을 정도의 일등 공신이었다.

사마천은 소하가 땅과 집을 반드시 외딴곳에 두었고 집에 담장도 없을 정도로 검소했다고 기록하고 있다. 재물에 욕심을 두지 않고 모두 비웠기 때문이다. 소하는 권력자 유방으로부터 끊임없이 의심을 받고 견제를 당하면서도 죽을 때까지 2인자의 자리에 머물렀다. 한때 위기를 맞은 적도 있었지만 곧 떨쳐내고 관계를 회복했다. 먼저 버리지 않고 더 가지려고 했다면 불가능한 일이었다.

4. 반대파를 어떻게 끌어들일까

한漢나라 고조高祖 유방은 천하를 통일한 후에 이미 큰 공신 이십여 명을 봉했으나, 나머지 사람들은 밤낮으로 공을 다투므로 결정을 하지 못하여 그들을 봉할 수가 없었다. 한고조는 낙양의 남궁南宮에 있으면서 멀리서 여러 장수가 종종 모래밭에 모여 앉아 말하는 것을 바라보았다.

고조가 물었다.

    "저들은 무엇을 말하고 있는가?"

장량張良이 말했다.

"폐하께서는 모르십니까? 저들은 모반을 꾀하고 있을 뿐입니다."

고조가 말했다.

"천하가 이제 막 안정되었는데 무슨 까닭으로 모반하려 하는가?"

장량이 말했다.

"폐하께서는 평민으로 일어나 저 무리에게 의지해서 천하를 얻으셨습니다. 지금은 폐하께서 천자가 되셨고 봉토를 준 자들은 모두 소하나 조참 같은 옛 친구들로 폐하께서 친애하는 자들이고, 주살당한 자들은 모두 평생 원한을 맺고 있던 자들이었습니다. 지금 군대의 관리가 그 공을 따져 보고는 천하를 다 주어도 두루 상으로 봉해 주기에는 부족하다고 하니, 저들은 폐하께서 모두를 봉해 주지 않으실까 두렵고 또 평생 과실을 저질러 의심받아 주살될까 두려워 서로 모여 모반하려는 것입니다."

고조가 걱정되어 말했다.

"그것을 어찌하면 되겠소?"

장량이 말했다.

"황상께서 평생 미워하시는 자로 여러 신하들도 다 아는 사람 중에서 누가 가장 심합니까?"

고조가 대답했다.

"옹치雍齒는 나와 오랜 원한이 있으니, 그는 일찍이 자주 욕되게 하여 내가 그를 죽이려고 했으나 그의 공이 많기에 차마 그렇게 하지 못하고 있소."

원래 유방이 막 봉기하여 진秦나라에 항거할 때, 유방의 부하로 있던 옹치는 마음속으로 내내 유방에게 불복했다. 그래서 유방은 옹치를 고향인 풍읍豊邑에 파견하여 수비를 하게 했는데, 옹치는 진승陳勝의 부대에게 투항하고, 도리어 유방의 군대를 풍읍으로 들어오지 못하게 했다.

유방이 몇 차례나 풍읍을 공격해서야 옹치는 달아났다. 옹치는 나중에 늦게서야 다시 한漢으로 돌아왔다. 여러 장수들은 옹치가 진秦나라에 항거하던 초기에 유방에게 한 일을 다 알고 있었다.

그리하여 장량은 한고조에게 이렇게 아뢰었다.

"지금 시급히 먼저 옹치를 봉하여 여러 신하들에게 보여 주십시오. 여러 신하들은 옹치가 봉해지는 것을 보고 사람들마다 자신들도 봉해지리라 굳게 믿고 의심하지 않게 될 것입니다."

이에 한고조는 술자리를 마련하고 옹치를 봉하여 십방후什方侯로 삼고 급히 승상과 어사御史를 재촉하여 그의 공을 정하고 봉상을 진행했다. 여러 신하들은 술자리가 끝나자 모두 기뻐하며 말했다.

"옹치가 오히려 후侯가 되었으니 우리도 근심할 게 없다."

이와 같이 창업하고 난 뒤 맨 먼저 해야 하는 일이 공적의 크고 작음을 논의하여 그에 알맞은 상을 주는 것이다. 공신들 가운데는 공을 많이 세운 자도 있고 적게 세운 자도 있다. 하지만 우선은 종친들이 공을 차지하고 성이 다른 개국공신들은 배제되거나 심지어 목숨을 잃기도 한다. 함께 말을 타면서 천하를 평정할 때에는 떠오르지 않던 불만이 다 평정하고 나서는 수면 위로 떠오르는 법이다. 고조는 이러한 혼란과 불안을 해결하고자 자신이 가장 미워하는 자를 먼저 후에 봉하여 본보기로 삼음으로써 싹트는 불만과 불안을 잠재웠다. 물론 그 계책은 장량에게서 나왔다. 한고조의 전략적 선택은 미래를 위한 대비였다.

옹치(?~B.C.192)

항우의 부하 장수. 유방을 여러 번 곤경에 빠뜨려 유방이 가장 미워했는데, 항우가 쫓겨 자살한 뒤 항복하니 장량이 유방에게 여러 공신들의 모반을 진압하기 위해서는 가장 미워하던 옹치부터 벼슬에 봉해 주어야 한다고 말하여, 유방은 옹치에게 '주인인 항우에게 충성을 다하느라 그리했던 것'이라 하고 관대히 대접하며 십방후(什方侯)에 봉하여 주었음. '옹치봉후(雍齒封侯).' 『사기史記』 「유후세가留侯世家」.

5. 정보를 자랑하지 마라

난세에서 살아남기 위해서는 자기 나름대로의 정보 네트워크를 가질 필요가 있다. 인맥이라든가 파벌은 그것을 위해 꼭 필요한 것들이다. 좋든 나쁘든 많든 적든 간에 누구나 그 나름대로 정보 네트워크를 가지고 있게 마련이다. 이 경우 그것을 남들 앞에서 털어놓거나 자랑해서는 안 된다.

약 2천3백 년 전에도 이와 비슷한 일이 있었으니, 한 재상이 스스로 "정보통임을 왕 앞에서 자랑"스럽게 말했다가 의심을 받고 마침내는 경원당했다.

위魏나라의 신릉군信陵君은 전국시대의 4공자(맹상군, 평원군, 신릉군, 춘신군) 중 한 명으로서 인의仁義를 중시하고 덕德을 강조한 거물 정치인이었다.

신릉군의 본명은 무기無忌이며 위나라 소왕의 막내아들로 안희왕安僖王과는 배다른 형제였다. 소왕이 죽은 후 안희왕이 즉위하자 그는 땅을 하사받고 신릉군이라 불리게 된 것이었다.

당시 이웃 나라인 진秦나라의 재상은 바로 위나라에서 간첩의 혐의를 받고 죽을 뻔하다가 도망쳤던 범수范睢였다. 그는 자기가 겪었던 일에 대한 보복을 하기 위해 진나라 군대를 일으켜 위나라의 수도인 대량을 포위하였으며 또 화양 지방에서 위나라 군대를 크게 격파하기에 이르렀다. 그래서 진나라의 침략은 위나라의 가장 큰 걱정거리였다.

그러나 진 또한 위나라를 함부로 넘볼 수는 없었는데 그 이유는 바로 위나라에 신릉군이 있었기 때문이었다.

신릉군은 어질고 공손한 사람이었다. 누구에게나 예절 바르게 행동했으며 결코 자기의 재산이나 지위를 과시하지 않았다. 때문에 그의 명성은 널리 알려졌고 그리하여 경향 각지에서 인재들이 몰려들어 그의 식객은 자그마치 3천 명이나 되었다.

이렇게 신릉군의 명성이 높고 그가 거느린 식객 수도 많았기 때문에 진나라도 마음대로 위나라를 침략할 수 없게 되었고 이러한 상태는 십수 년이나 계속되었다.

어느 날 신릉군이 의복 형인 안희왕과 한가롭게 바둑을 두고 있었다. 그런데 그때 갑자기 북쪽 국경으로부터 봉화가 오르며 조나라 군대의 침략을 전하는 것이 아닌가! 왕은 즉시 바둑을 그만두고 조정 대신들을 소집하려 했다.

그러나 신릉군은 태연하게 바둑판만 보고 있었다.

왕은 애가 타서,

"지금 바둑 둘 때가 아닌 것 같고 어서 대책을 마련해야 하지 않겠소?"

라고 재촉했다. 그러자 신릉군이 빙긋이 웃으며 말했다.

"지금 조나라 왕은 숙경 근처에서 사냥하고 있습니다. 별일 없을 것입니다."

그러고는 여전히 바둑을 두는 것이 아닌가. 왕도 마지못해 바둑을 두긴 했으나 도무지 마음이 불안하여 바둑에 열중할 수 없었다. 그런데 조금 있으니까 북쪽으로부터 전령이 급히 달려와 봉화가 잘못 올려진 것이며 조나라 왕은 사냥하고 있을 뿐이라고 아뢰었다.

왕은 크게 놀랐다.

"아니, 신릉군은 어떻게 여기 앉아서 그걸 알 수 있었소?"

그러자 신릉군이 대답했다.

"저의 식객 중에 조나라 왕의 사생활을 잘 알고 있는 사람이 있습니다. 그래서 조나라 왕이 하고 있는 일을 저에게 바로바로 알려줍니다."

그 뒤로 위나라 왕은 신릉군을 크게 두려워하여 오히려 차츰 멀리하게
되었다.

정보는 마물이라 개인이 다룰 때는 상당한 주의가 필요하다. 그다지 중
요치 않은 것은 모두 버리고 신경을 쓰지 말아야 한다. 그렇게 하는 편이
정보 중독을 일으키지 않으며 개운하다. 또한 자기가 얼마나 소식에 정통
한지를 자랑삼아 이야기하는 사람이 있는데 그것은 어리석기 짝이 없는
일이다. '정보통'이라고 자랑하는 어리석은 사람들은 결국 많은 이들에게
의심을 받고 고립될 수 있다.

신릉군(?~B.C.244)

전국시대 위나라의 정치가이자 대부호로 안리왕(安釐王 또는 안희왕)
재위기에 상장군을 역임하며 주변 나라들과 연합하여 진秦을 공격
하여 세력 확장을 막았다. 전국시대의 4공자들 중에서도 병법과 군
사 전술에 가장 뛰어나 위나라를 위해 많은 군공을 수립했다. 신릉
군은 문지기나 백정의 신분에도 구애받지 않고 인재를 아꼈으며,
그들을 초빙할 때 직접 수레를 끌고 상석을 양보할 정도로 자신을
낮추어 겸손한 태도를 보였다. 때문에 사마천은『사기』에서 신릉군
에 대해 "신릉군만이 깊은 산과 골짜기에 숨어 사는 인물들을 찾았
고, 신분이 낮고 천한 사람들과의 사귐을 부끄럽게 여기지 않았다.
제후들 사이에 그의 명성이 가장 높았던 것도 결코 헛된 것이 아니
었다"고 평했다.

6. 이름도 지위도 없지만 행복하다

　부귀영화에 대한 강력한 소망이 있는 한편으로 인간에게는 이것을 부정하는 사고방식 또한 강하게 작용하고 있다.

　명나라 시대의 홍자성이란 사람이 쓴 『채근담』은 수양 서적으로 예로부터 애독되어 온 책인데 거기에 이런 말이 있다.

> "사람은 명성과 지위가 오르는 것을 행복이라고 생각할 뿐, 명성도 없고 지위도 없는 서민의 행복이야말로 최고의 행복임을 모른다. 또 사람들은 빈궁한 것이 불행이라고만 생각할 뿐 물질적으로 부족함이 없는 자의 불행은 알지 못한다."

　지위라든가 돈이야 어찌 되었든 뜻대로 '마음 편하게 사는 것'은 누구나 원하는 일이다. 수신과 수양에 관한 말만 있는 것으로 생각되는 『논어』에도 다음과 같은 이야기가 실려 있다.

　공자의 제자가 말했다.

> "봄도 무르익었습니다. 옷을 갈아입고 마음에 맞는 젊은이와 아이들과 함께 강가를 산책하며 노래라도 부르고 싶습니다."

　공자도 무의식중에 한숨을 내쉬었다.

> "네 말이 맞다. 나도 때로는 그런 생각이 든다."

공자와 같은 근엄하고 성실한 인간에게는 특히 현실의 세상이 참아내기 어려웠을 것이다. 그는 또 "내 이상은 아무래도 실현될 것 같지 않구나, 그러니 뗏목이라도 타고 바다에나 나가볼까"라는 농담조의 말을 한 적도 있다.

이러한 심정은 출세에 대한 발버둥과는 일치되지 않는다. 일치되지 않는다기보다 사람은 현실의 스모그 속에서 출세 지향적 생활에 지쳤을 때 이런 심정으로 문득 돌아서는 것이리라. 그 돌아서는 빈도가 많은 사람은 아예 출세 따위는 생각하지 않는 편이 좋다.

출세하는 데는 없어서는 안 될 자질과 있어서는 안 될 자질이 있다. 수줍음, 탄식, 동정 따위는 모두 출세하는 데 쓸모없는 감정이다. 그런 것을 버리지 못하는 사람, 혹은 제어하지 못하는 사람은 역시 출세할 생각을 안 하는 것이 좋을지 모른다.

반대로 최고가 되기 위해서는 태연히 비정할 수 있는 성격이 필요하다. 인간미를 가지는 것은 좋지만 그쪽으로 너무 치우치면 정상의 기능을 완수하지 못한다. 따라서 그것을 할 수 없는 사람은 다른 생활 방법을 생각하는 것이 좋을 것이다.

『역경』에 "하늘의 덕은 머리가 될 수 없다天德不可爲首也"란 명언이 있다.

"인격자는 가급적 두각을 나타내지 않고 있는 편이 훌륭한 것이며, 그것이 안전하기도 하다"라는 것이 예로부터의 해석이다. 물론 그것도 올바른 해석이겠지만 이것을 다른 시각에서 볼 때 "원만한 인격자는 최고가 될 수 없다"라고 해석할 수 있다. 또 어쩌면 "원만한 인격자는 최고가 되어서는 안 된다"라는 해석도 가능할지 모르겠다.

조직을 움직이고 적과 싸우고 자기 자신의 생존을 도모하기 위해서는 천덕天德(하늘의 덕)을 가져서는 안 된다. 부덕不德한 사람이 그런 일을 할 수 있는 것이며, 출세도 하는 법이다.

7. 패장을 내 편으로 만드는 방법

한신韓信은 군중에 광무군廣武君을 죽이지 말라고 엄명을 내리고, 그를 사로잡아 오는 자에게는 천금千金을 내리겠다 하였다. 그러자 누군가가 광무군을 포박해 데리고 왔는데 한신이 직접 광무군의 포박을 풀어주며 동쪽을 향해 앉게 하고 자신은 서쪽을 향한 채 광무군을 스승으로 삼고자 하였다. 광무군은 조趙나라의 군사이자 지략가로 당시 포로로 잡혀 와 나중에 한신의 참모가 된 이좌거李左車를 가리킨다.

한신이 광무군에게 물었다.

> "저는 북쪽으로 연燕나라를 치고 동쪽으로 제齊나라를 치려고 하는데, 어떻게 하면 공을 세우겠습니까?"

광무군이 사양하며 말했다.

> "제가 듣건대 '싸움에서 진 장수는 무용을 말할 수 없고 멸망한 나라의 대부는 나라를 존속시키는 일을 말할 수 없다'라고 합니다. 지금 저는 싸움에서 지고 멸망한 나라의 포로에 불과한데 어떻게 그러한 큰일을 꾀할 수 있겠습니까?"

그러자 한신이 말했다.

"제가 들은 바로는 현인 백리해百里奚가 우나라에 살 때는 우나라가 망했으나 진秦나라에 있자 진나라 제후들의 우두머리가 되었다고 합니다. 백리해가 우나라에 있을 때는 어리석은 사람이었다가 진나라에 있을 때는 지혜로운 사람이 된 것이 아닙니다. 군주가 그를 등용했는지 등용하지 않았는지, 또 그의 말을 받아들였는지 받아들이지 않았는지에 달렸을 뿐입니다. 만일 성안군成安君이 당신의 계책을 들었더라면 나 같은 사람은 이미 포로가 되었을 것입니다. 성안군이 당신을 쓰지 않았기 때문에 내가 당신을 모실 수 있게 되었을 뿐입니다."

이어 굳게 부탁했다.

"마음을 다하여 당신의 계책을 따르겠으니 부디 사양하지 마십시오."

광무군이 대답했다.

"제가 듣건대 '지혜로운 사람도 천 번 생각하면 한 번의 실수가 있고 어리석은 사람도 천 번 생각하면 한 번은 얻는 경우가 있다'라고 합니다. 그래서 '성인은 미친 사람의 말도 가려서 듣는다'라고 했습니다. 제 계책이 반드시 쓸 만하지는 않을지라도 성의를 다하겠습니다. 저 성안군은 백 번 싸워 백 번 이길 계책이 있었는데, 하루아침에 실수하여 군사는 호의 성 밑에서 깨지고 자신은 지수 가에서 죽고 말았습니다.

지금 장군께서는 서하西河를 건너 위왕 표豹를 사로잡고 하열夏說을 연여連與에서 사로잡았으며 단번에 정형井陘에서 내려와 하루아침에 조나라의 대군 20만 명을 깨뜨리고 성안군을 죽였습니다. 따라서 그 이름은 나라 안에 알려지고 그 위세가 천하를 뒤흔들었습니다. 농부들은 한결같이 나라의 앞날이 얼마 남지 않았다고 여겨 농사를 멈추고 쟁기를 내던진 채 아름다운 옷에 맛난 음식을 먹으면서 장군의 명령에 귀를 기울여 기다리지 않는 이가 없습니다. 이와 같으니 장군에게 이롭습니다. 그러나 장군의 사졸들은 지칠 대로 지쳐서 다루기가 어렵습니다.

그런데 지금 장군께서 지친 병사들을 몰아 갑자기 수비가 튼튼한 연나라 성 밑으로 쳐들어가려고 하십니다. 싸운다 하더라도 아마도 싸움이 오랫동안 지속되어 힘으로는 성을 뺏을 수 없을 것이고, 이쪽의 지친 실정을 드러내고 기세가 꺾인 채로 시일만 끌다 보면 군량미마저 바닥날 것입니다. 그리고 약한 연나라조차 항복하지 않는다면, 제나라는 반드시 국경의 방비를 갖추고 스스로 강화시켜 나가려고 할 것입니다. 연나라와 제나라가 서로 버티며 항복하지 않는다면, 유방과 항우의 싸움은 어느 쪽이 이기고 어느 쪽이 질지 분명해지지 않을 것입니다. 이러한 상태는 장군에게 불리한 것입니다. 제 어리석은 생각으로는 연나라와 제나라를 치는 것은 잘못된 계책입니다. 군사를 잘 쓰는 사람은 이쪽의 단점을 가지고 적의 장점을 치지 않고, 이쪽의 장점을 가지고 적의 단점을 칩니다."

한신이 물었다.

"그러면 어떠한 계책을 써야 하겠습니까?"

광무군이 대답했다.

"지금 장군을 위한 계책으로는 싸움을 멈추어 병사들을 쉬게 하고, 조나라를 어루만져 전쟁으로 부모를 잃은 아이들을 위로하며, 100리 안의 땅에는 쇠고기와 술로 날마다 잔치를 벌여 사대부들을 대접하고, 병사들에게 술을 먹인 뒤에 북쪽 연나라로 향하는 것이 가장 좋은 방법입니다. 그리고 변사辯士를 시켜 연나라에 간단한 편지를 가지고 가서 장군의 장점을 알리도록 한다면 연나라는 감히 복종하지 않을 수 없을 것입니다. 연나라가 복종하면 변사에게 동쪽의 제나라로 가서 연나라가 복종했다는 사실을 알리도록 하십시오. 그러면 제나라는 바람에 휩쓸리듯 복종할 것입니다. 지혜로운 이가 있다고 하더라도 제나라를 위해 다른 묘책을 세울 수 없을 것입니다. 이렇게만 된다면 천하의 일은 모두 뜻대로 될 것입니다. 용병用兵에 큰소리를 먼저 치고 진짜 싸움은 나중에 한다는 것은 바로 이런 일을 말합니다.”

한신이 대답했다.

“좋은 생각이오.”

그리고 그의 계책에 따라 사자를 연나라로 보내자, 연나라는 바람에 따라 휩쓸리듯 복종했다.

이상과 같이 한신의 간곡한 부탁에 광무군 이좌거는 마침내 계책을 내놓는다. “지혜로운 사람도 천 번 생각하면 한 번의 실수가 있고 어리석은 사람도 천 번 생각하면 한 번은 얻는 경우가 있다”라는 이좌거의 말에는 촌철살인의 묘미가 있다. 이 장면에서 주목해야 하는 것은 한신의 처세다. 한신의 겸허함이 이좌거의 마음을 돌렸고 그것이 나중에 한나라의 천하통일에 큰 힘이 되었다.

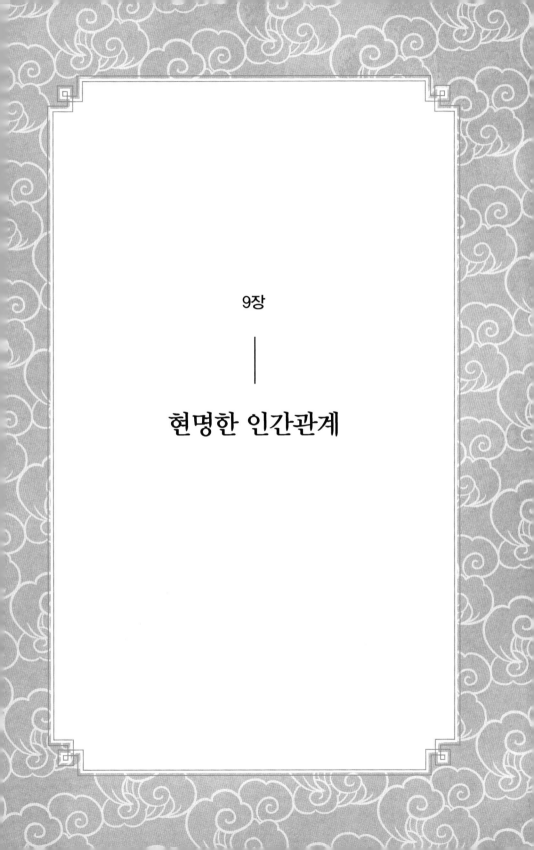

9장

현명한 인간관계

1. 식구 또한 하늘이다

인간관계의 출발점이자 기본은 가정이고 가족이다. 가족을 '식구食口'라는 표현으로 많이 부른다. '밥을 함께 먹는 입'이라는 뜻이다. '인구人口'라는 단어에도 '밥을 먹는 입을 가진 사람'이라는 뜻이 들어 있다. 친구 사이에도 '언제 밥 한번 먹자'라고 말하기 일쑤이다. 같이 밥 먹는 일이 그만큼 중요하기 때문이다.

오죽하면 "'백성은 먹는 것을 하늘로 여긴다'는 '민이식위천民以食爲天'"이라는 말까지 나왔겠는가? 가까운 사이일수록 함께 밥 먹는 일이 중요하다.

그러나 지금 우리는 단절의 시대를 살고 있다. 특히 가족과의 단절이 심각하다. 나이가 들면 타인과의 관계가 넓어지고 많아지는 반면 가족과의 관계는 상대적으로 줄어들고 소홀해진다. 40대, 50대가 되면 더욱 그렇다. 가족은 충분히 양해해 주기 때문이다. 그러나 그것만 믿고 소홀함을 넘어 방치하거나 방기하면 관계는 자기도 모르는 사이에 저만치 멀어진다. 부부 사이가 파탄에 이를 확률이 가장 높은 시기가 이때이기도 하다. 2021년 평균 이혼 연령이 남자는 50.1세, 여자는 46.8세로 나타났다.

이렇게 보면 사십, '불혹不惑'의 의미가 결코 만만치 않다. 또한 연령대는 딱딱 나뉘는 것이 아니라 한 살부터 죽는 나이까지 교집합처럼 겹쳐진다. "불혹은 유혹당하지 않는다는 뜻"이기도 하지만 유혹이 그만큼 많은 때라는 의미이기도 하다. 그 결과가 바로 이혼을 비롯한 가족 간의 단절이라고도 할 수 있겠다.

요즈음은 저출산이 대세인 데다가 가족의 단절까지 겹쳐졌다. 그 밖의 모든 인간관계도 질적인 변화를 겪고 있다. 코로나 19가 단절의 속도를 더 부추겼고 어려운 경제 상황이 이 현상을 심화시켰다. 이 단절의 시대에 가족의 의미는 더욱 소중해지고 있다.

춘추시대 제나라 때 있었던 재미있는 일화 하나가 있다. 당시 제나라의 재상이었던 안영의 마부와 그의 아내 이야기이다.

춘추시대 제齊나라는 두 명의 명재상을 배출하였다. B.C. 7세기 때 환공桓公을 춘추시대春秋時代 최초의 패주覇主로 만든 관중管仲과 그로부터 약 100년 뒤 쇠퇴기에 접어든 제나라를 지탱한 안영晏嬰이 그 주인공이다. 안영은 세 명의 군주를 모셨는데 그중 경공을 48년이나 보필하였다.

안영은 고귀한 신분에도 불구하고 청렴한 성품과 인재를 존중하고 근검절약하는 생활로 노블레스 오블리주를 몸소 실천하여 백성의 존경을 한 몸에 받았다. 때문에 사마천은 안영의 열전인 「관안열전管晏列傳」의 말미에서 "만약 안자가 지금 살아 있다면 그를 위해 마부가 되어 채찍을 드는 일이라도 마다하지 않았을 것이다"라는 말로 그를 높이 평가하였다. 공자도 "훌륭하도다! 술잔을 벗어나지 않고 천 리 밖의 일을 절충한다고 하더니, 안자가 바로 그렇구나"라며 그의 능력에 대하여 극찬을 아끼지 않았다.

안영과 관련된 일화는 여러 전적에 많이 보인다. 「관안열전」의 다음 일화는 어떤 지혜로운 아내의 모습을 보여 주는 특별한 내용이다.

어느 날 안영이 외출을 하려는데 안영의 마차를 모는 마부의 아내가 문틈으로 자기 남편을 엿보고 있었다. 재상 안영의 마부는 마차의 큰 차양 아래에 앉아 네 마리 말에 채찍질하며 자기가 재상인 양 의기양양 매우 만족스러워하는 모습이었다. 마부가 집으로 돌아오자 마부의 아내는 남편에게 이혼을 요구하였다. 느닷없는 이혼 요구에 놀란 마부는 눈을 크게 뜨며 까닭을 물었다. 아내는 이렇게 대답하였다.

> "안영 어른은 키가 6척도 안 되건만 제나라 재상이 되어 제후들 사이에 명성을 날리고 있지요. 오늘 재상이 외출하는 모습을 보니 품은 뜻은 깊고 항상 자신을 낮추는 겸허한 자태였어요. 그런데 당신은 키가 8척이나 되는 몸을 가지고, 기껏 남의 마차나 끄는 처지에 잘난 체를 혼자 다 하고 있으니, 제가 이혼을 요구하는 이유는 바로 이 때문이에요."

그러자 마부가 사과하며 말했다.

> "당신 말이 옳소. 다시는 안 그럴 것이니 용서하구려."

그 후 마부의 태도는 몰라보게 겸손해졌다.

안영은 마부가 달라진 것을 느끼고 그에게 이유를 물었다. 마부로부터 자초지종을 듣게 된 안영은 자기 잘못을 반성해 고칠 줄 아는 점을 높이 평가해 군주에게 그를 추천했다. 그리하여 마부는 대부 벼슬에 오르게 되었다.

이 이야기는 아내 덕에 출세한 마부의 이야기처럼 보이지만, 실은 전과 달리 성숙해진 마부를 대부로 발탁한 안영의 상하귀천을 가리지 않는 남다른 인간관과 인재에 대한 안목을 말해 준다. 나아가 한 나라의 재상인 안영의 겸손한 태도와 자태로부터 큰 감동을 받은 마부의 아내가 남편을 자극하여 평소의 행실을 바꾸게 한 상당히 의미 있는 고사이기도 하다.

사마천은 "안영은 임금에게 충간할 적에는 조금도 굽히지 않았다. 이는 참으로 '나아가서는 충성을 다할 것을 생각하고, 물러와서는 허물을 고칠 것을 생각한다'는 것을 말해 주고 있다. 만약 안영이 오늘 살아 있다면 나는 기꺼이 그의 마부가 되어도 무방할 만큼 그를 흠모한다"라고 말했다.

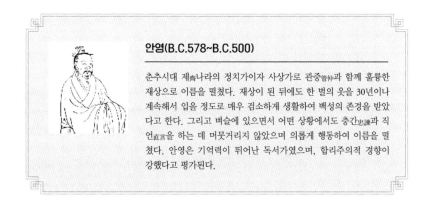

안영(B.C.578~B.C.500)

춘추시대 제齊나라의 정치가이자 사상가로 관중管仲과 함께 훌륭한 재상으로 이름을 떨쳤다. 재상이 된 뒤에도 한 벌의 옷을 30년이나 계속해서 입을 정도로 매우 검소하게 생활하여 백성의 존경을 받았다고 한다. 그리고 벼슬에 있으면서 어떤 상황에서도 충간忠諫과 직언直言을 하는 데 머뭇거리지 않았으며 의롭게 행동하여 이름을 떨쳤다. 안영은 기억력이 뛰어난 독서가였으며, 합리주의적 경향이 강했다고 평가된다.

2. 사전에 납득시키는 배려

당신이 사장으로부터 부장 인사에 대하여 "A 씨와 B 씨 중 어느 쪽이 적임자일 것으로 생각하나?"라는 질문을 받았다고 하자. 공평하게 보아 적임자는 A 씨라고 생각한다. 그러나 B 씨와 당신은 친한 사이이며 더구나 당신은 B 씨에게 은혜도 입은 바 있다. 자, 당신은 어떻게 할 것인가?

공자의 손제자에 이극李克이란 학자가 있었다. 그는 위魏나라 중신인 적황의 추천으로 위魏나라 문후文侯에게 중용되어 정치 고문의 자리에서 문의자문 역을 맡고 있었다. 때마침 재상의 인선이 있었는데 이때 이극은 문후로부터 의견을 제시하라는 명을 받았다.

> "재상 후보자로는 적황과 위성자 두 사람을 빼고는 없을 것 같소이다만, 선생은 그중 어느 쪽이 적임자일 것으로 생각하시오?"
> "신 같은 것이 입을 열 일이 아닌 줄 아옵니다."
> "아니오, 선생. 그렇게 겸양할 일이 아니라 어서 의견을 말해 주시오."
> "전하, 겸양이 아니옵니다. 이는 전하께서 친히 결정하셔야 할 일이기 때문에 그런 말씀을 드린 것이니이다. 군이 말을 하라시면 인물을 보는 기준을 아뢰겠사옵니다."

이극은 인재를 등용하는 다섯 가지 기준인 '오시법五視法'을 제시하였다.

> "첫째, 불우한 때 누구와 친하게 지냈는가? 둘째, 부유해진 다음에는 누구에게 베풀었는가? 셋째, 높은 지위에 올랐을 때 누구를 등용했는가? 넷째, 궁지에 빠졌을 때 부정을 저지르지는 않았는가? 다섯째, 빈궁할 때 걸신들린 사람처럼 행동하지는 않았는가? 이상 다섯 가지 조건에 비추어 보아 바람직한 인물을 선발하시면 될 것이옵니다. 그렇게만 하신다면 신의 의견을 들으실 필요는 없을 것이니이다."

종합적으로 판단해 보면 이극의 '오시법'에서 나타난 인재등용 기준은 그 사람이 처해 있는 상황에서 어떻게 행동하고 처신하는가에 달려 있다는 것이다. 즉 주변인의 유형, 부의 나눔에 대한 마음 씀씀이, 인재등용 철학, 변함없는 지조, 열악한 상황에서의 물질에 현혹되지 않는 청렴결백 사상이 그 사람을 평가하는 중요한 기준이 된다는 것이다.

"과연 그렇겠소. 이제 과인의 결심이 섰소이다."

이극은 퇴궐하여 집으로 가던 도중 적황의 집에 들렀다. 적황이 그에게 물었다.

"전하께서 재상 인선에 대하여 선생에게 하문하셨다면서요. 누구로 낙점이 되었습니까?"

"글쎄요. 아마 위성자로 결정이 될 것 같습니다."

적황은 괘씸하게 생각했다.

"그것 참 이상한 일입니다그려. 아무리 생각해도 내가 위성자만 못하지 않을 것 같은데요. 주군을 보좌하는 자의 중요 임무 중 한 가지는 훌륭한 인재를 천거하는 일이 아닙니까? 병법가 오자를 서부 국경 지대의 사령관으로 천거한 사람이 바로 나입니다. 전하께서 동부 국경의 수비를 걱정하고 계실 때 능리인 서문표를 그 지역의 현령으로 천거한 사람도 바로 나였습니다. 또 중산을 공략할 때는 악양을 천거했으며, 점령지의 통치를 위해서는 선생을 천거하지 않았습니까. 어디 그뿐인가요? 공자(제후의 아들)의 시종장에 굴후부를 천거한 것도 나입니다. 그런 내가 어찌하여 위성자만 못하단 말입니까?"

이극은 그를 나무랐다.

"대감은 동료를 모으고 파벌을 만들어 고위직에 오르려는 건 아니시겠지요. 전하께서는 나에게 위성자와 적황 중 어느 쪽이 재상으로 적임자냐고 하문하셨습니다. 나는 전하 스스로 결정하시기를 진언했으며, 단지 인물을 꿰뚫어 볼 수 있는 다섯 가지 기준을 아뢰었습니다. 그때 전하의 용안을 뵙고 위성자가 임명될 것이라는 추측을 하게 되었습니다. 대감, 냉정히 생각하십시오. 위성자는 봉록의 9할을 사람들에게 나누어주고 자기는 나머지 1할로 생활을 해 나간다고 합니다. 그 결과 공자님의 제자인 자하를 위시하여 그 제자인 단간목, 전자방 등 고명한 학자를 맞이하여 천거할 수 있었지요. 이 세 학자는 모두 우리 주상의 스승입니다. 유감스럽게도 그 격이 다르지 않습니까."

적황은 고개를 깊숙이 떨구었다.

"내 생각이 잘못되었습니다. 앞으로는 버리지 마시고 계속 가르침을 주십시오."

이극은 이 경우 세 가지 포인트를 분별해 처리하고 있다.

첫째, 인사에 사적인 감정을 개입하지 않았다. 이극과 적황의 관계는 위나라 주군도 잘 알고 있던 터라, 여기서 이극이 적황을 추천했더라면 이극도 별수 없는 인간이란 평가를 받을 수밖에 없었을 것이다.

둘째, 분명하게 누구라고 이름을 대지 않았다. 만약 이름을 댔더라면 나중까지 문제를 남기게 되었을 것이다. 은연중에 깨닫게 하고 주군이 스스로 결단을 내린 것처럼 보이게 만들었다.

셋째, 이 점이 제일 중요한데 그 길로 곧 적황을 찾아가 사정을 보고하고 납득을 시켰다. 만약 이렇게 하지 않고 후일 적황이 다른 사람의 입을 통해서 이 일을 알게 되었더라면 아마도 적황과 이극의 사이는 파국을 맞았을 것이다.

인간은 사전에 알게 되는 경우와 나중에서야 알게 되는 경우 납득하는 방법에 큰 차이가 생긴다. 더구나 제삼자를 통해서 듣는 경우에는 이야기가 보태져서 사실과 큰 차이가 생긴다. 그렇게까지 악화되기 전에 사전 양해를 얻는 것은 실로 현명했다.

거북한 일은 말하기도 난처하다. 그 때문에 우물쭈물하다가 인간관계를 망가뜨리는 일은 실로 많다. 말하기 난처한 일일수록 상대방에게 빨리 털어놓아야 한다. 그러는 편이 보다 정확하게 이쪽의 의사를 반영시킬 수 있다.

이극(?~?)

전국시대 초기 위나라 사람. 자하子夏의 제자이며, 정치의 달인으로 불리는 위나라의 현인이다. 위문후가 그에게 사람을 살피는 방법에 대해 물었다. 이에 그는 "평소에는 그가 친한 바를 살피고, 부유할 때는 그가 하는 일을 살피며, 현달했을 때는 그가 천거하는 바를 살피고, 궁지에 몰렸을 때는 그가 하지 않는 바를 살피며, 가난할 때는 그가 취하지 않는 바를 살핍니다"라고 말했다.

3. 배우고 익히면 생각이 달라진다

송나라의 증조가 편찬한 『유설類說』에 인용된 「묵객휘서」를 보면 당나라 때 시인 백거이의 글쓰기와 관련한 일화가 전해진다. 백거이白居易 (772~846)는 "시詩란 세상 사람들이 이해하고 기억할 수 있어야 한다"고 생각하였다. 그래서 깊게 들어가서 쉽게 나오도록 평이하고 통속적으로 쓰는 데 주의를 기울였다. 시를 쓰면 이웃집 노파에게 보여 준 뒤 노파가 이해하면 그대로 쓰고 이해하지 못하면 이해할 때까지 고쳐 썼다. 여기서 '노파도 이해할 수 있다'는 의미의 "노구능해老嫗能解"라는 성어가 나왔다.

백거이는 또 평범한 사람에게서 항간의 다양한 이야기를 듣고 작품에 반영하기도 하였고 시를 완성하면 직접 그것을 읊으며 작품에 대한 반응을 보고 들어 적절하게 고치거나 보완하였다. 이와 관련하여 말과 글에 관한 선각자들의 지혜를 소개한다.

한漢나라 때 학자 양웅揚雄은 대표적인 저서 『법언法言』의 「문신問神」에서 "말은 마음의 소리요, 글은 마음의 그림이다(言心聲也, 書心畵也)"라는 참으로 기가 막힌 명언을 남겼다. 훗날 서예가들과 학자들은 이 대목을 빌려 한 글자만 바꾸어 '언위심성, 서위심화(言爲心聲, 書爲心畵)'라고 표현하였다. 똑같은 뜻이다. 양웅은 이 대목 바로 다음에 "소리(말)와 그림을 보면 군자와 소인이 드러난다"라고도 하였다. 말을 하든 글을 쓰든 진실한 마음을 바탕에 두어야 한다는 뜻이다.

전국시대의 사상가 순황(荀況, 순자)은 유가 사상을 집대성한 『순자荀子』 「유효儒效」에서 "말은 이치에 합당해야 하고 일은 직무에 합당해야 한다. 군자가 잘하는 바이다"라고 하였다. 이치에 맞지 않는 말, 자기 능력과 재능에 맞지 않는 일은 인간관계를 어긋나게 한다. 말로 억지를 부리거나 맞지 않은 일을 고집하는 사람은 결국 사회의 낙오자로 전락한다.

한나라 초기의 천재 정론가이자 불운의 정치가였던 가의賈誼는『신서』「대정」상편에서 "지혜로운 사람은 말과 행동에 신중하다. 그래서 몸에 복을 받는다. 어리석은 자는 말과 행동을 함부로 한다. 그래서 몸을 망친다. 그러므로 군자는 말을 하였으면 행동으로 옮겨야 하고 행동하였으면 말로 알려야 한다"라고 하였다. 이 대목은 번역에 따라 함축하는 뜻이 깊어진다. '말을 하였으면 행동으로 옮길 수 있어야 하고, 행동은 말로 알릴 수 있어야 한다고 해석할 수 있다. 또 말은 행동으로 옮길 수 있어야 하고, 행동은 말로 전달할 수 있어야 한다'는 뜻으로 이해할 수도 있다. 즉 '행동으로 옮길 수 있는 말'과 '말로 전달할 수 있는 행동'을 가리킨다. 상대가 이해하고 인정하여 행동으로 옮길 수 있는 말과 행동으로 옮겨도 부끄럽지 않을 말에 방점이 찍힌다. 어느 쪽이나 언행일치라는 공통분모가 있다.

사마천은 풍자와 유머로 권력자에게 충고하거나 갈등과 충돌을 해결한 유머리스트들을 기록으로 남기는 놀라운 인식을 보여 주었다. 그 기록이 바로「골계열전滑稽列傳」이다. '골계'는 풍자를 비롯하여 해학, 익살 등을 모두 포괄하는 단어이다. 사마천은『사기』에 이례적으로「골계열전」을 따로 마련하여 이 방면에 뛰어난 사람들을 소개하였다. 골계는 훗날 미학용어 '골계미'를 탄생시키기도 하였다. 이 기록의 첫머리에서 사마천은 천고의 명언을 남겼다.

말이 미묘하면 다툼도 해결할 수 있다.

즉, 오가는 말이 적절하면 갈등과 모순, 나아가 싸움도 해결할 수 있다는 뜻이다.

공부를 제대로 한 사람은 글과 말을 쉽게 쓴다. 반면 어설프게 공부한 자가 어려운 글과 말로 세상 사람들을 농락한다. 이런 자는 무지와 남에 대한 무시가 몸에 배어 있다. 이런 지적 오만은 자신은 물론 남까지 해친다. 나이가 들면 소통이 더욱 중요해진다. 언어의 격이 인격이 된다. 바꾸어 말해 말과 글이 어느 때보다 중요해진다. 부지런히 배우고 깊이 익히면 글이 쉬워지고 생각이 달라진다.

아리스토텔레스는 "인간은 이야기하는 동물"이라고 하였다. 철학자 하이데거는 "언어는 존재의 집이다"라고 하였다. 하이데거가 한 말의 철학적 해석과 별도로 인간에게 언어가 얼마나 중요한가를 잘 보여 주는 명언이 아닐 수 없다.

순자(B.C.298경~B.C.235경)

순자는 공맹사상孔孟思想을 가다듬고 체계화했으며, 사상적인 엄격성을 통해 이해하기 쉽고 응집력 있는 유학사상의 방향을 제시했다. 유학사상이 2000년 이상 전통으로 남아 있을 수 있었던 것은 많은 부분에 있어서 유교철학을 위해 공헌한 순자 때문이라고 해도 과언이 아니다. 순자의 가장 유명한 말은 "인간의 본성은 악하다. 선한 것은 수양에 의한 것일 뿐이다."

4. 인정은 양방향으로

누군가를 있는 그대로 인정하는 자세는 자신에 대한 겸손의 표현이다. 인정받고 싶어 하는 인정 욕구는 인간의 본능에 가깝기 때문이다. 누군가를 있는 그대로 인정하면 자신도 인정받을 수 있다. 이로써 사회적 풍토는 활기차지고 일의 능률이 오른다.

그런데 우리는 인정에 상당히 인색하다. 누군가를 인정하는 것은 자신을 깎아내리고 내 능력이 모자라다고 자백하는 것과 같다고 잘못 생각하기 때문이다. 인정 욕구가 강한 것도 문제이다. 누군가로부터 인정을 받지 않으면 못 견디는 사람은 조직의 분위기를 흐리고 자신까지 해친다. 하찮은 성과까지 앞세우며 인정을 받아야 직성이 풀리는 사람이 의외로 우리 주위에 많다. 이런 욕구를 절제하지 못하면 어떤 결과를 초래하는지 역사적인 사례를 통하여 생각해 보자.

초한楚漢 쟁패는 B.C. 206년부터 본격화되어 5년 동안 이어졌다. 유방은 절대적인 열세에도 불구하고 역전승하였다. 이 승리에 결정적인 공을 세운 세 사람을 '서한삼걸西漢三傑'이라고 불렀다. 소하蕭何, 장량張良, 한신韓信이 그들이었다. 서한삼걸은 훗날 창업에 가장 큰 역할을 한 공신을 가리키는 대명사가 되었다.

이 세 사람 중 한신의 역할이 가장 돋보였다. 그는 항우 밑에 있다가 유방에게로 건너온 사람이다. 당시 유방은 한중이라는 곳에 갇혀 오도 가도 못 하는 궁색한 상황이었다. 소하의 적극적인 추천으로 대장군에 임명된 한신은 유방에게 겉으로 잔도를 수리하는 척하면서 몰래 진창을 들이닥치는 '명수잔도, 암도진창(明修棧道, 暗渡陳倉, 드러내 놓고 잔도를 보수하고 은

밀리 진창을 건넌다는 뜻으로 은밀히 진창으로 진격하다. 적을 공격하기 위해 행동을 고의로 노출시켜 관심을 집중시킨 다음, 다른 방법으로 기습 공격을 통해 주도권을 장악하는 전략이다)'의 계책을 건의하였다. 유방은 마침내 한중을 나와 항우와 본격적인 경쟁에 들어갈 수 있었다.

한신은 그 후로 거의 모든 전투에서 승리를 거두었다. 반면 유방은 여러 차례 패배하였고 그때마다 한신의 군대를 자기가 차지하여 지휘하였다. 한신은 다시 병사를 모아 정예병으로 훈련시켜 전투에 나섰고 계속 승리하여 마침내 항우를 꺾었다. 한신은 엄청난 공으로 다른 공신들이 엄두도 낼 수 없는 제왕齊王으로 봉해졌다.

그런데 이 과정에서 한신은 유방의 심기를 여러 차례 건드리는 우를 범하였다. 그중 가장 심각한 것은 제나라를 평정한 다음 유방에게 사람을 보내 자신을 제왕으로 봉하여 달라고 자청한 일이었다. 이런 요청, 아니 요구는 유방과 맞먹겠다는 오만함의 표출이었다. 당시는 초한쟁패가 막바지에 접어든 상황이라 유방은 끓어오르는 화를 억누르며 한신을 제왕으로 삼았다. 항우의 마지막 전투였던 해하에서도 한신은 군대를 바로 출격시키지 않았다. 유방은 땅과 벼슬을 조건으로 한신을 달래라는 장량의 건의를 받아들여 상황을 간신히 수습할 수 있었다.

항우를 물리치고 난 다음 유방은 편한 자리에서 한신과 대화를 나눌 기회를 얻었다. 그 자리에서 유방은 한신을 시험하였다.

"한신, 내가 그대 같은 장수라면 병사를 얼마나 거느릴 수 있겠는가?"
"폐하는 10만이면 충분합니다."
"그러는 그대는?"
"신은 많으면 많을수록 좋지요."

"다다익선이라면서 왜 내게 붙잡혔소?"

"폐하는 '장수를 잘 다루는 장수(善將將선장장)'이십니다."

한신은 별생각 없이 "다다익선"이라고 답하였다가 유방의 추궁에 당황하여 "장수를 잘 다루는 장수"라는 말로 둘러댔다. 하지만 때는 늦었다. "다다익선"은 한신의 오만한 성격을 단적으로 보여 주는 표현이었다. 그동안 한신이 보였던 행동을 감안하면 "다다익선"이라는 말 뒤에는 토사구팽(兎死狗烹, 교활한 토끼가 잡히고 나면 충실했던 사냥개도 쓸모가 없어져 잡아먹게 된다는 뜻이다)의 그림자가 어른거리고 있었다. 결국 한신은 그로부터 얼마 뒤 가족과 함께 토사구팽을 당하였다.

한신은 끊임없이 인정받기를 바랐다. 자신이 다른 사람들과 다르다는 자의식이 강하였기 때문이다. 제왕으로 봉해 달라는 요구는 그 단적인 표현이었다. 같은 공신이었던 번쾌樊噲는 한신의 군사적 능력을 인정하여 그를 '대왕'이라고 높여 불렀다. 시간이 나면 한신을 집으로 초대하여 술과 음식을 대접하였다. 그러나 잘 먹고 마시고 난 후 한신의 입에서는 "내가 번쾌 같은 놈하고 어울리다니"라는 자책의 말이 나왔다. 이것이 '번쾌와 어울리는 것을 부끄러워한다'는 의미의 성어 "수여쾌오羞與噲伍"이다.

한신은 분명 남다른 군사적 재능을 지닌 명장이었다. 유방은 항우를 물리친 다음 공신들을 논평하는 자리에서 서한삼걸을 언급하며 자신은 정치와 행정에서는 소하만 못하고, 전략과 전술에서는 장량만 못하며, 군사와 전투에서는 한신만 못하다며 이들의 능력과 공로를 극찬하였다. 한신을 포함한 서한삼걸을 공식적인 자리에서 인정하였다. 그럼에도 한신은 끊임없이 인정해 주기를 바랐고 그러면서도 다른 공신들을 무시하였다.

차별 대우를 바란 것이다. 한신의 오만함은 지나친 인정 욕구로 나타났다. 지나친 인정 욕구는 결국 오만함의 또 다른 표출이다.

인정은 강력한 동기부여가 된다. 다만 인정을 받으려면 다른 사람도 인정할 줄 알아야 한다. 능력이 있다고 특별대우나 특권을 요구하여서는 안된다. 묵묵히 자신의 능력을 발휘하고 성과를 내면 주위에서 알아서 특별대우를 해 준다. 자신의 능력이 남보다 조금 낮다고 하여 남을 무시해서도 안 된다. 그것은 오만함의 표출에 다름 아니다.

한신은 초한쟁패 막바지에 항우, 유방과 함께 천하를 삼분할 수 있을정도의 힘을 가지고 있었다. 그러나 그에게는 천하를 삼분할 배짱이 없었다. 능력이 있었지만 오만하였고 오만하였지만 배짱이 없었다. 그러면서 끊임없이 인정받으려 하였고 인정 욕구 때문에 특별대우를 바랐다. 때문에 그는 숙청되었다. 군사가 많으면 많을수록 좋다고 말할 정도의 병권을가진 장수를 곁에 두고 특별 대우할 리더는 어디에도 없다.

5. 난관에 봉착했을 때

한漢나라 초기, 그 기초를 굳히는 데 지대한 역할을 한 사람으로 원앙袁盎이 있다. 그는 문제文帝의 측근으로 조정 안에 있으면서 황제에게 조언도 했지만 지방 정부의 재상 등도 역임했다. 예로부터 원앙의 일화는 인간관계학의 본보기로 여겨져 왔다. 그중 한 가지가 문제의 재상이 되어권세를 휘두르던 주발周勃(?~B.C.169)과의 관계다.

원래 한나라 문제는 여후呂后가 죽자 그때까지 권력을 독점하고 있던 여씨 일족을 숙청하는 쿠데타의 결과로 옹립된 황제다. 쿠데타 때 주발은 최고사령관으로 군부를 장악했으며, 그의 동향이 문제 즉위에 큰 역할을 했다.

그 공적에 의해 재상이 된 주발이었던 만큼 그의 입김은 아주 강했다. 문제도 한 수 접어줄 수밖에 없는 처지였다. 어전회의를 끝내고 나갈 때면 문제가 스스로 전송해야 할 정도였다. 그런 처지이니 신하 가운데 누가 감히 주발의 언행을 들어 시시비비를 논하겠는가.

그런데 원앙이 문제에게 과감히 진언했던 것이다.

> "폐하, 주발 대감은 분명 공신이옵니다. 하오나 여씨 세력을 일소할 때 마침 주발 대감이 병권을 잡고 있었기에 공을 세웠을 뿐이지, 건국공로자라 할 수 없나이다. 하온데 주발 대감은 감히 폐하를 내려다보며 폐하께오서도 그에게 양보하는 일이 많사옵니다. 폐하, 군신 간에 이런 일이 있어서는 장래를 위해 아무 도움이 되지 않나이다. 통촉하여 주소서."

그 후 문제는 태도를 바꾸었고 주발도 큰소리를 못 치게 되었다. 주발은 마음속으로 분노를 터뜨렸으며 쓸데없는 말을 했다며 원앙을 원망했다.

몇 년이 지난 후 주발은 어떤 사건으로 실각했고 체포당하는 몸이 되고 말았다. 일이 이렇게 되자 아무도 그를 위해 변호해 주려 하지 않았다. 그때 원앙이 주발의 무죄를 강력히 주장하고 나섰고 그 주장이 주효하여 그는 석방되었다. 주발은 비로소 원앙의 사람 됨됨이를 알았고 그 후 두 사람은 친한 사이가 되었다.

이 이야기는 『사기』 「원앙조착열전袁盎晁錯列傳」에 기록되어 있다.

권력이 있는 자에게 가까이하고 불우한 자로부터는 멀리하는 것이 세

상의 인심이다. 그 반대를 택한다는 것은 여간 어려운 일이 아닌데 이러한
반골 정신이야말로 참된 인간관계를 지탱해 주는 버팀목이 아니겠는가.

한문제(B.C.202~B.C.157)

전한의 제5대 황제(재위 B.C.180~B.C.157). 고조 유방의 넷째 아들
이다. 처음에 대왕代王에 책봉되어 중도中都에 도읍했다가 여씨呂氏
의 난이 평정된 뒤 태위太尉 주발周勃과 승상 진평陳平 등 중신의 옹
립으로 제위에 올랐다. 요역徭役을 가볍게 하고 세금을 감해 주는
등 백성들에게 휴식을 주면서 농경을 장려했다. 경제가 점차 회복
되어 사회는 전반적으로 안정 국면으로 접어 들어가고 있었다.

원앙(?~B.C.148)

전한前漢 시기의 정치가. 문제文帝와 경제景帝 시기에 활약했다. 당대
에 현명하고 덕이 있는 인물로 널리 알려졌으며, 직언直言을 잘하기
로 유명했다. 황제가 되고 싶은 야망이 있던 양효왕의 뜻을 저지시
켜, 결국 이 때문에 양왕의 자객에게 암살당했다.

주발(?~B.C.169)

한漢나라 고조高祖 때 사람으로 유방劉邦의 공신. 고조를 도와 천하를
평정하였고, 여씨呂氏 일가를 죽이고 한실漢室을 편안하게 하여, 벼
슬이 승상丞相에까지 올랐다.

6. 약속이 나를 증명한다

보증은 신뢰를 전제로 한다. 그리고 '신뢰'란 '약속'을 지키는 것을 전제

로 한다. 내가 다른 사람에게 보증 받을 수 있는 인격인가, 상대가 보증해 주어도 될 만한 사람인가는 결국 '약속'을 잘 지키느냐로 판단된다.

초楚나라 출신의 계포季布는 젊었을 때부터 의협심이 넘치는 사람이었다. 한번 승낙하거나 약속한 말은 무슨 일이 있어도 지키는 것으로 이름이 높았다. 계포는 서초패왕 항우가 한나라의 유방과 천하를 걸고 싸운 초한쟁패 때 초나라 대장으로서 유방을 여러 차례에 걸쳐 괴롭혔다. 이 때문에 유방은 계포에 대한 원한이 대단하였다. 유방은 항우를 물리치고 천하를 얻은 다음 계포에게 천금의 현상금을 걸고 전국 방방곡곡에 수배령을 내렸다.

계포는 쫓기는 몸이 되었지만 그가 어떤 사람인지 아는 사람들은 계포를 팔려고 하지 않았다. 오히려 유방에게 계포를 추천하였다. 계포는 유방을 만나 당당하게 자신의 생각을 밝혔고 유방은 그간의 감정을 풀고 그에게 낭중이라는 벼슬을 주었다. 혜제 때는 중랑장으로 승진하였다.

계포가 약속과 신뢰의 보증수표가 된 데에는 역설적으로 아첨을 잘하고 권세욕과 금전욕이 강한 초나라 사람 조구의 역할이 있었다. 조구는 계포의 명성을 듣고 황제의 숙부인 두장군을 찾아가 계포를 만나려 하는데 소개장을 써 달라고 말하였다. 두장군은 "계장군은 자네를 좋아하지 않는 모양이야. 가지 않는 편이 좋지 않을까"라며 말렸으나 조구는 억지로 졸라 소개장을 얻은 다음 편지로 찾아뵙겠다는 점을 알리고 방문하였다. 계포가 머리끝까지 화가 치밀어 기다리고 있을 때 찾아간 조구는 인사가 끝나자 입을 열었다.

"초나라 사람들은 황금 백 근을 얻는 것이 계포와의 약속 한 번을 얻는 것만

현명한 인간관계 **247**

못하다고 말하는데 도대체 어떻게 하여 그렇게 유명해지셨습니까? 지금 겨우 양과 초나라 정도밖에 알려지지 않고 있습니다만 원래 우리는 동향인이기도 하므로 제가 당신의 일을 두루 선전하고 다니면 머지않아 당신의 이름이 천하에 퍼질 것입니다."

계포는 화를 풀었고 조구로 인하여 그의 이름이 천하에 더욱더 널리 알려지게 되었다고 한다. 계포가 왜 조구에 대한 화를 풀었는지는 기록이 없어 알 수 없지만 조구가 널리 퍼뜨린 '계포의 한 번 약속', 즉 "계포일낙季布一諾"은 약속과 신뢰의 보증수표처럼 인식되어 유명한 고사성어로 정착하였다. 또한 이 성어는 한 번 승낙하면 반드시 약속을 실행한다는 뜻으로까지 확대되었다. 이와 비슷한 뜻을 가진 성어로는 한 번 약속이 천금보다 더 중하다는 의미의 "일낙천금(一諾千金, 한 번 승낙한 약속은 천금과 같다는 뜻으로, 약속을 중히 여김을 비유한 말)", '남자의 말 한마디가 천금보다 중하다'는 의미의 "남아일언중천금(男兒一言重千金)" 등이 있다. "계포일낙"은 고등학교 한문 교과서에도 실려 있는 고사성어이다.

계찰季札은 춘추시대 오나라의 왕 수몽의 막내아들로 어질고 유능하기로 천하에 이름을 떨쳤다. 음악에도 조예가 깊어 각국의 음악에 정통하였다. 오나라의 정신적 지주로서 조정과 백성의 존중을 한 몸에 받았던 명사이기도 하다.

B.C. 550년 무렵 계찰은 노나라와 진晉나라에 사신으로 파견되어 가는 길에 서徐라고 하는 작은 나라를 지나게 되었다. 서의 국군은 계찰이 찬 검이 마음에 쏙 들었으나 차마 달라고 할 수가 없었다. 계찰은 그의 마음을 눈치챘지만 큰 나라에 사신으로 가는 신분이라 검을 풀어 그에게 줄 수 없었다. 당시 귀한 신분의 남자들에게는 검을 차고 다니는 것이 예의

였다. 이를 '패검佩劍'이라고 하였다. 남성들 사이에 유행한 하나의 풍속이기도 하였다.

계찰이 임무를 마치고 돌아오는 길에 다시 서나라를 들렀는데 안타깝게 그사이 국군이 세상을 떠났다. 계찰은 그를 찾아 무덤 옆 나무에 자신의 검을 걸어 놓았다. 시종이 죽은 사람에게 검이 무슨 소용이냐고 묻자 계찰이 이렇게 말하였다.

> "그렇지 않다. 당초 내가 그에게 검을 줄 마음을 먹었다. 그러니 그가 죽었다고 해서 마음을 바꿀 수 있겠는가?"

사마천은 이런 계찰을 높이 평가하였다.

> "연릉계자延陵季子의 어질고 덕성스러운 마음과 도의의 끝없는 경지를 사모한다. 조그마한 흔적을 보면 곧 사물의 깨끗함과 혼탁함을 알 수 있는 것이다. 어찌 그를 견문이 넓고 학식이 풍부한 군자가 아니라고 하겠는가."

'계찰이 검을 걸어 놓았다는 뜻의 "계찰괘검季札卦劍"은 약속과 신의의 중요성을 나타내는 고사성어이다. 특히 마음속으로 한 약속도 지켜야 한다는 것을 감동적인 고사로 전하고 있다. 말로 내뱉지 않고 마음으로 한 약속이라도 지켜야 한다는 계찰의 말이 조금은 고지식하게 들리지만 약속을 헌신짝처럼 내팽개치는 우리 현실에 대한 경종으로 받아들이기에 충분하지 않을까.

나는 누구에게든 기꺼이 나서서 보증을 서 줄 수 있는 사람인가? 내가 기꺼이 보증을 설 수 있는 사람이 주위에 얼마나 있는가? 나 자신은 보증

할 만한 사람인가? 이 자문은 결국 다시 약속과 신뢰의 중요성으로 돌아간다. "약속하였으면 지켜야 하고 지키면 신뢰를 얻는다."

계포(?~?)

초楚나라의 군인이며, 전한의 정치가이다. 계포는 항우 밑에서 무장으로 있으면서 여러 싸움에서 한나라 유방(한고조)을 괴롭혔다. 항우가 멸한 뒤 고조가 천금으로써 그를 포섭하려 했다. 이를 『사기』 등에는 "황금 백 근을 얻음은 계포의 일낙 諾을 얻음만 못하다"고 기록하였다. 후에 다시 낭중郎中 벼슬로 발탁되고 하동태수가 되었다.

7. 사람을 썼으면 의심하지 않는다

사마천을 비롯하여 역대 현자들 대부분은 어떤 사람을 기용하느냐에 따라 나라의 흥망이 갈린다고 인식하였다. '용인用人'을 나라의 흥망과 직결한 것이다. 나라에도 이럴진대 기업이나 조직은 말할 것도 없다. 문제는 합당한 사람을 가릴 줄 아는 안목, 인재를 기용하는 구체적인 방법이 만만치 않다는 사실이다. 그리고 그에 앞서 사람과 인재에 대한 확고한 인식이 요구된다. 그 인식이란 사람과 인재의 역할과 작용을 확신하느냐의 여부이다. 용인에 관한 인식과 관련하여 '관포지교(管鮑之交, 관중과 포숙아의 사귐이란 뜻으로, 관중과 포숙아처럼 변하지 않는 친구 사이의 두터운 우정을 이르는 말)' 이야기를 다시 소개하고자 한다.

관중管仲은 친구 포숙아鮑叔牙 덕분에 목숨을 건졌을 뿐만 아니라 포숙아의 고귀한 양보로 제나라의 재상이 되었다. 문제는 환공桓公의 입장이었다. 포숙아의 설득으로 관중을 살려 주기는 했지만 재상까지 삼는 일은 마음이 쓰일 수밖에 없었다. 자신을 죽이려 했던 자가 관중 아니던가? 당시 화살이 허리띠에 맞았기에 망정이지 한 치라도 위에 박혔더라면 죽었을 것이다. 이런 자를 재상으로 임명하여 매일 얼굴을 보아야 하니 환공으로서는 꺼리는 것이 당연하였다.

환공은 관중을 재상으로 임명하는 자리에서 관중의 역량을 시험해 보기로 하였다. 관중에게 자신은 약점이 많은데 그래도 천하의 패주가 될 수 있겠냐면서 술, 여자, 사냥을 자신의 약점으로 꼽았다. 관중은 자신 있게 문제없다고 답하였다. 옛날 군주에게 술과 여자 그리고 사냥은 자칫 지나칠 경우 자신은 물론 나라까지 망치는 치명적인 결점이었다. 그런데도 관중이 태연하게 전혀 문제없다고 답하니 환공은 이 자가 혹시 재상 자리가 탐이 나 아무렇게 대답하는 것은 아닌지 의문이 들었다. 이에 환공은 그렇다면 어떻게 천하의 패주가 될 수 있겠냐며 구체적인 방안을 물었다. 여기서 '관중의 유명한 리더십 5단계'가 나온다.

> 첫째, 사람을 아셔야 합니다(知人, 지인).
> 둘째, 아시기만 하고 쓰지 않으면 소용없습니다(用人, 용인).
> 셋째, 사람을 쓰시되 소중하게 쓰셔야 합니다(重用, 중용).
> 넷째, 중용하셨으면 맡기셔야 합니다(委任, 위임).
> 다섯째, 위 네 단계를 다 실천하시고도 소인배를 가까이하시면 다 소용없습니다. 소인배를 멀리하십시오(遠小人, 원소인).

환공이 듣고 보니 다 맞는 말이고 좋은 말이었다. 그런데 다 맡기면 자신이 할 일이 무엇인지 궁금해졌다. 그래서 "그럼 나는 뭘 하면 되오"라고 물었다. 관중의 답은 간단명료하였다.

"그냥 계십시오!"

환공은 관중의 말을 따랐고 관중은 장장 40년 동안 재상을 맡아 제나라를 '부민부국富民富國'으로 이끌었다. 관중이 말한 "지인, 용인, 중용, 위임, 원소인"의 리더십 5단계는 그 자체로 사람을 기용함에 있어서 반드시 지켜야 하는 과정이다. 이 단계는 수천 년 전이나 지금이나 별반 다를 것이 없다.

그런데 기업의 리더 중 상당수가 3단계 중용의 의미부터 제대로 이해하지 못한다. 인재를 높은 자리에 올리거나 연봉을 많이 주면 된다는 식으로 받아들이는 경우가 많기 때문이다. 높은 자리와 많은 연봉을 주고 일은 하찮은 허드렛일을 시킨다면 이는 결코 중용이 아니다. 인재를 낭비하는 짓이기 때문이다.

그다음 단계인 위임도 말로만 하는 경우가 비일비재하다. 예를 들면 관중의 리더십 5단계론에 관한 내용을 잘 알고 있는 한 CEO가 해외 출장을 가면서 주위 사람들에게 회사 일을 다 위임하고 왔다며 자랑했다. 그런데 도착지에 도착하기가 무섭게 핸드폰으로 회사 간부에게 전화해서 시시콜콜 업무를 묻고 야단을 친다면 이는 진정한 의미에서의 위임이 아니다. 믿음이 전제되지 않으면 위임이 아닌 것이다.

원소인도 리더들이 제대로 실천하지 못하는 부분이다. 조직과 인원 배치를 거의 완벽하게 해 놓고도 이를 못 믿어 측근, 즉 비선을 통하여 통제하려는 리더들이 있다. 원소인을 하려면 역시 자기 조직과 인재에 대한 신뢰가 가장 중요하다.

　전통적인 용인의 원칙 중 하나로 "용인불의 의인불용(用人不疑 疑人不用, 사람을 썼으면 의심하지 말고 의심스러우면 쓰지 말라)"이라는 것이 있다. 이는 사람을 쓰는 용인에 있어서 진리에 가까운 원칙이다. 또 하나, 인재를 내보낼 때도 신경을 써야 한다. 최대한 예우를 갖추어 쿨하게 떠나보내야 한다.

포숙아(?~?)

춘추시대 제齊나라의 정치가이자 사상가. 춘추시대의 패자 제환공을 섬기던 신하이다. 그의 친구이자 제나라의 명재상인 관중과의 우정을 나타낸 고사성어 관포지교로 유명하다. 관중은 포숙아에 대해 "나를 낳아준 사람은 부모지만, 나를 알아준 사람은 포숙아다"라고 찬탄한 바 있다.

10장

—

흥망성쇠를 좌우하는
조직관리

1. 조직에는 우정이 존재한다

'관포지교'는 우정의 대명사로 불릴 정도로 널리 알려진 고사성어다. 『사기』의 열전으로서는 두 번째인 권62 「관안열전管晏列傳」에 보인다. 이 우정의 주인공들은 관중과 포숙아인데 이 두 사람의 관계는 친구 간의 우정을 훨씬 뛰어넘고 있다. 특히 두 사람의 우정이 어우러져 한나라의 통치자를 당대 최고의 리더로 키우는 데 결정적인 작용을 했다는 점에서 조직관리와 경영에 시사하는 바가 적지 않다.

관중과 포숙아는 오늘날 산동성 동부에 위치했던 제齊나라 사람으로 어려서부터 같이 사업을 하는 등 둘도 없는 친구 사이였다. 그러던 제나라에 정변이 일어나 국군 양공襄公이 신하에게 살해당하는 험악한 정국이 조성되었다. 양공의 난잡한 정치를 피해 다른 나라에서 망명생활을 하고 있던 잠재적 대권 주자들인 양공의 동생들은 귀국을 서둘렀다. 누가 먼저 귀국하느냐에 따라 대권의 향방도 바뀔 수 있는 상황이었다.

당시 관중은 공자 규糾를 모시고 있었고, 포숙아는 공자 소백小白을 모셨다. 규가 배다른 형이었다. 두 사람은 만일의 사태를 대비해 서로 상의하고 각자 다른 공자를 모셨던 것이다. 어쨌거나 자신이 모시는 공자를 국군 자리에 앉히기 위해 관중과 포숙아는 귀국을 서둘렀다. 이 과정에서 관중은 공자 소백을 활로 쏘아 암살하려고까지 했다. 다행인지 불행인지 화살은 소백의 허리띠를 맞히었고, 소백은 순간적인 기지를 발휘해 마치 진짜 화살에 맞은 듯 말에서 떨어지는 연기를 펼쳤다.

암살에 성공했다고 생각한 관중은 느긋하게 규를 모시고 제나라 수도 임치로 향했다. 관중이 임치에 접근할 즈음 포숙아와 소백이 이미 임치에 들어와 국군의 자리에 앉았다는 소식이 전해졌다. 이가 바로 춘추오패의 첫 패자 주인공이다. 관중과 규는 기절초풍했다. 그렇게 되자 규 일행은 다시 노나라로 도망갈 수밖에 없었다.

관중은 급히 노나라로 사람을 보내 군대를 요청했다. 노나라의 힘을 빌려 소백을 내쫓을 심산이었다. 이렇게 해서 공자 소백이 이끄는 제나라 군대와 규를 돕기 위해 나선 노나라 군대는 전투를 벌였고 소백이 또 한 번 승리했다.

소백, 즉 환공은 전후회담에서 노나라에 대해 배다른 형인 규를 죽일 것과 관중의 압송을 요구했다. 관중에 대해서는 자신을 죽이려 했던 사적인 원한관계가 있기 때문에 압송되는 대로 찢어 죽인 다음 젓갈을 담겠다고 공언했다. 공자 규는 살해되었고, 관중은 죄수를 싣는 수레에 실려 노나라 국경을 넘어 제나라로 압송되었다. 제나라는 물론 노나라를 비롯한 주변 제후국들의 이목이 모두 환공에게로 집중되었다. 환공이 관중을 과연 어떻게 처리할 것인가가 초미의 관심사가 되었기 때문이다.

한편 노나라의 시백이라는 대신은 환공의 편지를 받고 왕에게 말했다.

"관중이 뛰어난 인물이라는 사실은 모두가 다 아는 바입니다. 따라서 제 생각에는 제나라에서는 관중을 죽이려는 것이 아니라 그를 중용하려는 것이 아닌가 심히 염려되는 바입니다. 만약 그렇게 되면 우리나라에는 큰 걱정거리가 생기는 것입니다. 그러니 지금 관중을 죽여서 시체로 보내는 것이 상책입니다."

그러나 왕은 그 말을 듣지 않고 관중을 그대로 제나라에 보냈던 것이다. 이때 포숙아가 제 환공에게 말했다.

"저는 다행히도 폐하를 모실 수 있었고 폐하께서는 제나라의 군주가 되셨습니다. 그러나 폐하를 앞으로 모시는 데 저만의 힘으로는 벅찹니다.
폐하께서 제나라만 다스릴 작정이시라면 재상 고혜와 저 두 사람만으로도 충분할 것입니다. 그러나 천하를 다스릴 패자霸者가 되시려는 원대한 포부를 가지고 계신다면 관중이 반드시 필요합니다. 실로 관중을 중용하는 나라가 천하를 다스릴 것입니다. 바라옵건대, 관중을 등용하소서."

포숙아의 간절하고도 충성스러운 간청에 환공도 비로소 마음을 바꾸게 되었던 것이다.

관중을 실은 수레가 제나라 국경에 들어오자마자 제나라 쪽에서 관중을 인계받으러 사람이 나타났다. 다른 사람이 아닌 관중의 친구 포숙아였다. 포숙아는 얼른 관중을 편안한 큰 수레로 옮겨 타게 한 다음 서둘러 수도 임치로 돌아왔다.

임치에서 관중을 기다리고 있는 사람은 환공이었다. 환공은 관중을 살려주는 것은 물론 제나라 재상으로 발탁하게 했다. 환공은 한때 자신을 죽이려 했던 원수 관중을 재상에 기용하는 파격적이고 놀라운 리더십을 발휘했다. 중국 인재학에서 말하는 '진짜 인재라면 원수라도 기용하라(외거불피구外擧不避仇)'는 최초의 실천 사례였다. 환공의 이러한 리더십은 어수선한 정국을 빠른 속도로 안정시키는 데 큰 역할을 했다.

관중을 만난 환공은 치국의 이치에 대해 물었고, 관중은 탁월한 식견으로 거침없이 치국의 이치와 부국강병을 이루기 위한 실질적인 개혁 정책들을 피력했다. 관중과 포숙아를 비롯한 많은 인재들의 도움으로 환공은 춘추 초기 이른바 '춘추 5패'의 선두주자가 되어 무려 '아홉 차례나 제후국들과의 회맹을 주도(구합제후九合諸侯)'했다. 말하자면 주 왕실의 천자를 대신해 천하를 호령하는 패주가 된 것이다. 관중은 40년 가까이 제나라 국정을 이끌면서 백성과 나라를 부유하게 만들었다.

관중과 포숙아의 이야기는 개인의 인간관계가 국가 차원으로 발전했다는 점에서 아주 특별하다. 특히 포숙아의 사심 없는 양보와 팔로우십으로 관중은 마음껏 자신의 능력을 발휘했다. 말하자면 두 사람의 남다른 관계가 제나라를 부국강병으로 이끌고 중간 정도의 자질밖에 안 되는 환공으로 하여금 큰 리더십을 발휘할 수 있게 만든 것이다.

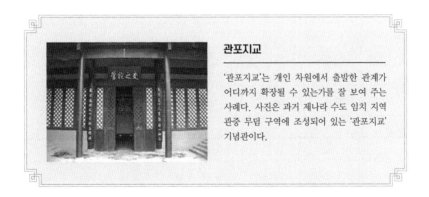

관포지교

'관포지교'는 개인 차원에서 출발한 관계가 어디까지 확장될 수 있는가를 잘 보여 주는 사례다. 사진은 과거 제나라 수도 임치 지역 관중 무덤 구역에 조성되어 있는 '관포지교' 기념관이다.

2. 사람으로부터 진짜 정보가 나온다

대체로 춘추시대 말기부터 나타난 특별한 현상 가운데 '양사養士' 풍조라는 것이 있었다. '양사'란 글자 그대로 '인재를 기른다'는 뜻이다. 양사 풍조는 주로 왕실의 친인척이나 정계의 유력자가 자국은 물론 다른 나라의 유능한 인재들을 대거 거느리며 정국을 이끈 현상을 말한다. 유력자는 이 인재 풀에서 적절한 사람을 골라 조정에 추천하거나 중요한 외교 등을 맡겼다. 이런 인재들을 '문객'이니 '식객'이니 하는 말로 불렀는데, 특히 전국시대 4공자는 모두 3천 명에 이르는 식객들을 거느리며 한 시대를 풍미한 것으로 유명하다.

전국시대 4공자 신상 정보표를 보면, 양사 풍조는 춘추시대 이후 기존의 신분질서 체제가 무너지면서 새로운 사회 주도층으로 떠오른 '사士' 계층이 전국시대에 이르러 다양하게 '분화되어 활약'하게 되는 모습을 반영한다. 말하자면 새로운 시대에 부응하는 활기에 찬 인재유동 현상이라고 할 수 있다.

전국시대 사공자

사공자	본명	연대	국적(지위)	주요 행적(『사기』 관련편명)
맹상군 孟嘗君	전문 田文	B.C.4세기 초·중엽	제나라 종친 상相	식객 3천 명. 정쟁에서 밀려 위·진과 결탁해 전국시대의 형세를 변화시킴. (권75 「맹상군열전」)
평원군 平原君	조승 趙勝	?~B.C.251	조나라 혜문왕 동생 상相	장평전투 후 위기 상황에서 군관민을 독려 3년을 버팀. 식객 모수의 계책으로 한단의 포위를 풂. (권76 「평원군열전」)

신릉군 信陵君	위무기 魏無忌	?~B.C.243	위나라 종실대신	식객 3천 명. 장평전투 후 위기에 처한 조를 구하고 진을 물리치는 등 명성을 떨쳤으나 간첩계에 몰려 몰락하고 술병으로 죽음. (권77 「위공자열전」)
춘신군 春申君	황헐 黃歇	?~B.C.238	초나라 상相	식객 3천 명. 한단 위기 때 계책으로 조를 구 하고 진을 물리치는 명성을 떨침. 자신을 지 지하던 고열왕이 죽은 뒤 내란의 와중에서 피살됨. (권78 「춘신군열전」)

이들 '사' 계층은 기회의 시대를 맞이해 시대가 필요로 하고 또 시대가 안고 있는 각종 문제들을 능동적으로 해결해 나가면서 실질적으로 시대를 이끌었고, 궁극적으로는 천하 통일을 주도하는 세력으로 떠오른다.

인재의 활발한 유동은 정보의 획득과 교환을 가져온다. 당시 각국은 치열하게 경쟁하면서 상대국의 중요한 고급 정보를 확보하기 위해 갖은 수단을 동원했다. 첩보전은 기본이었고 상대국을 무너뜨리기 위해 매수와 이간은 물론 암살도 서슴지 않았다. 진나라가 천하를 통일하는 과정에서 보여 준 냉혹한 첩보전이 대표적인 사례다. 이와 같은 고급 정보를 확보하기 위해서는 고급 인재를 확보하는 것이 가장 빠른 길이었다. 사정이 이렇다 보니 자국의 고급 인력은 물론 적국의 인재까지 끌어들이는 치열한 인재 쟁탈전이 보편적인 현상으로 자리 잡았다.

조직관리와 기업 경영에 있어서 정보의 중요성은 굳이 강조할 필요가 없을 것이다. 고급 정보를 얻기 위해 조직과 기업은 엄청난 투자를 아끼지 않는다. 그리고 그 정보의 핵심은 인재들의 유동성과 적극성에 있다. 또한 식객 3천 명이라는 엄청난 인재 군단을 거느리고 전국시대 후기를 주도했던 4공자의 양사 풍조가 갖는 시대적 의미는 바로 정보의 중요성과 정보원으로서 인재의 역할 및 중요성 바로 그것이었다.

3. 시스템과 조직관리의 함수관계

제국을 통일한 진시황秦始皇이 맨 처음 관심을 기울인 시스템화 작업은 제국 전체를 어떻게 재편할 것인가 하는 문제였다. 말하자면 제국이라는 하드웨어를 구동할 가장 기본적인 프로그램에 관한 구상이었다. 상당한 논의를 거친 결과 진시황은 주周나라의 봉건제도封建制度를 청산하고 군현제도郡縣制度를 택했다.

약 700년 가까이 작동되어 온 주나라 봉건제도는 왕실의 친인척이나 공신들을 각지로 파견해 스스로 알아서 정치와 경제 문제를 해결하게 하되 주 왕실의 간판을 내걸면서 1년에 한 번 조공朝貢 등과 같은 의례적인 절차를 지키게 하는 형태였다.

각지로 보낸 리더들을 제후諸侯라 불렀고, 제후국들은 상대적으로 독립성을 유지하면서 자신들의 통치구역을 이끌었다. 당시 용어를 빌리자면 주 왕실은 대종大宗이 되고, 제후는 소종小宗이 되었는데, 시간이 흐를수록 소종 밑으로 다시 더 많은 소종들이 생겨날 수밖에 없는 그런 구조였다.

봉건제도는 외부, 즉 주 왕실에서 파견한 경영자가 현지에 들어와 주 왕실의 경영 방식 그대로 경영하는 시스템이었기 때문에 시간이 흐를수록 경영자가 토착화되었다. 따라서 언젠가는 시스템이 변질 내지는 붕괴될 수밖에 없었다. 또 일부 제후국이 주 왕실王室의 실력과 권위를 압도할 정도로 성장해 다른 제후국들을 통솔하는 형태로 변질되기도 했다. 이러면서 점차 제후국들은 주 왕실의 통제에서 벗어나 완전한 독립국으로 전환했다. 전국시대에 들어서 일곱 개의 대표적인 나라들이 주 왕실과 대등하게 왕을 칭하게 된 것은 당연한 수순이었다. 이 일곱 개의 나라가 역사에서 말하는 '전국7웅戰國七雄'이다.

진시황은 다소 산만하고 느슨한 조직인 봉건 시스템을 완전히 버리고 강력하고 실질적인 권한과 권력을 가진 중앙집권中央集權을 기반으로 하는 군현제도로의 전환을 실행했다. 이를 기업에 비유하자면 본사와 지점으로 이루어진 시스템이라 할 수 있다. 진나라는 무력으로 전국시대 강국들을 차례차례 정복했다. 따라서 정복지를 확실하게 통제하기 위해서는 상대적으로 느슨한 봉건제도보다는 강력한 중앙집권이 효율적이었다. 더욱이 전국시대 대부분의 국가들이 중앙집권적 군현제도로 이행하고 있었기 때문에 진시황이 군현제도를 제국의 작동 시스템으로 결정한 것은 자연스러운 결과였다.

이 시스템은 위로부터 중앙정부中央政府─군郡─현縣으로 이루어져 있고, 군과 현의 수령은 모두 중앙에서 직접 파견된 전문 관리가 맡았다. 지방수령은 중앙으로부터 직접 명령을 받아 직무를 수행했는데 이들 관리의 업무를 감시하기 위해 중앙정부의 승상부에서는 자사刺史를 파견함으로써 중앙집권을 보다 강력하게 담보했다. 기업으로 보자면 본사에서 직접 감사를 파견해 지점들을 상시 감시하는 시스템에 비유할 수 있다.

그런데 이런 중앙집권적 군현제도가 원활하게 작동되려면 또 다른 시스템의 정비가 전제되어야만 했다. 그것이 바로 교통망이었다. 조직의 시스템이 원활하게 작동하려면 길이 있어야 한다.

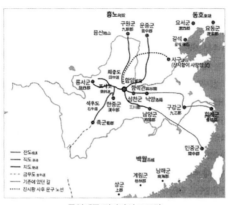
통일제국 진나라의 도로망

　진시황은 이 점을 명확하게 인식하고 있었다. 더욱이 교통망은 군사상 국방체계와 직결되기 때문에 더욱 중요했다. 이를 위해 진시황은 오늘날의 고속도로에 해당하는 치도馳道, 국도에 해당하는 직도直道, 전용도로에 해당하는 오척도五尺道 등과 같은 도로를 닦고, 이에 상응하는 통신 연락 시스템인 봉수烽燧(경보 시스템)와 우역郵驛(우편 통신시스템)을 전국 각지에 설치했다. 이로써 행정과 국방을 연계시키는 완벽한 국가 비상연락망이 구축되었고, 이는 중국 역사상 획기적인 사건으로 꼽힌다.

　여기에 진시황은 정비된 도로 위를 달리는 수레의 속도를 보다 높이기 위해 수레의 규격은 물론 수레바퀴 및 수레바퀴의 살 등을 규격화하는 소위 '표준화'를 시스템으로 정착시켰다. 이로써 전국 어디서나 손쉽게 수레와 그 부속품들을 구할 수 있는 원톱 서비스 시스템이 작동하기에 이르렀다.

　시스템화에 대한 진시황의 집착은 이 정도로 끝나지 않았다. 알다시피 행정과 군사를 연계한 교통 통신망을 시스템화했다는 것은 경제의 활성화와 직결된다. 경제의 가장 핵심적인 표지인 화폐를 통일시키는 조치가 따랐고, 중앙정부의 행정 명령을 신속하게 전달하기 위해 나라마다 조금씩 차이가 났던 문자도 통일하기에 이르렀다. 이 밖에 최고 통치자의 호칭을 '황제皇帝'로 결정한 것 등은 사소한 것이지만 모두 시스템화의 일환이었다.

중국사 최초의 통일제국을 완벽하게 시스템화하려 했던 진시황의 의도는 그의 갑작스러운 죽음과 곧 이은 제국의 붕괴로 인해 절반의 성공으로 끝났다. 하지만 그것이 중국사에 미친 영향은 시간적으로만 따져도 2천 년이 넘는다.

4. 덕을 통한 조직관리

모든 조직을 이끄는 방법은 다양하다. 하지만 기본적인 원리는 규제나 통제를 전제로 한 '법치法治'냐, 아니면 자율과 능동에 기반을 둔 '덕치德治'냐의 두 가지로 수렴된다. 이에 따라 통치자의 통치 스타일도 모든 것을 직접 챙기는 '친정親政'과 아래에 권한을 전폭적으로 주는 '위임委任'으로 갈라진다. 이 둘 중 어느 쪽이 효율적이냐를 놓고 역대로 많은 사람들이 논쟁을 벌였다. 물론 시대 상황이나 조직의 상태 등 내외적 조건이나 환경이 다 다르기 때문에 어느 한쪽만을 고집할 수는 없을 것이다.

단기적 효율성이란 측면에서 보자면 법치와 친정이 상대적으로 강점을 가진다. 그러다 보니 지금까지 대부분의 리더들이 법치와 친정이 주는 유혹을 뿌리치지 못했다. 그런데 역설적이게도 법치와 친정을 강조한 리더들치고 성공한 경우가 드물다는 사실이다. 역사상 대체로 성공한 리더들은 거의 '덕치'와 '위임'을 실천한 인물들이었다.

좀 더 깊이 있게 생각해 보면, 이 문제의 핵심은 '효율성'이 아니라 통치에 대한 철학에 있다는 것을 발견하게 된다. 그래서인지 문제를 통찰한 사상가들은 대부분 덕치를 내세웠다. 이와 관련해서 공자는 다음과 같이 말한다.

> 법으로 이끌고 형벌로 다스리면 백성들은 무슨 일을 저질러도 부끄러워하지 않는다. 도덕道德으로 이끌고 예禮로 다스려야 백성들은 비로소 부끄러움을 알고 바른길을 가게 된다.

한편 노자는 이렇게 말한다.

> 큰 덕은 덕을 의식하지 않기 때문에 덕을 유지하고, 작은 덕은 그 덕을 잃지 않으려 하기 때문에 유지할 수 없다. 법령이 치밀하게 정비될수록 도둑은 많아진다.

공자에 비해 노자는 훨씬 과격하다. 노자는 좀 심하게 말하자면 인위적인 덕치도 법치와 다를 것이 없다고 보았다. 사마천은 이 두 사람의 말을 인용한 다음 자신의 견해를 밝혔는데, 두 사람의 주장을 절충하면서 정치와 통치의 핵심을 정확하게 찌르고 있다. 그는 이렇게 말한다.

> 법령이 정치의 도구이기는 하나 백성들의 선과 악, 맑음 흐림을 다스리는 근본적인 제도는 아니다.

법으로 인간의 본성이나 가치관을 바꿀 수는 없다는 말이다. 그러면서 사마천은 "법망이 치밀할수록 백성들은 그 법망을 피하고 빠져나가기 위해 더욱더 교활해졌다. 결국은 법망이 뚫리고 나라는 망국의 지경에 이른다"고 해 법치 만능의 폐단을 엄중하게 지적하고 있다.

또한 사마천은 「순리열전循吏列傳」에서 가혹한 법치와 혹리(酷吏, 혹독한 관리)들에 의한 각종 폐단의 대척점에 덕치와 순리(循吏란 법을 잘 지키는 선량한 관리)를 세워 놓고 덕치의 당위성을 강조하고 있다.

> 법령이란 백성들을 잘 이끌기 위한 것이고, 형벌이란 간교한 자를 처단하기 위한 것이다. 법조문과 집행이 잘 갖추어져 있지 않으면 선량한 백성들은 겁을 먹는다. 그러나 자신의 몸을 잘 수련한 사람이 관직에 오르면 결코 문란한 적이 없었다. 직분을 다하고 이치를 따르는 것 또한 정치를 바르게 하기 위함이다. 어찌 위엄만으로 되겠는가?

그러면서 사마천은 덕치를 통해 군주를 현명하게 보필하고 백성들을 잘 다스린 5명의 순리循吏를 소개한다. 그중 춘추시대 초楚나라 장왕莊王 때 재상을 지낸 손숙오孫叔敖의 예를 들어보자.

장왕은 당시 초나라 사람들이 보편적으로 타고 다니던 수레바퀴가 작고 높이가 낮아 수레에 불편을 느꼈다. 말이 끌기 힘들고 권위가 안 선다는 이유였다. 장왕은 법령을 내려 수레의 높이를 높이려고 했다. 이 문제에 대해 손숙오는 장왕에게 이렇게 말했다.

> "법을 자주 바꾸면 백성은 어떤 법을 따라야 할지 몰라 좋지 않습니다. 왕께서 굳이 수레를 높이시려면 각 고을의 대문 문지방을 먼저 높이도록 하십시

오. 수레를 타는 사람이면 대부분 군자들이고, 군자들은 수레에서 자주 내리기를 꺼려 합니다."

문지방을 높이면 수레가 문지방을 넘기 힘들어서 타고 있던 사람이 내려서 밀거나 해야 하기 때문에 여간 불편한 것이 아니다. 그러면 할 수 없이 차츰 수레를 높이게 될 것이다. 이것이 손숙오의 논리였다. 실제로 반년 정도가 지나자 백성들은 자발적으로 수레를 높였다. 시간이 걸리기는 하지만 법으로 명령하거나 가르치지 않아도 교화를 따르게 만드는 방법이 이런 것이다.

수레를 높이기 위해 문지방을 높이게 한 손숙오의 현명함은 결국 백성들을 생각하는 마음에서 나온 것이다. 이런 손숙오의 통치방법이 가져온 결과에 대해 사마천은 다음과 같이 평가했다.

손숙오가 백성을 가르치고 잘 이끌어 위아래가 화합하게 되자 세상의 풍속은 아름다워졌다. 정치는 느슨하게 시행되었지만 금지시킬(처벌할) 일은 없었다. 관리들 중 간사한 자가 없었고 도둑도 생기지 않았다. 백성들은 저마다 편익을 얻게 되었고, 생활이 안정되고 즐거웠다.

이것이 덕치의 경지다. 그런데 덕치는 통치가와 리더의 자기수양을 전제로 한다. 자기수양을 통한 청렴결백을 지킨 리더만이 백성들의 마음을 얻을 수 있기 때문이다.

공자든 노자든 사마천이든 이들이 이야기하고자 하는 핵심은 법이나 규제의 한계다. 나라든 조직이든 가정이든 마찬가지다. 그저 엄하기만 한 법이나 규제로는 조화롭게 이끌 수 없다. 리더는 규제와 통제의 한계를 명확하게 인식한 다음 조직을 이끌 수 있어야 한다. 그런 점에서 많은 사람이 강조해 온 '덕德'과 '덕치德治'에 새삼 눈을 돌려야 할 필요가 있다.

그러나 조직을 이끄는 리더는 규제와 통제의 유혹에서 자유롭지 못하다. 명령이나 정책이 제대로 시행되지 않거나 예상과 다르게 부진할 때 리더는 흔히 강력한 물리력으로 목표를 달성하려는 규제와 통제의 효율성에 눈길을 주기 마련이다. 물론 상황에 따라서는 이런 방법이 필요할 수 있다. 하지만 수많은 역사적 사례가 보여 주듯 규제와 통제에 기초한 법치 만능보다는 자율과 능동적 가치를 인정하는 덕치가 조직을 바른길로 이끄는 강력한 원리임을 알 수 있다.

덕치의 효과는 더디게 나타나지만 오래 지속된다. 덕치는 리더의 자기 수양을 전제로 한다. 조직원(백성)을 위해 조직을 이끌겠다는 확고한 철학을 갖춘 리더라야만 실천할 수 있다. 사리사욕에 집착하는 리더는 절대 덕으로 조직을 이끌 수 없다.

손숙오(B.C.630~B.C.593)

초楚나라 사람으로 자는 손숙孫叔이다. 춘추春秋 시기 초나라의 명재상으로 수리병법水利兵法에 모두 큰 공헌을 남겼다. B.C. 601년에 초나라의 영윤(令尹, 재상)이 되어 초장왕을 보좌하여 농업 생산을 진작시키고 초나라를 남방의 패권覇權 국가로 만들었다.

5. 결단을 내려야 할 때를 놓치지 마라

이론적으로는 알고 있지만 누구든 그렇게 간단히 출처진퇴를 결정할 수 있는 것은 아니다. 이런 경우 망설이는 것은 인간만이 가지는 슬픈 특성이다.

한신의 망설임은 "나처럼 능력 있는 사람에게 설마……"라는 자만에서 생겨났다. 그런 자만이 없었더라면 나아가든 물러서든 좀 더 일찍 결심했을 것이다. 그리고 또 한 가지, 객관적 정서에 대한 무지도 그를 혼란에 빠뜨린 큰 요인이다.

그런데 한신과는 반대로 너무 지식이 많아서 출처진퇴의 오류를 범한 인물이 있다.

한신보다 시대를 약간 거슬러 올라가는데, 진秦나라 시황제始皇帝를 섬기면서 통일국가의 실현에 큰 공을 세웠던 승상 이사李斯가 그 사람이다. 그는 젊었을 때 '성악설性惡說'로 유명한 순자荀子 문하에서 공부한 일이 있으며 당대 일류 학자이기도 했다.

시황제의 정책은 거의 모두가 이사의 지혜에 의한 것이었다. 그중에서도 의학, 농업 등의 기술 서적을 제외한 모든 사상서를 불태우도록 명한 분서焚書 정책은 오랜 역사 속에 그 악명을 떨치고 있다. 이사와 같은 인물이었기에 권력을 잡은 자에게 있어 학문이라든가 사상이 얼마나 무서운 것인지 잘 알고 있었으리라.

이런 악정뿐 아니라 중앙집권제의 확립, 문자, 계량형의 통일, 운수 교통망의 확충 등 이사의 식견은 중국 최초의 대제국 건설에 크게 공헌했다.

여기까지는 좋다고 하자. 그런데 시황제가 세상을 떠난 직후부터 그의 인생행로는 크게 빗나가게 된다. 그 계기는 조고趙高의 음모에 그가 동의한 데서부터 시작된다.

B.C. 210년, 시황제는 동방 순행 도중 발병했고 도읍인 함양에서 직선 거리로 7천 리나 되는 사구란 곳에서 급사했다. 그때 시황제의 후계자인 장남 부소扶蘇는 장군 몽염蒙恬과 함께 북부 국경 지대를 수비하고 있었다. 시황제 순행을 수행했던 이는 막내인 호해胡亥와 승상인 이사, 그리고 측근 환관으로서 옥새를 담당하고 있던 조고趙高 등이었다.

시황제는 임종 때 조고에게 명하여 장남 부소 앞으로 칙서를 쓰게 했다.

> "즉시 국경에서 도읍으로 돌아와 짐의 영구를 맞이하여 장례를 치르도록 하라."

뒷일을 모두 부탁한다는 유서였다.

조고는 칙서를 찢어버리고 호해를 설득했다.

> "이대로 추진되어 태자 마마께서 황제의 자리에 오르면 황자 마마께는 영토를 한 치도 안 줄 것입니다."

그러니 칙서를 다시 써서 호해더러 후계자가 되라는 것이었다. 처음에 호해는 거절했으나 마침내 동의하고 말았다.

다음에 조고가 설득해야 할 사람은 이사였다. 승상인 이사가 동의하지 않으면 음모는 실행에 옮길 수 없는 것이기에, 조고는 이사를 자기편으로 끌어들이기 위해 집요하게 설득했다. 환관 조고가 끈질기게 이사를 졸라 대며 설득하는 내용이 『사기』「이사열전」에 자세히 기록되어 있다. 여기에 그것을 인용할 지면은 없지만 과정은 지식인의 나약함을 여실히 보여주고 있다.

물론 처음에 이사의 이성은 음모를 단호하게 거부했다. 그러나 조고의 설득이 협박으로 바뀌자 그는 자기주장을 굽히고 힘없이 동의하고 말았다.

그렇게 호해는 즉위하여 황제가 되었다. 그러나 이사의 승상 자리는 이름뿐, 실권은 조고의 손에 넘어갔다. 이렇게 되자 천하의 지식인도 힘을 쓸 수가 없었다. 그렇다고 해서 이성을 악이라고는 할 수 없다. 이사가 학자가 아닌 행동가였다면 그토록 고민하는 일 없이 조고와 함께 천하를 주무를 수도 있었을 것이다.

이사의 양심은 조고에게 휘둘림을 당하는 황제에 대한 간언에서 나타난다. 그러나 그것은 약자의 슬픈 노래에 지나지 않았다. 시궁창 속을 헤매며 커온 조고에게 있어 세상 물정 모르는 황제와 체면만 내세우는 학자 이사의 사이를 이간하는 일쯤은 식은 죽 먹기였다.

마침내 이사는 반란을 흠모했다는 죄목으로 사형에 처해지고 만다. 결정적인 때에 결단을 잘못했기 때문이다.

사마천은 이사가 처음 음모에 가담했다가 나중에서야 황제에게 간언한 것을 두고 '불역말호不亦末乎', 즉 "수순이 뒤바뀌어 너무 늦었다"라며 비난하고 있다.

이사와는 상황이 다르지만 전국시대 말기, 초나라 명재상이었던 춘신 군도 결단의 찬스를 잃었기 때문에 암살당했다. 사마천은 이를 한탄하며

"결단을 내려야 할 때 내리지 않으면 도리어 재난을 당한다" 하고 기록하고 있다.

호해(B.C.229?~B.C.207)

진秦의 제2대 황제로서 이세황제二世皇帝라고 한다. 대규모 토목사업을 벌이고 환관 조고의 전횡을 방임하여 민심을 잃었으며 진나라를 멸망의 길로 몰아넣었다(재위 B.C.210~B.C.207).

조고(?~B.C.207) 진나라의 환관

시황제를 따라 여행하던 중 시황제가 병사하자, 승상 이사와 짜고 조서를 거짓으로 꾸며, 시황제의 맏아들 부소와 장군 몽염을 자결하게 만들었다. 또 시황제의 우둔한 막내아들 호해를 2세 황제로 삼아 마음대로 조종했다.

부소(?~B.C.210)

진시황의 장자인 부소는 분서갱유焚書坑儒 등의 엄준한 정책을 반대하여 진시황의 노여움을 샀다. 화가 난 진시황은 부소에게 장성長城에서 흉노匈奴 방어를 하던 몽염의 군대를 감독하고, 몽염과 더불어 장성을 쌓아 흉노를 막게 하였다. 시황제가 죽은 뒤 호해와 이사, 조고 등이 거짓으로 보낸 시황제의 조서를 받고 자살했다.

이사(?~B.C.208)

전국시대 초나라 출신의 사상가이자 진나라의 승상. 진시황제를 보좌하여 진나라가 천하 통일을 이룩하는 데 기여했고, 통일 후에는 군현제 등을 실시하여 중앙집권 국가의 기틀을 다졌다. 도량형, 화폐, 문자 통일 등 중앙집권책을 폈으나, 한편으로 분서갱유 사건 등을 주도하여 진시황제가 악명을 떨치는 데 기여했다. 이사는 자신에게 찾아온 기회를 포착하여 말단의 자리에서 최고의 자리인 승상까지 올랐다. 그러나 대의를 지켜야 할 때 개인의 이익을 좇아 결국 자신을 망치고 국가를 패망의 길에 접어들게 했다. 그는 시황제를

도와 진이 중국 통일을 이룩하는 데 가장 큰 공을 세웠고, 낙후된
진나라에 법가 사상을 도입하여 강력한 중앙집권 국가로 만들었
지만, 결국 시황제의 유언을 위조함으로써 진나라를 멸망에 이르
게 했다. 그의 인생의 성공과 실패는 곧 진나라의 흥망성쇠였다.

6. 성공하는 조직은 진정한 가치에 투자한다

공자(B.C.551~B.C.479)는 중국에서는 물론 세계적인 명인이다. 공자가
세상을 떠난 지 2500년이 다 되어 가지만 공자의 부가가치는 조금도 시
들지 않고 있다. 어떤 면에서는 존재가치가 더 커지고 있다. 최근 중국 당
국이 전 세계를 대상으로 의욕적으로 벌이고 있는 국가홍보 정책의 전면
에도 공자가 버티고 있다. 중국은 세계 각지에 '공자어학원'과 '공자아카
데미'를 설립해 중국어와 중국 문화를 홍보하고 있다. 중국은 신중화주의
新中華主義를 전파하기 위해 이른바 '소프트 파워'를 들고 나섰는데, 그 전
면에다 중화문화와 공자를 내세운 것이다.

공자의 위상은 사마천 당시에도 대단했다. 이런 공자의 위상을 감안해
사마천은 공자의 전기를 제후들에 관한 기록인 '세가世家'에 편입시키는
파격을 감행했다. 사마천 이후의 기준이 되기는 했지만 공자는 제후가 아
니었을 뿐만 아니라 신분이나 벼슬로 세가에 편입될 자격이 없는 사람이
었다. 그러나 사마천은 공자가 갖는 역사적·문화적 지위를 충분히 긍정
해 '세가'에 편입시켰고, 이는 사마천 역사관의 진보성을 잘 보여 주는 부
분이다.

공자는 평생 유가儒家 사상을 제후국들에 전파하기 위해 고군분투했다. 그러나 인仁과 예禮를 핵심으로 하는 그의 평화주의 사상은 약육강식(弱肉强食, 약한 자는 강한 자에게 먹히거나 지배됨을 비유적으로 이르는 말)으로 넘어가는 당시의 대세와는 맞지 않아서 공자의 인생은 정치적으로 실패했다고들 한다.

하지만 그는 만년에 고향인 곡부曲阜(지금의 산동성 곡부)로 돌아와 죽을 때까지 후진 교육에 종사해 기라성 같은 후학들을 길러내는 놀라운 성과를 후대에 선사했다. 이 때문에 공자는 교육사에 있어서 '사학私學의 창시자'라는 명성까지 얻게 되었다.

공자는 평생 많은 제자들을 받아들였다. 천하를 주유할 때도 제자들과 함께 다니며 동고동락했고, 이 때문에 공자는 제자들과 남다른 사제의 정을 나눌 수 있었다. 『논어論語』는 공자의 사상은 물론 공자와 제자들의 깊은 정을 담고 있는 언행록이다. 기록에 따르면 공자의 제자는 전후 약 3천 명에 이르렀고, 그중에서 당시 지식인으로서 갖추어야 할 필수 교양이라 할 수 있는 육예六藝(예, 음악, 활쏘기, 말타기, 쓰기, 셈하기)에 통달한 제자만 70명이 넘었다고 한다. 사마천은 특별히 공자 제자들의 행적을 한데 모아 「중니제자열전仲尼弟子列傳」을 편성하면서 공자의 말을 빌려 "내게 가르침을 받아 육예에 통달한 제자는 77명이다"라고 했다. 이들 모두가 남다른 재능을 가진 인재들이었다는 점도 빼놓지 않고 소개했다.

공자의 제자들은 기라성 같은 인재들이었다. 안빈낙도(安貧樂道, 가난한 생활을 하면서도 편안한 마음으로 도를 지키며 즐김)의 덕행으로 잘 알려진 안연(顔淵 또는 안회顔回)을 비롯해 스승 앞에서 바른말을 서슴지 않았던 강직한 성품의 자로子路, 효성으로 잘 알려진 민자건閔子騫, 문학의 자하子夏, 언변의 재아宰我 등 많은 제자가 후대에까지 큰 명성을 남기고 있다. 공자의 명성은 어떤 면에서는 이들 제자의 왕성한 활동으로 세상에 더욱 널리 알려지게 되었다.

공자는 그 당시에도 제후국들 사이에서 그 명성이 상당했는데 여기에는 특별히 제자 한 사람의 역할이 컸다. 이제부터 소개할 이 제자는 오늘날 경영인들에게 조직의 미래를 위해 어디에다 누구에게 투자할 것인가에 대해 적지 않은 영감을 선사할 것이다. 이 제자의 이름은 단목사端木賜였고, 흔히 자를 따서 자공子貢으로 불렸다. 스승 공자는 그를 종묘 제사에 없어서는 안 될 제사 그릇인 호련瑚璉에 비유한 바 있다.

자공은 공자의 제자들 중에서 아주 특별한 존재였다. 「중니제자열전」에는 기본적으로 자공이 언변에 뛰어난 제자로 기록되어 있지만, 바로 이어서 자공은 "천명의 구속을 받지 않고 장사를 잘해서 재산을 모았으며 예측과 시세 파악을 기가 막히게 잘했다"고 해 자공이 사업으로 돈을 많이 번 사실을 전하고 있다. 자공은 큰 사업가였다. 70명이 넘는 공자의 수제자들 중에서 자공의 비중은 다른 제자들과는 비교가 안 될 정도로 크다. 기록의 분량만 해도 전체의 약 4분의 1을 차지한다. 공자가 가장 아꼈던 제자인 안회의 기록은 자공의 10분의 1에도 미치지 못한다. 이는 공자의 생각이나 제자들의 비중 여부를 떠나 사마천이 자공에게 큰 관심을 가졌다는 뜻이다. 더욱이 자공은 「중니제자열전」뿐만 아니라 역대 부자들에 관한 기록인 「화식열전」에도 비중 있게 기록되고 있을 정도로 사마천의 집중 조명을 받았다.

자공은 말솜씨가 뛰어난 제자였다. 그래서 「중니제자열전」에 기록된 자공은 외교가로서의 면모가 집중 부각되어 있다. 공자는 이런 자공의 말솜

씨에 대해 "늘 그 부분을 억누르곤 했다"고 한다. 외교가로서 자공은 B.C. 5세기 초 제나라의 전상田常이 제나라 명문 대족들을 동원해 노魯나라를 공격하려 하자 자청해서 여러 나라를 돌며 화려한 언변으로 설득해 제나라의 공격을 단념시켰다.

기록만 놓고 보더라도 자공은 마치 전국시대를 풍미했던 국제 외교관계 전문 로비스트들인 유세가들을 연상시킬 정도로 현란한 말솜씨와 화려한 행보를 선보이고 있다. 전국시대 유세가들의 원조라 해도 전혀 손색이 없을 정도다. 자공의 5개국 순방 결과가 어떠했는지는 사마천의 다음과 같은 평가만으로도 충분할 것 같다.

> 자공이 한 번 나서서 노나라를 존속시키고 제나라를 혼란에 빠뜨렸으며, 오나라가 망하고 진나라가 강국이 되었으며, 월나라는 패자覇者가 되었다. 요컨대 자공이 한바탕 뛰어다닌 결과 국제 정세에 균열이 생겨 10년 사이에 다섯 나라 모두에 큰 변동이 생겼다.

또한 자공은 사업가였다. 자신의 재력을 이용해 제후들과 어깨를 나란히 하면서 천하를 누비고 다녔다. 그의 외교 덕분에 노나라는 위기에서 벗어났고, 국제 정세에 균열이 가게 할 정도로 영향력을 가졌던 사업가였다.

당시 현실과 맞지 않지만 인류의 보편적 가치를 외치는 스승 공자를 진정으로 존경하며 스승을 위해 자신의 부를 기꺼이 투자했다. 그 결과 공자는 천하에 이름을 알리게 되었고, 자공은 다시 스승의 명성을 자신의 사업에 홍보하는 데 적절하게 이용했다. 자공은 인간에게 필요한 진정한 가치가 무엇인지 알았고, 그 가치를 가진 사람에게 아낌없이 투자했다.

자공은 공자가 세상을 떠나자 3년상을 지낸 다른 제자들과는 달리 6년 상을 지냈다고 한다. 이 6년 동안 자공은 스승의 제사 때마다 천하 각지에서 달려오는 동문들을 돌보면서 유가를 하나의 학파로 확실하게 다지는 데 자신의 부를 아낌없이 투자한 것으로 보인다. 또한 『논어論語』에서 그가 차지하는 비중으로 보아 이 기간에 공자와 공문 제자들의 언행록인 『논어論語』의 편찬을 후원했던 것으로 추정할 수 있다. 자공은 스승 공자가 살아 있을 때는 스승을 앞뒤에서 도왔고, 공자 사후에는 6년 동안 스승의 무덤을 지키면서 유가를 세상에 알리고 천하제일의 학파로 위상을 굳히는 데 전폭 지원을 아끼지 않았을 것이다.

기업을 이끄는 경영자의 사회적 책임감과 부의 사회 환원은 이제 경영인이 갖추어야 할 기본 덕목이 되고 있다. 경영인은 바르고 정직한 명성에 후원하고, 미래에 부가가치를 창출할 수 있는 인문정신에 후원할 수 있어야 한다. 진정한 가치에 투자하라는 것이다. 2500년 전의 사업가 자공에게서 인류의 보편적 가치와 미래를 내다보는 철학과 홍보 전략의 진수를 배우기 바란다.

자공(B.C.520~B.C.456)

춘추시대 위衛나라 유학자로 공문십철(孔門十哲, 공자의 문하에서 나온 학덕이 뛰어난 열 명의 제자들)의 한 사람으로 재아宰我와 더불어 언어에 뛰어났다고 한다. 제齊나라가 노魯나라를 치려고 할 때, 공자의 허락을 받고 오吳나라와 월越나라를 설득하여 노나라를 구했다고 한다. 이재가理財家로서도 알려져 공문孔門의 번영은 그의 경제적 원조에 의한 바가 컸다고 한다.

안회(B.C.521~B.C.491)

안회顏回는 춘추시대 노나라 사람으로, 공자의 제자이다. 자는 자연子淵이다. 자字를 따서 안연顏淵·안자연顏子淵이라고도 부른다. 학덕이 높고 재질이 뛰어나 공자의 가장 촉망받는 제자였다. 그러나 공자보다 먼저 죽었다. 빈곤하고 불우하였으나 개의치 않고 성내거나 잘못한 일이 없으므로, 공자 다음가는 성인으로 받들어졌다. 그래서 안자顏子라고 높여 부르기도 한다.

자공이 6년상을 지내는 모습

7. 대세를 파악하는 힘이 전략의 질을 결정한다

모든 전략은 형세와 상대에 대한 파악이 얼마나 정확하고 치밀한가에 따라 그 질이 달라진다. 특히 전체 형세를 제대로 파악하는 능력은 그 자체로 전략의 질과 직결되기 때문에 대단히 중요하다. 역사상 뛰어난 전략들은 경쟁이 치열했던 혼란기에 많이 나타난다. 중국사에 있어서 B.C. 770년부터 진시황이 천하를 통일하는 B.C. 221년까지 약 550년, 이른바 춘추전국시대春秋戰國時代라는 대혼란기로 수많은 큰 전략과 전략가들이 출몰했던 시기였다.

춘추전국시대의 전략가로는 군사 방면의 전문가인 병가兵家와 외교 방면의 전문가인 유세가遊說家의 양대 산맥이 있었다. 특히 유세가는 단순히 한 나라가 아닌 당시 존재했던 모든 나라를 염두에 두고 큰 전략을 짠 전문가들이었다는 점에서 오늘날 경영과 경영전략에 참고가 될 만한 유용한 사례와 통찰력을 선사하고 있다. 이에 통일로 가는 길목이었던 전국시대 말기를 주름잡았던 장의張儀와 소진蘇秦이라는 두 전략가의 천하 전략을 소개한다.

서쪽 변경에 있던 진秦나라는 상앙의 정치개혁 이후 점차 세력을 확장하여 동쪽 지역으로 진출해 오기 시작했다. 이렇듯 진나라의 국력이 강성해지고 있는 반면 중원의 나머지 여섯 나라인 제 · 초 · 한 · 연 · 위 · 조나라는 개별적으로 진나라와 대항하기에는 역부족이었다.

이러한 정세 아래 진秦나라를 제외한 여섯 나라가 세로로 연합하여 강대한 진나라에 대항해야 한다는 이른바 '합종책合縱策(합종설은 당시 동쪽에 있던 연 · 초 · 한 · 위 · 조 · 제의 6국이 종으로 동맹하여 진나라에 대항하자는 정책)'

과 이에 대항하여 '연횡책連横策(연횡설은 진나라가 6국의 각각과 단독으로 동맹한다는 정책)'이 있었다. 연횡책은 진나라가 6국의 연맹을 와해시키기 위해 6국 중의 한두 개의 나라를 자기편으로 끌어들여 기타 나라들을 대적하는 것을 말한다.

이러한 복잡한 형세 아래 유세가들은 자신의 사적인 이익을 위해 각국을 돌아다니며, '합종'이나 '연횡'을 주장했다. 그 결과 전국7웅(戰國七雄, 전국시대의 7개 강대국)은 연합과 분열을 번복하며 형세를 짐작하기 힘들 정도로 치열한 각축을 벌였다.

당시 각국을 다니면서 유세하고 다니던 사람들을 사람들을 '종횡가縱横家'(전국시대 제자백가 가운데 제후들 사이를 오가며 여러 국가를 종횡으로 합쳐야 한다는 합종책과 연횡책을 논한 분파. 소진과 장의 등이 대표적인 사람이다. 종횡가의 시조는 귀곡선생 또는 귀곡자鬼谷子이다. 종횡가는 책모策謀를 다해 지배자 계층 간에 권력투쟁을 야기시켜 놓고, 그 권력투쟁을 이용하여 정권을 확보하는 일을 목표로 하였다)라고 불렀으며, 그들 가운데 장의張儀가 가장 뛰어났다.

장의는 위魏나라 사람으로 일찍이 소진과 함께 귀곡鬼谷선생 문하에서 책략에 대해 배웠는데 당시 소진은 자신의 재능이 장의에 뒤진다고 생각했다.

장의는 귀곡선생에게 다 배우고 나서 여러 나라를 돌아다니고 있었다. 한번은 초나라 재상의 집에서 함께 술을 마시게 되었는데 그날 재상은 가지고 있던 값비싼 보석을 잃어버렸다. 그러자 그 자리에 있던 사람들이 장의를 의심하며 "장의는 가난뱅이로 품행이 좋지 않으니 보석을 훔친 자는 바로 장의가 분명하다"라고 말했다.

그러고는 장의를 붙들어 매고 매를 수백 대 때렸다. 아무리 때려도 그런 일이 없다고 끝까지 버티자 할 수 없이 풀어주었다. 들것에 실려 집에 돌아오자, 그의 아내가 장의를 보고 "아이고, 당신이 유세 같은 것을 하지 않았던들 이런 욕은 당하지 않았을 텐데……"라며 탄식했다. 그러자 장의가 아내에게 신음 소리를 내며 "내 혀가 그대로 남아 있는지 한번 봐 주오."라고 물었다.

아내가 기가 막혀 웃더니 입안을 살펴보고 "있기는 있네요"라고 말했다. 그러자 장의가 "내 세 치 혀만 있으면, 제후들에게 유세할 수 있으니, 부귀영화를 누리지 못할까 두려워하겠는가?"라며 매우 기뻐했다.

장의는 치료를 다 한 뒤 곧바로 진나라로 갔다. 그는 '연횡책'으로 진혜왕秦惠王에게 유세했다. 진혜왕은 장의의 유세를 듣고는 그를 상국相國으로 삼았다.

몇 년이 지나 진나라는 제나라를 공격하고자 했다. 그러나 제나라가 초나라와 동맹을 맺고 있었기 때문에 장의는 그 두 나라를 이간시키기 위해 초나라로 갔다.

초나라 회왕은 장의가 온다는 소식을 듣고는 최고급의 숙소를 준비하고 직접 장의를 반갑게 맞이하며 "머나먼 길을 일부러 찾아주셔서 정말 고맙게 생각합니다. 과인을 위해 좋은 계책이 있겠습니까?"라고 물었다.

장의는 초회왕에게 "대왕께서 진실로 저를 믿어주신다면 먼저 제나라와의 맹약을 파기하십시오. 그러면 진의 상商과 어於 일대의 땅 6백 리를 드리고 진나라의 공주를 대왕의 곁에 두게 만들겠으며 진나라와 초나라와 서로 통혼하여 오래도록 형제의 나라로 만들겠습니다"라고 말했다.

초회왕은 크게 기뻐하고 허락했다. 대신들도 모두 축하했으나 유독 진진陳軫만은 반대했다. 왕이 크게 화를 내며 "과인이 군대를 일으키지 않고

도 6백 리의 땅을 얻어 모두 기뻐하며 축하하는데 왜 그대만 불만인가?"라며 나무랐다. 그러자 진진은 "모두 잘못 생각하고 계십니다. 신이 보기에는 땅도 얻지 못하고 진나라와 제나라가 연합할 것 같습니다"라며 걱정하고 있었다. 그의 말을 들은 초회왕은 "무슨 근거로 그렇게 말하는 것인가?"라며 진진에게 물었다.

이에 진진은 "진나라가 초나라를 중요하게 생각하는 것은 초나라와 제나라가 동맹관계에 있기 때문입니다. 지금 우리가 제나라와 단절하면 우리만 고립될 것입니다. 진나라가 왜 고립무원인 나라에 6백 리의 땅을 주겠습니까? 장의는 진나라에 돌아가 반드시 폐하를 배신할 것입니다. 그래서 신의 소견으로는 겉으로 제나라와 단교한 척하면서 사자를 장의에 붙여 보내는 것이 좋을 듯합니다. 진나라가 정말 땅을 주면 그때 제나라와 단교해도 늦지 않을 것이며 땅을 주지 않아도 제나라와의 동맹이 유지되니 아무런 문제가 없을 것입니다"라고 초회왕에게 아뢰었다.

그러나 초회왕은 "장의는 틀림없는 진나라의 재상인데 어떻게 우리를 속이겠소. 그대는 잠자코 기다리기나 하오. 과인이 땅을 받아서 보이겠소"라고 말하며 진진의 의견을 무시했다. 그러고 나서 초회왕은 장의를 위해 성대한 잔치를 벌이도록 하고 많은 선물도 주었다. 또한 제나라와 국교를 단절한 뒤 사자로 하여금 장의를 수행하여 진나라에 가서 진나라로부터 6백 리의 땅을 받아오도록 했다. 장의는 진나라에 돌아가자 일부러 수레 끈을 놓쳐 수레에서 떨어진 뒤 세 달씩이나 조정에 나타나지 않았다.

이 소식을 전해 들은 초회왕은 진나라는 초나라가 제나라와 단교한 것을 의심하고 있음이 틀림없다고 생각하고는 제나라로 사람을 보내 제왕을 비난했다. 이에 크게 화가 난 제나라 왕은 진나라와 화친을 청하여 진나라와 제나라의 연합이 형성되었다. 그제야 비로소 장의가 몸이 완쾌되었다고 조정에 나타나 초나라 사자에게 말했다.

"어떻게 아직 귀국을 안 하셨나요? 땅을 못 받으셨나요? 제게 진왕으로부터 받은 6리의 땅이 있으니 약속한 대로 드리리다."

장의의 말을 듣고 놀란 초나라 사자는 "아니 사방 6백 리의 땅을 준다고 알고 있는데 6리라니 어떻게 된 말씀입니까?"라고 되물었다. 그러나 장의는 시치미를 떼면서 "초왕이 잘못 들으셨겠죠? 우리 진나라의 토지는 장사들이 목숨을 걸고 쟁탈해 온 것인데, 어떻게 6백 리의 땅을 아무이유 없이 다른 나라에 줄 수가 있겠습니까"라고 말했다.

장의의 말을 듣고 초나라 사자가 항의했으나 장의는 들은 척도 하지 않았다. 사자가 귀국하여 초회왕에게 보고하자 초회왕은 분노를 참지 못하고 즉시 10만의 군대를 거느리고 진나라를 침략했다. 그러나 진나라는 이미 대비를 하고 있다가 제나라와 연합해서 순식간에 8만의 초나라군을 격파하고, 초국의 한중군漢中郡(지금의 섬서 동남, 호북 서남지역)의 6백 리를 점령해 버렸다. 이에 초회왕은 더욱 격분하여 더 많은 군대를 파견하여 진나라를 공략했으나 재차 실패하자 결국은 땅을 떼어 주고 화해했다.

이와 같이 장의는 속임수를 써서 제나라와 초나라의 연맹을 파기시켰다. 또한 장의는 수단과 방법을 가리지 않고 다른 제후국들이 '합종'으로 진나라에 저항하는 것을 와해시켰다. 장의의 '연횡책'이 성공할 수 있었던 것은 진나라의 탄탄한 국력이 기반이 되었기 때문이다. 사실 초·제·

한·조나라 등 6국은 일찍이 서로 연합하여 진나라에 대항하려고 했으나, 겉으로만 연합했을 뿐이지, 각국은 서로 다른 생각을 하고 있었기 때문에 많은 모순이 내재해 있었다. 그러므로 진나라는 60~70년이 지난 뒤 6국을 멸하고 천하통일의 대업을 완성했다. 종횡가 장의는 총명하고 기지가 풍부하다. 더욱이 그가 유세를 하면 그의 뛰어난 계략과 지혜는 대단한 빛을 발하기 시작했다.

다만 전국시대 유세가들이 철저하게 이해관계와 힘의 논리에 입각해 상대의 소멸을 최종 목표로 했던 피도 눈물도 없는 살벌한 논리를 폈다면, 지금은 공생共生과 대동大同이라는 보다 차원 높은 가치관으로의 전환을 염두에 둔 상부상조 전략, 즉 원원전략이 더 요구된다는 점이 다를 뿐이다. 어느 쪽이든 멀리 내다봐야 한다는 점에서는 이해관계를 떠나 인식을 함께하고 있다.

전국7웅(戰國七雄)

귀곡자(B.C.400~B.C.320)

전국시대에 활동한 귀곡자는 신비에 싸인 인물이다. 진·초·연·조 등 7국이 천하의 패권을 다투던 시대에, 권모술수의 외교책을 우자優者의 도道라고 주장한 종횡가였다. 사마천의 『사기』에 유세가 소진과 장의가 그의 문하에서 동문수학했다고 기록되어 있다.

장의(?~B.C.309)

전국시대 위나라의 모사. 소진의 주선으로 진나라에서 벼슬살이를 하게 되어 혜문왕 때 재상이 되었다. 연횡책을 주창하면서, 위·조·한나라 등 동서로 잇닿은 6국을 설득, 진나라를 중심으로 하는 동맹관계를 맺게 하였다.

구성희(具聖姬) ─────────────────────────────

숙명여자대학교 사학과를 졸업하고, 국립대만대학교 역사과에서 「漢晉的塢壁」으로 석사학위를 취득하였으며, 북경대학교 역사과에서 『論漢人對死的態度』로 박사학위를 취득했다. 숙명여대·성균관대·중앙대·동국대·북경대학교에서 강의를 했으며, 국내외 여러 대학의 연구교수와 연구원 및 북경대학교 역사학과 전임강사를 역임했다.

저서로 『漢代人的死亡觀』, 『兩漢魏晉南北朝的塢壁』, 『리더들의 리더가 된 중국의 제왕들』(공저), 『고대 중국의 제왕』, 『한 권으로 읽는 중국여성사』, 『중국여성을 말하다 - 가려진 중국여성의 생활사』, 『중국의 전통문화와 대중문화』, 『한 권으로 읽는 중국예술』, 『한국인이 좋아하는 중국사』, 『한국인이 좋아하는 중국고대사』 등이 있으며, 번역서로 『漢唐藩屬体制研究』(공역), 『아주 특별한 중국사이야기』와 다수의 논문을 발표했다.

▶ 논문

1993, 「漢晉的塢壁, The Fort of Han and Jin period」, 대만대학교, 석사학위논문

1998, 「先秦時代生死觀與魂魄說」, 北京大學研究生學刊53(2)

1998, 「先秦生命氣源說中的氣生萬物說」, 북경대학교 유학생회, 勺園

1998, 「論漢人對死的態度」, 북경대학교, 박사학위논문

1998, 「漢晉塢壁의 성질 및 기능」, 중국고중세사연구4

1998, 「漢晉塢壁에 관한 연구」, 건축역사연구7(17)

2001, 「漢代人의 鬼神觀念과 巫者의 역할」, 史學集刊83(2)

2001, 「漢代의 厚葬風俗과 薄葬論」, 수선사학회, 사림15

2001, 「漢代 喪葬禮俗에 표현된 영혼관과 귀신관」, 동국사학35

2002, 「韓非子 정치사상의 역사적 의의」, 동국사학38

2004, 「漢代의 靈魂不滅觀」, 중국사연구28

2005,「略論漢代人的死後'地下世界'形象」, 연변대학학보38(133)

2005,「송경령과 송미령의 리더십」, 숙명리더십연구1

2005,「韓非子의 統治論」, 중국사연구37

2005,「중국혁명의 여성리더 등영초鄧穎超」, 숙명리더십연구2

2005,「근대 중국여성해방운동의 선구자 추근秋瑾의 리더십」, 중국사학회39

2006,「近代中國婦女解放運動的先驅--秋瑾的領導能力」, 北京大學婦女研究動
       態29(29)

2006,「등영초鄧穎超(1904-1992)의 리더십」, 중국사연구41

2007,「하향응何香凝(1878-1972)의 리더십」, 문학사학철학9(9)

2009,「女革命家何香凝的領導能力」, 黑龍江省 世紀橋6(6)

2009,「鄧穎超的領導能力及其對中國社會的影響」, 北京大學婦女研究動態38(38)

2009,「韓非子統治論在歷史上的進步性與貢獻」, 黑龍江省 世紀橋190

2010,「漢高祖 劉邦의 인재활용술과 리더십」, 문학사학철학20(20)

2010,「韓非子 통치론의 역사적 공헌」, 역사와교육10(10)

2010,「난세의 영웅 魏武帝 曹操의 인재활용술과 리더십」, 문학사학철학21(21)

2010,「漢高祖劉邦的人才管理術」, 黑龍江省 世紀橋208(208)

2010,「曹操的用人之道與管理思想」, 黑龍江省 世紀橋210(210)

2010,「劉備의 人才관리와 리더십」, 문학사학철학22(22)

2010,「漢代人의 영혼관과 死後世界觀」, 역사와교육11(11)

2011,「티베트에 문명을 전파한 唐나라 文成公主의 역사적 지위」, 문학사학철학27

2012,「중국역사상 최초로 정권을 잡은 여성 - 前漢의 呂后」, 문학사학철학27, 28

2012,「和親을 위해 匈奴로 시집간 漢나라 王昭君의 역사적 공적」, 문학사학철학30

2012,「남자황제보다 뛰어난 唐나라 女皇帝 則天武后의 역사적 공적」, 문학사학철
       학31

2014,「曹操 · 孫權 · 劉備의 人才活用術과 리더십」, 문화와예술연구4(4)

2016,「韓非子 통치론이 秦漢시대에 끼친 영향과 역사적 지위」, 문학사학철학43, 44

2016,「중국 衣服文化의 역사」, 공자학당, 대교차이홍10

2017, 「試論劉備的用人之道」, 大連大學, 大連大學學報38(188)

2017, 「论汉高祖刘邦的领导力与人才管理思想」, 臺灣, 衡平天下(專業人文暨社會科學雜誌)18

2017, 「曹操的用人政策」, 洛陽師範大學, 洛陽師範學院學報36(220)

2018, 「中國的皇帝論與習近平」, 문학사학철학54

2019, 「중국의 皇帝論과 시진핑에 대한 연구」, 중국지역연구6(11)

2019, 「중국의 皇帝論과 시진핑의 中國夢」, 사람과언론7

2019, 「영화로 이해하는 중국사회와 문화」, 문학사학철학57

2020, 「중국의 일국양제와 홍콩의 미래」, 사람과언론8

2020, 「중국의 吉祥文化와 吉祥디자인에 대한 연구」, 문학사학철학60

2022, 「漢代的靈魂觀與死後世界觀」, 吳榮曾先生九十華誕頌壽論文集, 北京大學中國古代史研究中心編

2023, 「漢代 상장예속에 표현된 영혼관과 사후존재」, 문학사학철학73

2023, 「漢代 후장풍속의 유행과 박장론의 대두」, 문학사학철학74

▶ 저역서

2003, 『漢代人的死亡觀』, 1쇄, 북경, 민족출판사

2004, 『兩漢魏晉南北朝的塢壁』, 1쇄, 북경, 민족출판사

2005, 『漢代人的死亡觀』, 2쇄, 북경, 민족출판사

2005, 『兩漢魏晉南北朝的塢壁』, 2쇄, 북경, 민족출판사

2007, 『漢唐藩屬体制研究』 공역, 동북아역사재단

2008, 『아주 특별한 중국사이야기』, 1쇄, 공역, 책임집필, 신서원

2008, 『아주 특별한 중국사이야기』, 2쇄, 공역, 책임집필, 신서원

2009, 『아주 특별한 중국사이야기』, 3쇄, 공역, 책임집필, 신서원

2009, 『리더들의 리더가 된 중국의 제왕들』, 1쇄, 공저, 책임집필, 신서원

2009, 『리더들의 리더가 된 중국의 제왕들』, 2쇄, 공저, 책임집필, 신서원

2011, 『고대 중국의 제왕』, 1쇄, 신서원

2011, 『고대 중국의 제왕』, 2쇄, 신서원

2012, 『한 권으로 읽는 중국여성사』, 1쇄, 이담출판사

2012, 『한 권으로 읽는 중국여성사』, 2쇄, 이담출판사

2013, 『중국여성을 말하다 - 가려진 중국여성의 생활사』, 이담출판사

2014, 『중국의 전통문화와 대중문화』, 이담출판사

2015, 『한 권으로 읽는 중국예술』, 1쇄, 이담출판사

2018, 『한 권으로 읽는 중국예술』, 2쇄, 이담출판사

2020, 『한국인이 좋아하는 중국사』(2020년도 세종도서 우수도서로 선정됨), 민속원출판사

2021, 『한국인이 좋아하는 중국고대사』, 민속원출판사

사마천의 『사기史記』가 알려주는
어떻게 살 것인가

초판인쇄 2024년 2월 15일
초판발행 2024년 2월 15일

지은이 구성희
펴낸이 채종준
펴낸곳 한국학술정보(주)
주 소 경기도 파주시 회동길 230(문발동)
전 화 031-908-3181(대표)
팩 스 031-908-3189
홈페이지 http://ebook.kstudy.com
E-mail 출판사업부 publish@kstudy.com
등 록 제일산-115호(2000. 6. 19)

ISBN 979-11-6983-939-6 03150